GOLDMANN
ESOTERIK

D1728258

Buch

Geomantie – das Wissen von den Kräften der Erde – ist ein neues wichtiges Thema der Esoterik, auch für alle an holistischem Bewußtsein und neuer Naturverbundenheit interessierte Leser.

Über weite Gebiete der Erdoberfläche finden sich prähistorische Bauten und Steindokumente, deren Zweck uns nicht bekannt ist. Viele der ihnen gemeinsamen Merkmale lassen aber vermuten, daß sie einst Teil eines weltweiten Systems gewesen sein müssen. John Michell zeigt uns auf, daß diese Bauwerke im Dienst einer Wissenschaft von Urkräften standen, die jene archaische Zivilisation besaß, von der Platon unter dem Namen »Atlantis« berichtete. Die bedeutsame moderne Entdeckung in diesem Zusammenhang ist diejenige der »*ley*-Linien«, eines geheimnisvollen Netzwerkes gerader Energieflüsse, die frühgeschichtliche Orte Großbritanniens verbinden und die ihre Entsprechungen in China, Australien, Peru und vielen anderen Orten der Erde haben.

Autor

John Michell wurde 1933 geboren und durchlief die traditionellen Schulen von Eton und Cambridge. Er diente in der Navy und erwarb Diplome als Russisch-Dolmetscher und als Geometer, bevor er 1967 sein erstes Buch »The Flying Saucer Vision« publizierte. Seine weitere Laufbahn als Schriftsteller konzentrierte sich auf die Lehren, die das traditionelle Wissen und die mysteriösen Überreste und unerklärlichen Ereignisse, von denen wir umgeben sind, uns über die menschliche Rasse und ihr Verhältnis zur Erde erteilen können. Er ist Mitbegründer des »Radical Traditionalist Movement« und des »Anti-Metrication Board« in England.

JOHN MICHELL

Die Geomantie von Atlantis

Wissenschaft und Mythos der Erdenenergien

GOLDMANN VERLAG

Aus dem Englischen übertragen von Marco Bischof

Titel der Originalausgabe: The New View Over Atlantis

Made in Germany · 11/86 · 1. Auflage
Lizenzausgabe mit Genehmigung
des Dianus Trikont Buchverlag GmbH, München

Umschlaggestaltung: Design Team München
Umschlagfoto: Steve Krongard, The Image Bank, München
Satz: Fotosatz Glücker, Würzburg
Druck: Presse-Druck Augsburg
Verlagsnummer: 11780
GÖ / Herstellung: Martin Strohkendl
ISBN 3-442-11780-1

Inhalt

Abb. 1 Alt-Sarum.

Vorwort

zur englischen Neuausgabe von 1983

Das englische Original von *Ein Blick über Atlantis* erschien erstmals 1969. In späteren Ausgaben wurden verschiedene Änderungen und Ergänzungen gemacht, und für diese Ausgabe schließlich hat der Autor das Buch so gründlich umgearbeitet, daß es den Titel *The New View over Atlantis* bekam.

Der erste Teil dieses Buches handelt vor allem von *leys* – Linien, auf denen prähistorische Stätten und natürliche Kennzeichen der Landschaft angeordnet sind – so genannt von dem Mann, der sie vor mehr als sechzig Jahren in England entdeckt hatte: Alfred Watkins aus Hereford. In diesem Teil wurde einiges hinzugefügt, im übrigen blieb er aber mehr oder weniger so, wie er ursprünglich geschrieben wurde. Der zweite Teil befaßt sich mit dem mystischen Zahlencode, der am Ursprung aller alten Künste und Wissenschaften stand, besonders im Zusammenhang mit den Maßen prähistorischer Tempel und Monumente. Seit dem Erscheinen dieses Buches hat der Autor zwei weitere zum Thema geschrieben: *City of Revelation* und *Ancient Metrology (Alte Maßsysteme)*. Beide Studien ließen vieles vom Inhalt des ursprünglichen *Blick über Atlantis* als unzulänglich oder unwesentlich erscheinen. Aus diesem Grund wurde der zweite Teil des Buches fast vollständig neu geschrieben.

In den letzten paar Jahren hat das Thema der *ley*-Linien, der Geheimnisse der Landschaft und des frühgeschichtlichen Gebrauchs der natürlichen Erdenergien zunehmendes Interesse erweckt, und es ist auf diesem Gebiet viel erforscht worden. Die Bücher *The Old Straight Track* und *The Ley Hunter's Manual* von Watkins sind wieder gedruckt worden, und in einer Nachfolge erschienen weitere bemerkenswerte Studien, wie *The Ley Hunter's Companion* von Paul Devereux und Ian Thompson, und *Needles of Stone* von Tom Graves, der die *leys* vom Standpunkt des Radiästheten untersucht. Paul Devereux's jüngstes Buch, *Earth Lights*, enthält einen aufsehenerregenden Bericht über physikalische Messungen von magnetischen und anderen Energien an Plätzen des *ley*-Systems.

Die Literatur über *ley*-Linien umfaßt heute auch eine Anzahl von Zeitschriften, die dem Thema der Geheimnisse der Erde und der Geomantie (der traditionellen Wissenschaft der Landschaftsgestaltung, die auf der Idee einer lebendigen Erde beruht) gewidmet sind. 1969, kurz nachdem die erste Auflage dieses Buches erschienen war, belebte Paul Screeton das lange eingestellte *Ley Hunter*-Magazin wieder und veröffentlichte fünf Jahre später sein Buch *Quicksilver Heritage*, einen detaillierten Bericht von jahrelangen Forschungen über die Geheimnisse des »Old Straight Track«. Ein weiterer Markstein in der neueren *ley*-Forschung ist Tony Morrisons *Pathways to the Gods*, wo gezeigt wird, daß das System der Ausrichtungslinien in derselben Form, in der es in Großbritannien vorkommt, noch in großen Gebieten Südamerikas vollständig erhalten ist. Das zunehmende Beweismaterial aus allen Teilen der Erde weist darauf hin, daß das Netzwerk der *ley*-Linien, beziehungsweise der heiligen Orte, die auf geraden Linien angeordnet sind, früher einmal tatsächlich auf der ganzen Erde existiert hat.

Was den Zweck des *ley*-Systems betrifft, so bleibt dieser eines der größten Geheimnisse der Frühzeit. Die meisten der erfahrenen Forscher sind sich jedoch einig, daß es etwas zu tun hatte mit dem Code einer früheren mystischen Wissenschaft, die die Existenz von Energieströmungen in und über der Erde und deren Rolle in der Erneuerung allen Lebens auf diesem Planeten anerkannte. Es war eine Wissenschaft, deren Prinzipien in Zahlen ausgedrückt wurden. Sie umfaßte alle einzelnen Künste und Wissenschaften und hat ihre Spuren in der Mythologie, der Folklore, den Sitten, in Bauwerken und Kulturen der ganzen Erde hinterlassen. In allen alten und esoterischen Überlieferungen begegnen einem ständig Hinweise auf diese alte Wissenschaft, deren Ideale und Methoden mehr mit der rituellen Magie und der Alchemie gemeinsam haben als mit der modernen Wissenschaft. Sie wurde jedoch in einem weit größeren Maßstab und für einen bedeutenderen Zweck praktiziert als die Operationen der mittelalterlichen Alchemisten und der Magier in geschichtlicher Zeit. Die vorgeschichtlichen Alchemisten beschäftigten sich mit der Erde selbst, die für sie die Retorte für die alchemistische Fusion zwischen dem »Schwefel« der solaren oder kosmischen Energien und dem »Quecksilber« des Erdgeistes war. Durch diese Verschmelzung entstanden die Formen der Elementarenergien, auf denen die prähistorische Zivilisation aufgebaut war. Die Erinnerung an diese archaische Weltordnung wurde in historische Zeiten hinein bewahrt durch bestimmte Gruppen oder Kasten von priesterlichen Eingeweihten, wie den Hütern der ägyptischen Tempel, von denen Platon sie indirekt erhalten hat. Seinem Namen für die verlorene Welt, Atlantis, zollt der Titel dieses Buches Respekt.

Es ist ein vergnügliches und heilsames Studium, denn während man über die Absichten und Werke der Weisen alter Zeiten nachdenkt, steht man unter dem Einfluß höchster Denkarten der Menschheit, die sich in diesen Werken spiegeln. Das zeigt eine Bemerkung, die nicht wenige Leute machten, als sie zum erstenmal vom System der *ley*-Linien hörten: man erfahre weniger etwas Neues, sondern erinnere sich eher an schon einmal Gewußtes. Dieses Studium hat einige bemerkenswerte Nebenwirkungen: es verändert nicht nur unsere Ansicht über die Vergangenheit, sondern weckt Sympathie für das Denken und Fühlen der Menschen früherer Kulturen. Die damit verbundene Denkweise wurzelt tief in der menschlichen Natur, denn sie ist jene »Philosophia Perennis« (immerwährende Philosophie), deren schließliches Wiederaufleben und erneuerter Einfluß schon seit langem prophezeit worden ist. In jenen Menschen, die die kosmologischen Muster erforschen, die von den Alten in den Plänen ihrer Tempel dargestellt und über die Landschaft hin ausgebreitet wurden, erscheint diese Philosophie spontan wieder, wie durch einen natürlichen Prozeß der Initiation. Auf diese Weise hat Alfred Watkins, indem er durch seine Anerkennung des *ley*-Systems eine neue Wahrnehmungsweise der Vergangenheit zustande brachte, den Weg geöffnet für eine grundlegende Veränderung unserer alltäglichen Wahrnehmung.

Für viele Menschen sind die Wahrnehmungsveränderungen, die zur Zeit überall stattfinden, Symptome der Heraufkunft eines astrologischen Neuen Zeitalters und der Geburt einer neuen oder erneuerten Philosophie, die an die Stelle des derzeit dominierenden Weltbildes treten soll. Ein weiteres Symptom ist möglicherweise – und wird von vielen als solches identifiziert – die Entstehung der UFO-Legende. Für diese Ansicht gibt es eine beeindruckende Autorität, nämlich die Meinung C.G. Jungs. Seit den frühen fünfziger Jahren, als Berichte von unidentifizierten fliegenden Objekten (UFOs oder fliegenden Untertassen) die Phantasie vieler Menschen anzuregen begannen, war Jung ein aufmerksamer Beobachter des Phänomens gewesen. 1959 veröffentlichte er schließlich sein Buch über UFOs (*Ein moderner Mythos*). Darin brachte er diese mit »Veränderungen in der Konstellation der psychischen Dominanten, der Archetypen der ›Götter‹, welche säkulare Wandlungen der kollektiven Psyche verursachen oder begleiten« in Verbindung. Diese Veränderungen, auf die sich Jung bezog, finden nach astrologischer Tradition in der menschlichen Seele statt, sobald die Sonne in ein neues Tierkreiszeichen tritt, was nach den Überlieferungen alle 2160 Jahre stattfindet. Die christliche Epoche fällt dabei zusammen mit dem Fische-Zeitalter, das gegenwärtig vom Zeitalter des Wassermannes abgelöst wird. Falls Jung recht hatte und UFOs tatsächlich Vorzeichen großer epochaler Veränderungen der geistigen und seelischen Einstellungen und Wahrnehmungen sind, dann könnte die neue Sensibilität für *ley*-Linien und die lebendigen Energien der Erde Teil dieser angekündigten Veränderungen sein. Es ist nämlich bemerkenswert, daß viele der aktivsten Erforscher von *leys*, Geomantie und verwandten Gebieten, eingeschlossen der Autor, durch ein früheres Interesse an UFO-Forschung, das zum Teil aus persönlichen Erlebnissen im Zusammenhang mit UFOs entstanden war, zu diesen Gebieten gekommen sind. Einer davon ist Paul Devereux, der gegenwärtige Herausgeber der Zeitschrift »The Ley Hunter«, der in seinem oben erwähnten jüngsten Buch die offensichtliche Beziehung zwischen *ley*-Linien und UFOs untersucht und beide mit gewissen Eigenschaften der Lebensenergie der Erde in Verbindung bringt, welche heute unbekannt sind, die Eingeweihte der prähistorischen Wissenschaft aber kannten und benutzten.

Seit der Zeit, als Jung seine Prophezeiung machte, sind sowohl die Veränderungen, die er vorhersah, klar zutage getreten, wie auch ihre Notwendigkeit. Die alten Denkmuster, aus denen heraus die moderne technologische Zivilisation entstanden ist, haben inzwischen zu gefährlichen Extremen geführt und sind nun klar überholt. Wenn wir heute angemessene Muster suchen, um sie zu ersetzen, so ist es weder notwendig noch möglich, dafür das Rad der Geschichte zurückzudrehen. Es gibt aber viele Züge traditionellen Denkens und alter Philosophie, die zwar vorübergehend verschwunden waren, deren Wiederauftauchen in der Philosophie der Zukunft aber unvermeidlich ist. Wenn die Prinzipien des *ley*-Systems und der alchemistischen Wissenschaft des Altertums einmal durch weitere Forschungen geklärt sein werden, könnten sie wohl zur Grundlage für eine neue Form der Wissenschaft werden, die besser als die gegenwärtige den Interessen der lebendigen Erde gerecht werden könnte.

Der Autor dankt allen, deren Rat und Inspiration dieser und früheren Ausgaben von *Der Blick über Atlantis* zugute gekommen sind. Eine Liste ihrer Namen wäre jedoch zu lang und würde vielleicht (durch unbeabsichtigte Auslassungen) dem einen oder anderen Unrecht tun. Deshalb fehlt eine solche hier; ein besonderer Dank gebührt aber Linda Wroth, die so viel für die erste Ausgabe getan hat und der diese gewidmet sein soll.

Abb. 2 Titelbild zu *The Deserted Village*.

Teil 1

LANDSCHAFT

Abb. 3 aus Lord Alfred Tennyson, *Elaine*.

Kapitel 1

»The Old Straight Track«

KURZ NACH WEIHNACHTEN 1648 ritt John Aubrey während eines Jagdausfluges mit Freunden durch das Dorf Avebury in der Grafschaft Wiltshire und sah dort einen prähistorischen Tempel – den größten dieses Alters in ganz Europa, und bis dahin unentdeckt. Das Bauwerk lag nicht etwa versteckt an einem abgelegenen und verlassenen Ort, denn in seinen Wällen stand ein blühendes Dorf, und zu dieser Zeit war es auch noch nicht besonders zerfallen. Aber Aubrey war der erste seiner Zeit, der ihm überhaupt Beachtung schenkte.

Vor Aubreys Besuch waren viele Leute durch die Wälle des Tempels von Avebury gegangen oder hatten in ihnen gelebt, ohne in seinen Strukturen mehr als eine zufällige Anordung von *mounds** und Felsblöcken zu sehen. Doch von dem Moment an, als Aubrey ihn sah, wurde er für alle sichtbar. Heute bewundern Jahr für Jahr Hunderte von Besuchern die immensen Ausmaße des Bauwerks, die Größe und die kunstvolle Bearbeitung der Steine, die noch vor dreihundert Jahren nur als ein Hindernis für die Landwirtschaft betrachtet und in kleinere Stücke zerschlagen worden waren, um Platz zu schaffen.

Offenbarungen fallen denen zu, die sie durch intensive Studien und eine starke Wißbegier heraufbeschwören. Aubreys Appetit nach Information war unersättlich, besonders in bezug auf die Bräuche, Legenden und Altertümer seiner Heimat. Er hatte Freude an allen Aspekten der Naturgeschichte, auch an den okkulten, an Geschichten von Geistern, Feen, Wundern und unerklärlichen Erscheinungen. Sein Blick, geschult, über die Grenzen der Zeit hinaus zu sehen, nahm im Dorf Avebury ein Schauspiel wahr, das

* Ein *mound* ist ein künstlicher, meist runder Erdhügel. Anm. d. Übers.

allen anderen entgangen war. Die Konsequenzen von Aubreys Vision waren revolutionär, denn seit seiner Zeit sind uns mehr und mehr die ungeheuren Dimensionen der prähistorischen Bauwerke bewußt geworden, die die gesamte Landschaft überziehen. Dadurch, daß wir uns heute einer neuen Offenbarung nähern, durch die das Ausmaß und das Wesen der verlorenen prähistorischen Zivilisation und die Leistungen ihrer Wissenschaftler und Naturmagier sichtbar werden, geht diese Bewußtwerdung nun ihrem Höhepunkt entgegen.

Eine Ahnung, die anscheinend besonders oft bei englischen Dichtern und Mystikern auftaucht, weist auf ein unfaßbares, in der Landschaft verborgenes Geheimnis hin, auf eine Art ästhetisches Gesetz, das sich jeder Gestaltung entzieht. Einige haben diesem Gesetz in der Form von Dichtung Ausdruck zu verleihen versucht, andere in Wissenschaft und Philosophie. Und trotzdem wissen wir bis heute nicht, wie es kommt, daß bestimmte Orte auf der Erdoberfläche nach allgemeiner Auffassung inspirierender sind als andere, und warum diese Plätze so oft mit den heiligen Orten der prähistorischen Zeit zusammenfallen. Seit der Zeit Aubreys haben manche bestimmte Aspekte dieser Frage aufgegriffen, und einige davon haben Antworten vorgeschlagen, die auf keine Weise mit der vorherrschenden Meinung in Übereinstimmung zu bringen sind, und aus diesem Grund entweder nicht beachtet oder lächerlich gemacht wurden. Entdeckungen der jüngsten Zeit über den hohen Stand der prähistorischen Wissenschaft haben jedoch gezeigt, daß jene Autoren, die das Geheimnis der hiesigen Altertümer unter dem Gesichtspunkt einer einstigen universellen Zivilisation zu deuten versucht haben, der Wahrheit weit näher gekommen sind als diejenigen, deren Schlußfolgerungen sich ausschließlich auf das beschränkte Beweismaterial aus archäologischen Ausgrabungen stützten. Die folgenden Seiten enthalten die Darstellung gewisser Theorien, die heute, obwohl immer noch nicht allgemein akzeptiert, weit plausibler scheinen als noch vor wenigen Jahren. Diese Theorien beziehen sich, kurz gesagt, auf ein geheimnisvolles Muster in der Landschaft, ein früheres geographisches Ordnungssystem, nach dem jede einzelne der unzähligen Strukturen des Altertums in Übereinstimmung mit Prinzipien, die der modernen Wissenschaft kaum mehr bekannt sind, plaziert und gestaltet wurde. Ein großer Teil Großbritanniens ist heute mit Flugzeugen fotografisch vermessen, und jedem, der diese Bilder studiert, wird die große Zahl und die Ausdehnung der regelmäßigen geometrischen Linien in den Wachstumsstrukturen der Felder, den »crop marks«, wie auch in den heutigen Wegen und Flurgrenzen auffallen. Aus ihrem in vielen Fällen offensichtlichen Zusammenhang mit Strukturen, deren Alter von einigen tausend Jahren bekannt ist, muß man schließen, daß die Linien in prähistorischer Zeit angelegt worden sind. Der genaue Zweck dieser terrestrischen Geometrie ist aber noch in keiner Weise klar. Das Beweismaterial, das hier gesammelt ist, weist auf die frühere Existenz einer Zivilisation hin, die auf der Manipulation bestimmter Naturgewalten basierte, auf einer Form spiritueller Technologie, deren Implikationen bisher noch kaum vorstellbar sind.

Etwa siebzig Jahre nach seiner Entdeckung wurde Avebury von William Stukeley besucht, einer bemerkenswerten Persönlichkeit, und wie Aubrey gleichzeitig Freimaurer und enthusiastischer Altertumsforscher. Stukeley war einer der letzten Gelehrten der alten Tradition, der archaischen Wissenschaft von »Heiliger Geschichte« und Kabbala, die auch das Herzstück des Werkes von John Dee, seines großen Vorgängers aus dem sechzehnten Jahrhundert, bildet. Wie Dee zog es ihn zu den heimischen Stätten früherer Kulturen, für die sich nach der Entdeckung Aubreys eine immer größere Zahl von Leuten zu interessieren begann. Schon seit einiger Zeit war Stukeley auf der Spur einer gewissen Qualität in der prähistorischen Landschaft, einem fast nicht faßbaren Sinn hinter der Anordnung alter Steinkreise und Erdbauten. An verschiedenen Orten hatte er immer wieder dieselben Formen in den Grundrissen dieser Monumente bemerkt – Schlange und geflügelter Kreis – die er als die Symbole der früheren patriarchalen Religion identifi-

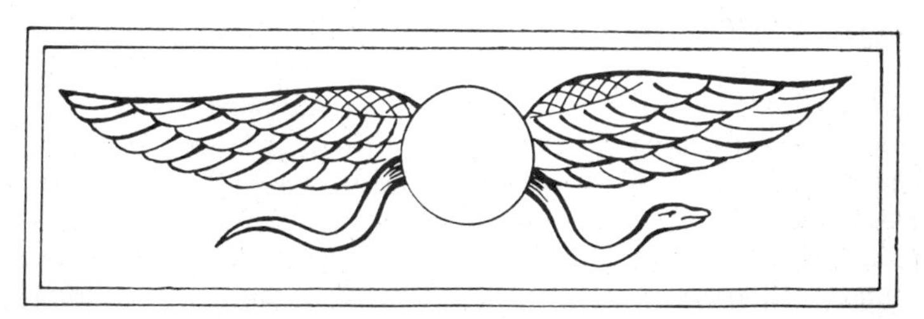

Abb. 4 Alte ägyptische Darstellung einer Schlange, die durch einen geflügelten Kreis geht. Stukeley reproduzierte sie in seinem Buch über Avebury zum Vergleich mit dem Schlangentempel, den er dort sah.

zierte, auf der das Christentum aufbaute. In Avebury wurde diese Intuition nun bestätigt, denn hier erblickte er, über Kilometer hinweg in der Landschaft ausgebreitet und in perfekten Stein- und Erdstrukturen dargestellt, das zweifache Symbol der alchemistischen Fusion: die Schlange, die durch den Kreis geht.

Seit Stukeleys Zeit sind die Altertümer des Gebietes von Avebury größtenteils zerstört worden. Er selbst mußte noch hilflos den Aktivitäten solcher Männer wie »Stone-Killer Robinson« zusehen, des brutalen Bauern, der die Zerstörung vieler Teile des Bauwerkes in die Wege leitete. Die riesige Schlange wurde teilweise völlig ausgelöscht, so daß viele Einzelheiten in Stukeleys Plänen nicht mehr nachgeprüft werden können. Aus diesem Grunde haben moderne Archäologen Stukeleys Arbeit nur zum Teil würdigen können und begrüßten zwar die Genauigkeit seiner Pläne und Zeichnungen, verwerfen aber seine Interpretation der Urschlange als reines Phantasieprodukt. Die ganze Kontroverse entzündet sich eigentlich an einem Mißverständnis zwischen zwei verschiedenen Formen von Wissenschaft. Stukeley, ein beschlagener Bibelwissenschaftler und durch sein Studium von Latein, Griechisch und Hebräisch gründlich vertraut mit der Literatur des Altertums, betrachtete Avebury unter dem Gesichtspunkt der Vergleichenden Religionsgeschichte als ein Monument des alten wahren Glaubens, dessen heilige Zitadelle in Großbritannien gegründet worden sei. Die Tradition, aus der Stukeley seine Schlußfolgerungen ableitete, war eine, deren Ursprung auf den ersten Moment menschlicher Erleuchtung zurückgehen soll, die auf beständig erneuerter Offenbarung basiert und von den philosophischen Schulen aller Zeiten und Kulturen kodifiziert worden ist. Sie inspirierte das Werk der Pythagoräer, der Platoniker und der mittelalterlichen transzendentalen Magier, und wurde später vor allem von den hebräischen Kabbalisten und den Gnostikern der christlichen Kirche gehütet. Diese Tradition ist nicht, wie einige angenommen haben, eine bloße Sammlung von Tatsachen oder Meinungen, eifersüchtig gehütet von freimaurerischen und anderen esoterischen Gruppen. Ihr wesentliches Element besteht vielmehr in einer Methode, durch die ein gewisses nicht mitteilbares Wissen gewonnen werden kann, einem Studiengang, der der Vorbereitung auf die Herbeiführung von Momenten einer besonderen Art erhöhter Wahrnehmungen dient, in der Aspekte des verborgenen Universums klar und geordnet vor dem inneren Auge stehen. Durch dieses Mittel, das auch

Abb. 5 Stukeley mit Freunden bei der Untersuchung von Stonehenge.

Abb. 6 Stukeleys Aufzeichnung von der Zerstörung der Steine von Avebury in Feuergruben.

die Künste der Geometrie und Musik, ihre Synthese in numerischen Beziehungen und deren Anwendung in Proportion, Dichtung und »heiliger Geschichte« umfaßt, können die Schranken der Zeit aufgelöst und so Einblicke in vergangene und zukünftige Ereignisse erlangt werden. Stukeleys Ansicht über Avebury wurde durch seine Erziehung in der alten Tradition geformt, was vieles in seinem Werk erklärt, das heute unverständlich erscheint.

Stukeleys Offenbarungen über die britischen Altertümer interessierten die Gelehrten seiner Zeit außerordentlich, denen die Art seines Gelehrtentums noch nicht fremd war. Leute begannen alte Stätten zu besuchen und nach den Resten der druidischen Überlieferungen zu forschen. Stukeleys Art und Weise, Archäologie zu betreiben, war entspannt und phantasievoll. Er zog mit ganzen Gruppen von fröhlichen Freunden durchs Land, die sich in den Ruinen von Stonehenge oder Avebury zerstreuten, während er selbst die Steine ausmaß und die Szene in seinen prachtvollen Zeichnungen festhielt.

In einer dieser Zeichnungen hat Stukeley einen der großen Steine des Avebury-Kreises in einer Grube mit lichterloh brennendem Holz dargestellt, wo er den Guß kalten Wassers und den schweren Hammerschlag erwartet, der ihn in zwei Stücke spalten soll. Der Rauch über dem Stein bildet Spiralen und Drachenformen in der Luft – dieselben Drachen oder Schlangen, die Stukeley in ganz Großbritannien erblickte. Von den nördlichen Inseln Schottlands bis zu den südlichen Ebenen von Wessex hatten die Druiden das Land mit dem Zeichen von Schlange und geflügelter Scheibe gezeichnet. Stukeley nahm die ganze prähistorische Landschaft in der Auslegeordnung eines heiligen Musters wahr, in die die ewigen Symbole des Einen Wahren Glaubens eingraviert waren. In Barrow, nahe bei Hull, fand er einen großen druidischen Erdbau in der Form eines geflügelten Kreises, dessen Gräben kunstvoll so arrangiert waren, daß sie die jahreszeitlichen Gezeiten der Humber-Mündung maßen. Immer interessiert an Ortsnamen, die vielleicht auf einen in der englischen Landschaft verborgenen griechischen, hebräischen oder ägyptischen Gott hinweisen könnten, wurde Stukeley auf den Klang von »Navestock Common« in Essex aufmerksam und sah darin einen Bezug auf Kneph, die geflügelte Scheibe der Ägypter. Ein Besuch in Essex brachte denn auch das Symbol in den Umrissen eines alten Erdbaus zum Vorschein. Heute liegt der geflügelte Kreis vergessen in einem kleinen

Wäldchen auf einer Anhöhe über den Nord-Londoner Vorstädten, in einem seltsam abgelegenen Fleck unweit der Endstation der »Central Line« der Untergrundbahn. Wilde Rehe suchen Schutz in seinen Wällen, und Entenschwärme überfliegen das Bauwerk auf ihren gewohnheitsmäßigen Zügen durch das Land.

In seinem Buch über Avebury beschreibt Stukeley, welche ungeheuren Leistungen die Druiden bei der Umgestaltung der Landschaft nach den heiligen Mustern vollbracht hatten:

»Die Alten schufen tatsächlich riesige Tempel mit mächtigen, in Kolonnaden angeordenten Pfeilern, einem kleinen Wald ähnlich; oder weite Wölbungen von Kuppeln, um den Himmel zu repräsentieren; sie schufen gigantische Kolosse, die ihre Götter darstellen sollten; aber unseren britischen Druiden blieb die Ehre einer noch umfassenderen Idee und ihrer Ausführung vorbehalten. Sie haben Ebenen und Hügel, Täler, Quellen und Flüsse herangezogen, um einen Tempel von drei Meilen Länge zu bilden. Sie haben ein ganzes Land mit dem Stempel dieses heiligen Zeichens geprägt, und das auf eine überaus dauerhafte Art. Der goldene Tempel Salomons ist verschwunden, die stolze Gestalt des babylonischen Belus, der Tempel der Diana in Ephesus, derjenige von Vulcan in Ägypten, der des kapitolinischen Jupiter sind untergegangen und vertilgt, während Aubury, obwohl älter als sie alle, wie ich glaube, bis vor wenigen Jahren, zum Beginn dieses Jahrhunderts, noch unversehrt war; und selbst heute sind genügend Spuren übrig, um einen vollständigen Eindruck von dem Ganzen zu erhalten.«

Stukeleys Entdeckungen waren eine Offenbarung für seine Zeitgenossen. Aubrey hat seinen Landsleuten die Augen geöffnet für die Altertümer von England, und Stukeley lieferte nun eine erregende Deutung, die von seiner Generation eifrig aufgegriffen wurde. So wie ein paar Jahre zuvor der Herzog von York, eines Morgens noch zu Bett mit seiner Frau in Bath, Aubrey hereingerufen hatte, damit er ihnen die Geheimnisse von Silbury erkläre, so lud die Prinzessin Dowager Stukeley nun zu einer Unterhaltung über die Druiden zu sich ein. Stukeley liebte jede Art von Diskussionen über druidische Themen, und so verbrachte er einen glücklichen Vormittag in Kew House, wo man über Druiden, Eichen und Misteln sprach. Als er dann auf seinem Heimweg durch den Garten kam, brach er sich einen Eichenast ab, schwer mit Eicheln behangen. Sein Weg führte ihn am Haus einer Dame vorbei, der er den Ast als Geschenk »der königlichen Erzdruidin an ihre Schwester Druidin« überreichen ließ. Bei der Rückkehr fand er in seinem Haus eine Einladung vor, in der ihn »Mylord Erzdruide Bathurst« zum Essen bat. Es war ein herrlicher Herbsttag, und für Stukeley war es wie ein Tag aus dem Goldenen Zeitalter.

Stukeleys Vision eines ganzen Landes, das von Menschen eines vergangenen Zeitalters unauslöschlich mit den Symbolen ihrer Frömmigkeit gezeichnet war, wurde von Gelehrten und Dichtern weithin akzeptiert. So von William Blake, der das Geheimnis der Riesen in der Landschaft verstanden hatte. In den Hügeln und Tälern seines heimischen Reiches angekettet, lag der große Geist, Albion, ohnmächtig in den Fesseln einer ehernen Moralität, seine Form war im Nebel der grauen Verzauberung, der schwer über ihm lastete, kaum zu erkennen, und sein Königreich hatte eine Schar erbärmlicher Tyrannen an sich gerissen. Wie Stukeley glaubte Blake aber auch das Ende der unseligen Verzauberung und eine glorreiche Wiederauferstehung des heiligen Geistes in Britannien durch die Versöhnung aller Menschen des Landes, von Christen und Juden, vorauszusehen. In seinem Vorwort zu *Avebury* hatte Stukeley geschrieben:

»Wir können aus dem vorliegenden Werk folgende allgemeine Überlegungen ableiten, nämlich daß die wahre Religion seit der Wiederbevölkerung der Erde nach der Flut hauptsächlich auf unserer Insel überlebt hat: und hier haben wir auch die beste Reformation jener weltweiten Verschmutzung der Christenheit, des Papismus, vollbracht. Hier ist Gottes altes Volk, das Judentum, in der besten Situation der Welt, und von hier aus kann es auch am ehesten die Bekehrung erfahren, die ihm bestimmt ist. Und könnten wir nur von dieser scheußlichen öffentlichen Entweihung des Sabbaths und vom Fluchen wegkommen, wir dürften auf das hoffen, was viele gelehrte Männer gedacht haben: daß hier eröffnet werde die Herrlichkeit von Christi Königreich auf Erden.«

Im Laufe des 19. Jahrhunderts verschwanden die riesigen Landschaftsfiguren, die Blake in seiner Vision gesehen und Stukeley auf Papier aufgezeichnet hatte, aus der Sicht und aus dem Sinn: wurden vergessen. Erst in modernen Zeiten wurden die verborgenen Riesen wieder ins Bewußtsein gebracht. Im Jahr 1929 verursachte eine junge Künstlerin, Kathryn Maltwood, mit ihrem Buch *A Guide to Glastonbury's Temple of the Stars* eine Sensation. Darin beschrieb und illustrierte sie ihre Entdeckung einer Gruppe von enormen Erdfiguren, die in die Oberfläche der Landschaft zwischen dem Glastonbury Tor und Cadbury Hill, dem legendären Schauplatz von König Arthurs Camelot, hineinmodelliert waren. Sie entdeckte, daß diese Figuren, deren Formen durch die natürlichen Faltungen der Erde und die Windungen von Flüssen suggeriert und deren Einzelheiten durch künstliche Wälle und Wege vervollkommnet wurden, die Tierkreiszeichen repräsentierten, so daß jede Figur unter das entsprechende Sternbild zu liegen kam.

Zu der Zeit, als Kathryn Maltwood ihre Entdeckung machte, arbeitete sie an der Illustration des Buches *The High History of the Holy Graal.* Viele Szenen, die in diesem aus dem Altfranzösischen übersetzten Buch beschrieben sind, kamen ihr seltsam vertraut vor. Auf der letzten Seite las sie schließlich: »Das lateinische Original, aus welchem diese Geschichte ins Romanische übertragen wurde, stammt von der Insel Avalon, aus einem heiligen Haus der Religion, welches auf der Anhöhe steht, die die ›Abenteuerlichen Moore‹ beherrscht, dort wo König Arthur und Königin Guenievre liegen«. Bei ihren vielen Streifzügen durch die Gegend von Somerset, in der jede einzelne Episode der Ritter von König Arthurs Tafelrunde auf der Suche nach dem Gral ihre physische Lokalisierung hat, verfolgte Kathryn Maltwood das Gefühl einer bevorstehenden Offenbarung. An einem Sommernachmittag schließlich, während sie auf einem niedrigen Hügel stand und beobachtete, wie die Schatten sich über die Ebene bewegten, die sich von dort gegen die Mauern von Camelot erstreckt, sah sie, wie das Geheimnis der Landschaft sich offenbarte. Alle Hinweise fügten sich plötzlich zu einem Ganzen: Sagen von in der Landschaft verborgenen Riesen, die Überlieferung, daß König Arthur nicht gestorben sei, sondern in den Hügeln seiner Heimat schlafe, astrologische Themen in der lokalen Folklore und William von Malmesburys Bezeichnung von Glastonbury als einem »himmlischen Heiligtum auf Erden«. Sie ließ Luftbilder von der Landschaft Glastonburys machen und fand darin ihre Intuition bestätigt. Sie konnte einen Kreis von Figuren erkennen, der ein Gebiet von mehr als 16 Kilometern Durchmesser umfaßte und vor Tausenden von Jahren von den astronomischen Eingeweihten einer edlen Zivilisation entworfen worden sein mußte. Sagen von diesen Figu-

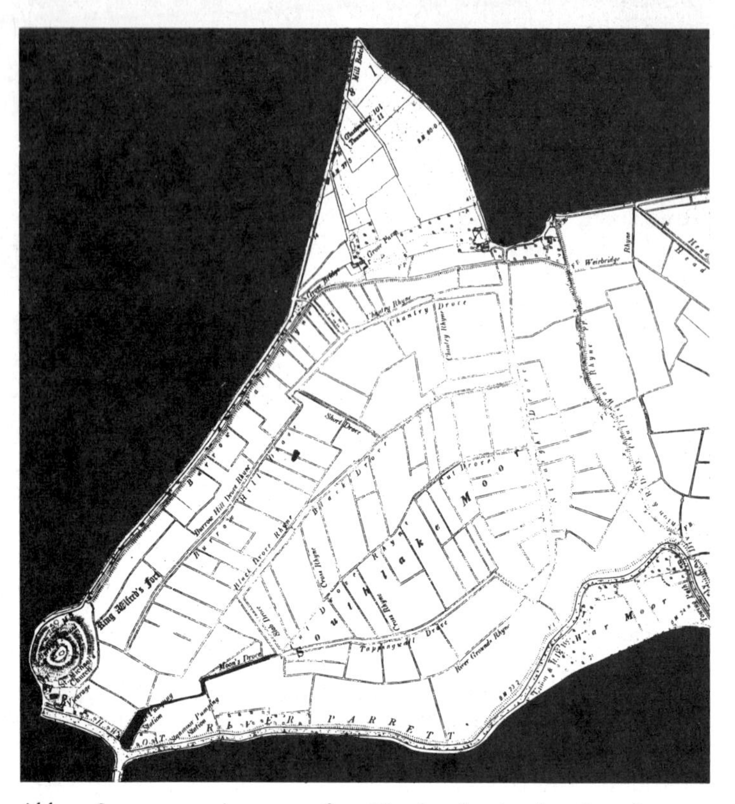

Abb. 7 Sagen von einem »großen Hund«, der in den Sümpfen von Somerset herumspukte, führten Kathryn Maltwood zur Entdeckung dieses in der Landschaft verborgenen Bildes eines Hundekopfes, der durch Flüsse und Erdwälle gebildet wird und den sie mit dem Sternbild »Canis Minor« (dem Kleinen Hund) und dem »questing beast« des Artusromans in Verbindung brachte. Seine Schnauze wird vom »Mump« gebildet (Illustration auf der gegenüberliegenden Seite).

ren hatten sich mit Episoden der Gralssuche verwoben, und Kathryn Maltwood war überzeugt, daß die Kenntnis darüber von den Mönchen des Klosters von Glastonbury geerbt worden war und daß diese die Landmarken und Wasserwege sorgfältig gehütet und gepflegt hatten, die das große Bild umgrenzen. Sie identifizierte die Konstellationen, die jede der Figuren repräsentierte, und begriff, daß das ganze Gebiet von Glastonbury seit uralten Zeiten mit den Symbolen des himmlischen Königreichs auf Erden nachgezeichnet gewesen war.

Kathryn Maltwood war, obwohl sie das nie erfuhr, nicht die erste, die die Tierkreis-Riesen von Somerset wiedererkannte. Etwa um 1580 hatte der berühmte englische Gelehrte und Magier John Dee entdeckt, was für ihn »Merlins Geheimnis in den Ebenen von Glastonbury« war. Wie sein jüngster Biograph Richard Deacon schreibt, begann er sich damals für die »ungewöhnliche Anordnung der prähistorischen Erdbauten im Gebiet von Glastonbury« zu interessieren und kam zu dem Schluß, daß »diese Objekte, wenn man sie sorgfältig kartographiert, die Zeichen des Tierkreises und die Sterne darstellen«. Er hatte selbst eine Karte des Bezirkes gemacht, auf welcher er notierte:

»Die Sterne, die mit ihren Nachbildungen auf der Erde korrespondieren, liegen einzig auf dem himmlischen Pfad der ›Sonne‹ (deutsch im engl. Original – Anm. d. Übers.), des Mondes und der Planeten, mit der bemerkenswerten Ausnahme von Orion und Herkules ... alle die größeren Sterne des Schützen fallen in den hinteren Teil des Pferdes, während Altair, Tarazed und Alschain von Auilla auf seine Brust fallen ... so sind Astrologie und Astronomie mit Sorgfalt und Genauigkeit verheiratet und vermessen in einer wissenschaftlichen Rekonstruktion des Himmelszeltes, was zeigt, daß die Alten all das verstanden, was heute die Gelehrten als Fakten kennen.«

Abb. 8 Der »Mump« in Burrowbridge in Somerset, mit der Ruine der St. Michaelskirche, in einer Aufnahme aus der Zeit der winterlichen Überschwemmungen. Seine Lage auf der Linie der St. Michael geweihten Heiligtümer Südwestenglands ist auf den Seiten 93 und 95 beschrieben.

Zur selben Zeit, als Kathryn Maltwood in Somerset ihrer Vision von den Tierkreis-Riesen nachging, erforschten die Mitglieder des Woolhope Club, einer Gesellschaft von Altertumsfreunden aus Hereford, eine außergewöhnliche Entdeckung ihres Mitglieds Alfred Watkins in der Landschaft der Umgebung. Seine Behauptung, er habe die ganze Gegend von einem Netzwerk von geraden Linien überzogen gesehen, die die Zentren und Plätze des Altertums miteinander verbinden würden, schien unglaublich, doch die Qualität des Beweismaterials, das er vorlegte, war derart, daß es unmöglich war, sie ohne weitere Untersuchungen abzulehnen.

Watkins war ein Kaufmann, den man in seiner Grafschaft gut kannte und respektierte. Sein Vater war ein Bauer aus einer seit langem in Herefordshire ansässigen Familie, die nach Hereford gezogen war, um eine Anzahl von Unternehmungen auszubauen, darunter eine Mühle und eine Brauerei. Schon in frühen Jahren trat Alfred Watkins ins Geschäft seines Vaters ein und bereiste die Grafschaft als »Outrider« oder Brauereivertreter. Während seiner Reisen entwickelte er ein starkes Interesse an Altertümern. Zu dieser Zeit war das Muster der Landschaft noch wenig gestört. Eisenbahnen hatten erst vor kurzem die Kutsche und den Wagen des Fuhrmanns als hauptsächliche Mittel ländlicher Kommunikation ersetzt. Hereford, das bis 1853 kommerziell mit der Außenwelt nur durch einen Nebenkanal von Gloucester her verbunden war, war noch eine abgelegene Stadt. Die Landleute lebten ihr ganzes Leben lang an dem Ort, wo sie geboren worden waren und erzählten die Geschichten weiter, die sie von ihren Vorfahren gehört hatten. Alfred Watkins liebte diese Sagen, vor allem, wenn sie sich auf Merkmale jener Landschaft bezogen, mit der er aufs Tiefste vertraut geworden war. Auf seinen Ritten durch die Gegend lernte er auch die abgelegenste Ecke von Herefordshire und fast jeden ihrer Einwohner kennen. Sein Sohn Allen Watkins erinnerte sich an gemeinsame Reisen, auf denen jedermann, an dem sie vorbeikamen, seinen Vater als Freund begrüßte. Für ihn als kleinen Knaben schien es ganz natürlich zu sein, daß sein Vater so bekannt sein sollte.

An einem heißen Sommernachmittag, am 20. Juni 1921, war Alfred Watkins in Blackwardine in Herefordshire. Auf der Kuppe eines hohen Hügels hielt er an und konsultierte seine Karte, bevor er sich hinsetzte, um über die Aussicht zu meditieren, die sich ihm bot. Plötzlich, in einem Moment unvermittelten Aufleuchtens, sah er etwas, was vor ihm seit vielleicht Tausenden von Jahren keiner in England gesehen hatte.

Watkins blickte unmittelbar durch die Oberfläche der Landschaft hindurch auf eine Schicht aus einer fernen prähistorischen Epoche. Die Barriere der Zeit schmolz, und er sah, ausgebreitet übers ganze Land, ein Netz von Linien, das die heiligen Orte des Altertums verband. Erdhügel, alte Steine, Kreuze und alte Wegkreuzungen, Kirchen, die an Stelle vorchristlicher Heiligtümer standen, legendenumwobene alte Bäume, Wassergräben und heilige Quellen standen auf exakten *alignments* (in der wissenschaftlichen Archäologie im strengen Sinne nur Steinreihen wie diejenigen von Carnac, hier aber Ausrichtungslinien, die mehrere solcher Plätze und Bauwerke miteinander verbinden; Anm. d. Übers.), die über Hochwachten zu Grabhügeln und Berggipfeln liefen. In einem einzigen Moment transzendenter Wahrnehmungen betrat Watkins die magische Welt eines prähistorischen Großbritannien, eine Welt, von der selbst die Existenz in Vergessenheit geraten war.

In der klösterlichen kleinen Biographie, die der verstorbene Allen Watkins über seinen Vater geschrieben hat, stellt er uns das historische Ereignis dieses Sommernachmittags in den folgenden Worten vor Augen:

»Dann geschah alles plötzlich und ohne Warnung. Sein Geist wurde überflutet von einem Sturm von Bildern, die ein zusammenhängendes Muster bildeten. Die Schuppen fielen ihm von den Augen, und er sah, daß über lange Perioden der Vorgeschichte alle menschlichen Wege geraden Linien folgten, die durch Experten in einem Sichtungssystem bestimmt wurden. Der ganze Plan des »Old Straight Track« war mit einemmal offenbart worden.
Sein blitzartiges Begreifen trug alle Kennzeichen der Erb-Erinnerung an den »Old Straight Track«, genauso wie John Bunyans Erb-Erinnerung an dieselbe Tatsache am Werk war, als dieser sein Buch The Pilgrims Progress schrieb, und diejenige von Hilaire Belloc bei der Abfassung von The Path to Rome.
›Es kam alles in einem Moment blitzartigen Aufleuchtens‹, sagte er mir später.«

Nur ein oder zwei Jahre davor hatte der Seher und Dichter A.E. (George Russell) einen ähnlichen Moment plötzlicher Erleuchtung erlebt, als er sich auf einem seiner häufigen Streifzüge durch die alten Hügel und Heiligtümer Irlands befand. In seinem Buch *The Candle of Vision* sprach er davon, wie er das »Land mit den vielen Farben« gesehen habe, die ätherische Landschaft, die durch die strahlenden Quellen und Kanäle ihrer eigenen Lebensenergien von innen her leuchtet, und wie er realisiert habe, daß diese Wirklichkeit nur ein Augenzwinkern vom normalen Sehen entfernt sei. Es gab einen Moment, schrieb er, »da wußte ich, daß das Goldene Zeitalter überall um mich herum war, und daß *wir* es waren, die dafür blind gewesen waren, denn es war keinen Moment lang irgendwo anders gewesen«.

Als Watkins dann die Kirchen und alten Plätze auf einer »One-inch Ordnance Survey Map« (amtliche topographische Karte

Abb. 9 Alfred Watkins (1855-1935), Entdecker des »ley«-Systems, Fotograf und Erfinder, portraitiert von einem Mitglied seines »Old Straight Track Club«, Major F. C. Tyler.

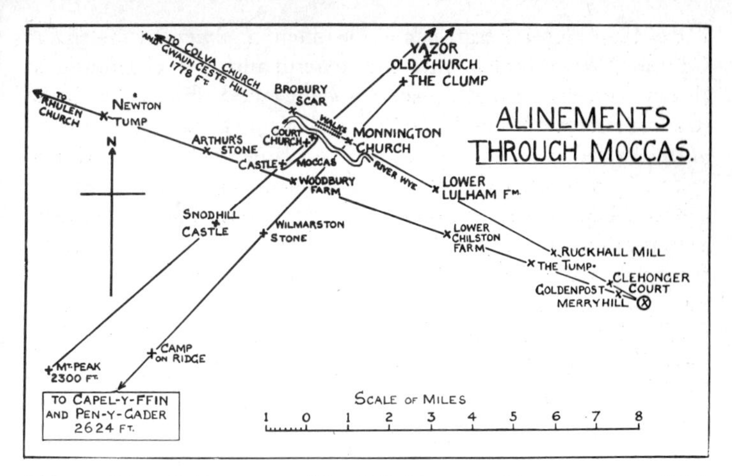

Abb. 10 Diese Zeichung von Alfred Watkins zeigt Linien von megalithischen Stätten und alten Kirchen und Siedlungen in einer Gegend von Herefordshire.

Englands im Maßstab 1 : 63 360; Anm. d. Übers.) anzeichnete, wurde seine Vision bestätigt. Nicht selten standen acht, neun oder sogar noch mehr Plätze über ziemlich kurze Distanzen auf einem *alignment*. Wenn man sie auf benachbarten Kartenblättern weiterführte, konnte man die Linien manchmal über viele Kilometer hin verfolgen, wo sie dann oft auf einem Berggipfel oder einem hohen Hügel ihr Ende fanden.

Er stellte sich vor, daß in den Zeiten, als noch große Wälder und Wildnisse die weit verstreuten Ansiedlungen trennten, Reisende sich an natürlichen Landmarken orientierten, durch Sichtung von Berg zu Berg und indem sie immer den geradesten Weg durch die Landschaft nahmen. Wenn ein Gipfel von einem anderen aus nicht sichtbar war, errichtete man entlang des Weges Steinsäulen oder Erdhügel, so daß sich diese klar vom Horizont abhoben. Steinhaufen wurden aufgeschüttet an Berghängen, Einschnitte in Bergkämme geschnitten, um den Reisenden im Tal unten zu leiten. Von den Höhen aus konnte er am Licht, das in kleinen Teichen und Wassergräben entlang des Weges reflektiert wurde, seinen Weg erkennen. Auf diese Weise wurde der Reisende immer geradeaus geführt.

Ein besonderes Kennzeichen der alten *alignments* ist, daß bestimmte Namen entlang ihrer Routen mit auffallender Häufigkeit auftauchen. Namen wie »Red«, »White« und »Black« kommen regelmäßig vor, ebenso »Cold« oder »Cole«, »Dod«, »Merry« und »Ley«. Der letztere gab Watkins den Namen für die Linien, die er *leys* nannte. Nach seiner Auffassung waren sie Handelswege. »Weiße« Namen weisen nach Watkins auf Salzstraßen hin, »rote« auf solche von Töpfern. Der »Dodman«, eine einheimische Bezeichnung für die Schnecke, war ein Geometer, der Mann, der die *leys* plante und dabei zwei Meß-Stäbe benützte, die an die Fühler der Schnecke erinnerten.

Watkins brachte eine Menge erstaunliches Beweismaterial bei für seine Hypothese, daß viele *ley*-Linien früher als Straßen benützt worden waren. Oft, wenn er *leys* auf der Karte einzeichnete, stellte er fest, daß sie dem Verlauf alter Straßen oder Fußwege folgten. Während seiner Reisen hörte Watkins auch viele lokale Sagen von alten Pfaden, die einmal in gerader Linie von einem Ort zum nächsten geführt haben sollen. Oft stellte sich dann heraus, daß diese vergessenen Pfade entlang von *leys* verliefen, die er bereits auf der Karte eingezeichnet hatte.

Die Idee der *leys* wurde von den Archäologen unter Watkins' Zeitgenossen mit wenig Sympathie aufgenommen. Sie widersprach allen ihren Annahmen über das Leben des prähistorischen Menschen. Stukeley's Vorstellung vom frommen, ehrwürdigen Druiden-Weisen hatte in den Köpfen von manchen Historikern derjenigen des drolligen alten Briten in Fellen, der blutrünstig seine Keule schwingt, Platz gemacht, und daß solche Leute präzise *alignments* über viele Kilometer gebirgigen Landes gelegt haben sollten, war offensichtlich undenkbar. Mit dieser Art von Argumenten wurden Watkins' *leys* ohne weitere Untersuchung lächerlich gemacht. Es ist oft mit Recht darauf hingewiesen worden, daß auch eine Zufallsverteilung schon für viele Beispiele von prähistorischen Stätten in linearer Ausrichtung sorgen wird. Jeder, der schon einmal solche *alignments* auf einer Karte aufgesucht hat und dann weitere Beweise für sie im Feld gefunden hat, wird aber beeindruckt sein von der Zahl der Fälle, in denen die Möglichkeit, daß sie durch bloßen Zufall entstanden sind, praktisch auszuschließen ist. Die Genauigkeit der Linien und die Art und Weise, wie sie vor allen anderen genau die besonders heiligen und legendären Stellen in der Landschaft herausgreifen, machen die Schlußfolgerung unvermeidlich, daß ihre Konstruktion von einem früheren Volk mit tiefem Wissen über die verborgenen Eigenschaften der Landschaft überwacht worden sein muß.

Eine ganze Anzahl von *ley*-Linien, die erst durch Abstecken von Verbindungslinien alter Plätze auf einer Karte entdeckt wurden, sind durch eigenartige Wachstumsunterschiede in den Feldern, die in Luftbildern sichtbar wurden (»crop marks«), als frühere Wege identifiziert worden. Und doch scheint es nicht sehr wahrscheinlich zu sein, daß sie bloße Handelswege waren, denn sie gehen oft schnurgerade über Berggipfel oder durch Seen und Sümpfe. Watkins selbst war nie ganz überzeugt, daß *leys* immer alte Straßen seien – vielleicht hat er selbst geahnt, daß sie eine tiefere Bedeutung haben, als er zuzugeben bereit war. Er hatte eigenartige Widerstände dagegen, an diesem Punkt weiterzugehen. In seiner Kindheit hatten er und seine Schwester bis zu einem gewissen Grad eine Art telepathische Sympathie entwickelt, wie das zwischen einander sehr nahestehenden Kindern nicht ungewöhnlich ist. Watkins ordnete später jedoch diese Erfahrung als Beweis für das Werk des Okkulten ein, einer Kraft, der er um jeden Preis aus dem Weg gehen wollte. Aus diesem Grund war er nicht bereit, in seinen *leys* etwas anderes als profane Handelswege zu sehen, gerade Varianten jener Wege, die quer durch die Gegend auf die verschiedenen Unternehmen seines Vaters in Hereford zuliefen.

Alfred Watkins war im wesentlichen ein praktischer Mensch, durch und durch ehrlich, geliebt und respektiert von allen, die ihn kannten. Er war ein Pionier der Fotografie und Erfinder von vielerlei Apparaten, so des »Watkins-Belichtungsmessers«, den er in Hereford fabrizierte. Im Museum der Stadt wird eine ganze Sammlung seiner fotografischen Platten aufbewahrt, eine einzigartige Aufzeichnung der Landschaft von Herefordshire zu seiner Zeit. In diesem Museum befinden sich auch die Protokolle des »Straight Track Postal Club«, den seine Bewunderer gebildet und nach dem bemerkenswerten Buch *The Old Straight Track* benannt hatten, in dem Watkins seine Entdeckung des *ley*-Systems beschrieben hat. Die Mitglieder des Clubs lieferten Aufsätze und Anmerkungen zu verschiedenen Aspekten ihres Themas, die dann per Post herumgingen und mit den Kommentaren der Leser versehen zu ihren Autoren zurückkehrten. Besonders aufschlußreich sind Fotografien von alljährlichen Ausflügen des Clubs zu verschiedenen *ley*-Zentren, auf denen man Damen und Herren in der ländlichen Kleidung der Epoche zwischen den Kriegen sieht, wie sie ihre Picknickkörbe auf irgendeinem Burghügel auspacken, genau wie das Stukeley und seine Freunde hundert Jahre früher getan hatten. Möglicherweise war es genau diese Art zu forschen, die die Gegnerschaft der Archäologen heraufbeschwor. Watkins' Vision paßte nicht in die Wissenschaft seiner Zeit. Man konnte sie zu nichts Bekanntem in Beziehung setzen, und deshalb wurde sie ignoriert, lächerlich gemacht oder unterdrückt. O.G.S. Crawford, der Herausgeber der Zeitschrift *antiquity*, weigerte sich sogar, eine bezahlte Anzeige für *The Old Straight Track* anzunehmen. Jetzt, da die großen astronomischen Linien quer durch das Land endlich bekannt werden, dürfte es aber nicht mehr allzulange dauern, bis

Zwei von Watkins' Fotografien von »ley«-Teilstücken in seiner Heimat.
Abb. 11 Der Kirchturm der Kirche von Ledbury in einer Linie mit der Church Lane. Das Muster der »ley«-Linien ist in den Straßen, Alleen und Denkmälern alter Städte oft besser erhalten als in der Landschaft.

Abb. 12: Stück einer »ley«-Linie in der Nähe von Abbey Dore, die auf eine entfernte Hügelkuppe zuläuft. Beim Abschreiten der »leys« fand Watkins Stücke von Wegen, Furten, Brücken und Heckentoren, die heute noch ihren Verlauf anzeigen.

Alfred Watkins anerkannt wird als das, was er war, ein ehrlicher Visionär, dessen Blick über die Grenzen seiner Zeit hinaus gedrungen ist.

Obwohl Watkins jede Exkursion in unbekannte Gebiete okkulter Spekulationen vermieden hat, wurde er doch vom religiösen Aspekt der *ley*-Linien angezogen, und er zitierte manche Stellen aus der Bibel, in denen von den Segnungen des geraden (rechten) Weges durch die Hügel zum Leuchtfeuer hin die Rede ist. Bei Jeremias fand er folgende Stelle:

»Also spricht der Herr: Stehet auf die Straßen, und sehet, und forschet nach den Wegen der Vorzeit, welches der gute Weg sei, und wandelt darin, und ihr werdet Ruhe finden für eure Seelen!« (6,16)

»Richte dir Wegzeichen auf, setze dir Steinmale und richte deinen Sinn auf die Straße, auf der du gezogen bist!« (31,21)

»Aber mein Volk hat mich vergessen und hat den nichtigen Götzen Räucheropfer gebracht, die es auf den alten Wegen straucheln ließen, weil sie auf ungebahnten Wegen gingen.« (18,15)

Und bei Jesaia:

»Und ich will dich über die Höhen der Erde gehen lassen.« (58,14)

»Der Berg, wo das Haus des Herrn ist, wird an der Spitze der Berge stehen, und über alle Hügel erhoben sein, und alle Völker werden zu ihm strömen.« (2,2)

Im Koran (41,53) hätte er ebenfalls einen bedeutungsvollen Hinweis auf die Zeichen auf den Hügelkuppen und deren Heiligkeit finden können: »Wir werden ihnen unsere Zeichen an den Horizonten und in ihnen selbst zeigen, bis daß es ihnen aufgeht, daß dies die Wahrheit ist.« Watkins sah in der Bibel, wie in Bunyans *Pilgrim's Progress*, die Beschreibung der Reise eines Menschen zur Erleuchtung, ein Weg, der vielleicht einst im *ley*-System seine physikalische Illustration hatte, ein zugleich gerader und enger Weg. Irgendein mystisches Konzept, das jetzt verloren ist, mußte diese regelmäßige Auslegung des Landes inspiriert haben. In *The Old Straight Track* kommt Watkins zu dem Schluß: »Ich glaube, daß *ley*-Leute, Priester-Astronomen, Druiden, Barden, Magier, Hexen, Wahrsager und Einsiedler alle mehr oder weniger verbunden waren durch einen einzigen Faden von altem Wissen und Macht, so degeneriert dieser am Ende auch geworden sein mag.«

Im Laufe ihrer Forschungen kamen Watkins und seine Freunde mehr und mehr zur Überzeugung, daß hinter dem Ley-System mehr stecken mußte als nur ein Netz von Handelswegen. Es war, wie wenn irgendein Stromfluß entlang dieser von Menschen gebauten *alignments* fließen würde. Mitglieder des »Straight Track Club« berichten von Vögeln und Tieren, die sich in ihren Wanderungen an gewisse festgelegte Linien hielten, beschrieben die schnurgeraden Antilopenpfade im Himalaya und verfaßten Aufsätze über die regelmäßigen Systeme von Wegen und Landmarken in Norwegen, Palästina, Afrika und Amerika. Watkins selbst, der ein erfahrener Imker war, beobachtete, wie Bienen, wenn man sie aus den Stöcken entfernt und in einer gewissen Entfernung aussetzt, erst zögernde Kreise fliegen, und dann, wie wenn sie sich in eine Art unsichtbare Strömung einstimmen, eine »Bienen-Linie« in Richtung auf ihren

Heimatstock bilden. Seine tiefempfundene Liebe für die Landschaft der Gegend und sein Wissen über das Leben in ihr hatten ihn, besonders seit ihm die verborgene Struktur der Landschaft durch die Entdeckung der *ley*-Linien offenbart worden war, zu einem echten Wissen darüber geführt, daß alle Aspekte von Leben und Wachstum, sowohl im großen wie im kleinen Maßstab, denselben grundlegenden Mustern gehorchten. Mit den Augen eines Naturphilosophen nahm er diese Korrespondenzen in der gesamten Natur wahr. Er sah, daß Ameisenhaufen in bestimmten Mustern und Linien angeordnet waren. Wie die Sichtungs-*mounds* auf den *ley*-Linien sind sie konisch und haben eine abgeflachte, rasenbedeckte Spitze. Seine Messungen ergaben außerdem, daß die Proportionen zwischen einer Ameise und einem Ameisenhaufen dieselbe ist wie zwischen einem Menschen und dem Silbury Hill. Durch alle diese Überlegungen warf Watkins dieselbe Art von schwer faßbaren Fragen auf wie der südafrikanische Naturforscher E.P. Marais, der in seinem Buch *Die Seele der weißen Ameise* von seiner Entdeckung berichtete, daß die mannshohen Termitenhügel der weißen Ameisen von Afrika ein Gehirn, Herz, Leber, Verdauungs- und Kreislaufsysteme besitzen und außer der Fortbewegung dieselben Funktionen ausüben können wie der menschliche Körper.

Bis ans Ende seines Lebens arbeitete Alfred Watkins trotz der vielen scharfen, zum Teil sogar beleidigenden Kritik, an der Erweiterung und Bestätigung seiner Entdeckung, ohne aber je den letzten Schlüssel zur Bedeutung des *ley*-Systems zu finden. Das Beweismaterial für dessen Existenz allerdings wurde überwältigend. *ley*-Linien, die auf dem einen Kartenblatt eingezeichnet wurden, stellten sich als exakte Fortsetzung derjenigen heraus, die auf einem anderen begonnen worden waren. Immer wieder brachten auch Suchaktionen im Feld Steine, *mounds* und Stücke von alten Wegen zum Vorschein, die auf den Karten nicht eingezeichnet waren. (In den englischen »Ordnance Survey«-Karten sind auch Altertümer wie Megalithen, Wegkreuze, Steinkreise, Quellen, Grabhügel, »römische Straßen« etc. eingezeichnet.) Pfarreigrenzen fielen mit *leys* zusammen. Mehr als einmal stießen die Forschungen an *ley*-Zentren – Plätzen, an denen sich mehrere *leys* kreuzen – auf einen alten Stein oder ein Kreuz, die die amtliche Landesvermessung übersehen hatte. Alle diese Dinge schrieb Watkins sachlich und genau nieder. Obwohl er das Rätsel der *leys* nie lösen konnte, erkannte er schließlich einen ziemlich unerwarteten Aspekt ihrer Funktion. Jeder, der schon einmal ihrem Verlauf durch das Gelände gefolgt ist, wird feststellen, daß sein Leben durch die Erfahrung bereichert worden ist. Das Wissen, daß diese gigantische Ruine, das alte Gewebe der *alignments*, in jede hinterste Ecke des Landes verfolgt werden kann, obwohl es, wie Avebury vor dem Jahr 1648, dem Verstand und dem physischen Auge verborgen bleiben muß, vermag in hohem Maß Staunen und Bescheidenheit wachzurufen, zwei Eigenschaften, die Alfred Watkins in besonderem Maße ausgezeichnet haben. In seinem Buch *The Old Straight Track* gibt er seiner Vision in den folgenden Worten Ausdruck:

»Stellen Sie sich eine Feenkette aus Licht vor, von Berggipfel zu Berggipfel gestreckt, so weit das Auge reicht, und lassen Sie sie schießen, bis sie die »hohen Orte« der Erde auf den verschiedenen Bergkämmen, Anhöhen und Hügelchen berührt. Dann visualisieren Sie einen mound, eine ringförmige Wallanlage, oder eine Gruppe von Bäumen, auf diese Anhöhen gesetzt, und in niedrigen Plätzen im Tal unten andere mounds, die von Wasser umgeben sind, damit man sie von weitem sieht. Dann große Menhire, um den Weg in Intervallen zu markieren, und in einer Böschung, die zu einem Bergkamm hinauf oder zu einer Furt hinunter führt, den Weg so tief eingeschnitten, daß er bei Ihrem Aufstieg eine Orientierungskerbe am Horizont bildet. In einem »Blwach« oder Bergpaß die Straße am höchsten Punkt tief in den Kamm geschnitten, so daß sie aus großer Entfernung als Kerbe sichtbar wird. Da und dort, besonders an den beiden Endpunkten des Weges ein Höhenfeuer, mit dessen Hilfe der Weg auch ausgelegt worden ist. Teiche, die genau auf der Linie gegraben sind, oder Flüsse, die so geleitet wurden, daß sie reflektierende Punkte auf der Linie des Höhenfeuers bilden, damit diese Linie überprüft werden kann, wenn mindestens einmal im Jahr das Feuer am traditionellen Tag angezündet wird. Alle diese Bauwerke genau auf der Sichtungslinie. Die Instruktionen zur Benützung eines solchen Weges sind heute noch so tief in der Seele des Bauern verankert, daß er Ihnen – unterdessen fälschlicherweise – auf die Frage nach dem Weg sagt: ›Gehen sie nur geradeaus‹.«

Als Watkins am 5. April 1935 starb, erhielten Mitglieder des »Straight Track Club« ein Gedicht von einem Herrn H. Hudson, das mit den Worten schloß;

»… er wußte nur
inmitten vergeßner Wegzeichen
auf dem »Old Straight Track«
dahin zu streben, von wo die Höhenfeuer
einer erhabenen Welt ihm ihren Glanz
entgegenschickten.«

Alfred Watkins, dessen Lieblingsdichter John Masefield war, zitierte oft aus Henry VI: »All the country is lay'd for me« (»das ganze Land ist ausgelegt für mich«). Seine Vision hat die Türe in ein magisches Land geöffnet, an dessen Schwelle wir heute stehen.

Das Problem, das sich aus Entdeckungen wie derjenigen von Kathryn Maltwood und Alfred Watkins ergibt, ist, daß sie wie aus dem Nichts auftauchen und zu nichts bisher Bekanntem in Beziehung stehen. Es sind Offenbarungen aus dem Unbewußten. Wenn gezeigt werden kann, daß diese Offenbarungen nicht im Widerspruch zu bereits anerkanntem Wissen stehen, werden sie akzeptiert. Stehen sie aber allein, neigt man dazu, sie als Hirngespinste abzutun, während sie doch für gewisse Leute wirklicher sind als das Denksystem, zu dem sie in Widerspruch stehen.

In den Jahren, die auf Watkins' Entdeckung folgten, wurden einigen Mitgliedern des »Straight Track Club« gewisse Begrenzungen ihrer Forschungen bewußt. Es ist zwar eine physikalische Tatsache, daß die prähistorischen Stätten auf einer Karte auf schnurgeraden Linien stehen. Darüber ist durch die Arbeit unzähliger Forscher während der letzten sechzig Jahre jeder Zweifel ausgeräumt worden. In manchen Fällen ist es auch möglich, das Muster, nach dem sie angeordnet sind, zu entdecken. Einige *alignments* sind offensichtlich nach astronomischen Gesichtspunkten angelegt. Andere scheinen wieder eher geographische Linien zu sein, indem sie auffallende Landmarken, Gipfel von Küstengebirgen und Landspitzen verbinden. Es gibt aber viele andere, deren Existenz kaum in Zweifel steht, die weder geographische Triangulationslinien zu sein scheinen, noch auf irgendeine offensichtliche astronomische Deklination hindeuten. Mit diesem Dilemma wurden Watkins' Anhänger konfrontiert. Sie haben in allen Teilen des Landes in der Ausrichtung alter Plätze und in Teilstücken vergessener Wege Spuren des »Old Straight Track« gefunden. Aber es ist ihnen nicht gelungen, die Prinzipien hinter dem *ley*-System zu finden.

DER RIESE IN DER LANDSCHAFT

Vielleicht ist das *ley*-System unsichtbar für jene, die schon von vornherein wissen, daß es nicht existiert. Selbst der Astronom Sir J. Norman Lockyer, der in seinen Büchern über Stonehenge und andere englische Steinkreise auch Karten veröffentlichte, die die genauen *alignments* von alten Plätzen zeigen, realisierte nie ganz, was die *leys* waren, die er entdeckte, und über welche weiten Gebiete sie sich erstreckten. Und doch haben schon seit einiger Zeit immer wieder isolierte Beweisstücke auf ein vergessenes Prinzip hinter der Plazierung von Kirchen und heiligen Zentren hingedeutet. Eine ganze Auswahl von Hinweisen auf ein klares Muster in der Lage von Kirchen, die über die Landschaft hin aufgereiht sind, wurde von verschiedenen Autoren anfangs dieses Jahrhunderts gemacht. Sir Montague Sharpe publizierte Karten, die die Überreste eines regelmäßigen Gitters in der Grafschaft Middlesex zeigten, die Kirchen, Straßen und verschiedenen Landmarken in regelmäßigen Abständen in der Landschaft verteilt, denen nach seiner Auffassung das alte römische *jugurium* zugrunde lag. Rendel Harris stieß auf Anzeichen für eine ähnliche Landschaftsgeometrie in der Nachbarschaft von Watchet in Somerset. Die meisten aber, die Watkins' Entdeckung mit weiteren Forschungen fortzusetzen suchten, hatten keine akademische Ausbildung in den Disziplinen der Archäologie und Vorgeschichte.

1939 veröffentlichte Major F.C. Tyler ein kleines Büchlein mit dem Titel *The Geometrical Arrangement of Ancient Sites*. Da dieses Buch praktisch unzugänglich ist – das Exemplar des British Museum ging im Krieg verloren – sollen hier einige Beispiele von Tylers Arbeit gegeben werden.

Major Tyler unterzog die physikalischen Beweise für das *ley*-System einer Neuüberprüfung. Zu diesem Zweck folgte er zu Fuß vielen der Linien, die von Watkins in *The Old Straight Track* beschrieben werden, sowie weiteren, die er selbst auf der Karte entdeckt hatte. Mit bemerkenswerter Regelmäßigkeit ergaben sich auf diese Art weitere Beweise für die Existenz der *ley*-Linien. Menhire und Teilstücke alter Wege, die nicht auf der Karte eingezeichnet waren, Fußwege und traditionelle Grenzen fielen genau mit einer Ley-Linie zusammen, die bereits durch in der Karte eingezeichnete Landmarken definiert war. Major Tyler übertrug auch mit der Hilfe eines professionellen Geometers Linien von den 1-inch auf die 6-inch »Ordnance Survey«-Kartenblätter und konnte feststellen, daß die Linien auch dann noch sehr genau waren. Angesichts des Beweismaterials von Karten und Feldforschung kam er zum Schluß, daß Watkins' Theorie auf Tatsachen beruhte und daß alte Plätze in ganz Großbritannien in einem solchen Ausmaß in geraden Linien standen, daß ein Zufall ausgeschlossen war.

Als mit der Zeit eine größere Zahl von *leys* erfaßt wurde, zeigte sich, daß viele von ihnen einen Schnittpunkt gemeinsam haben. Bei der alten Pfarreikirche von Wooburn in Buckinghamshire schneiden sich zum Beispiel acht *alignments*; andere solche Schnittpunkte sind die Kirchen von St. Michael in Honiton bei Brentor im Westen von Dartmoor und in Churchingford auf der Grenze zwischen Devon und Somerset. In einigen Fällen liegen eine Anzahl von Plätzen in gleichem Abstand von einem Zentrum, wie Tyler entdeckte, als er konzentrische Kreise um einen solchen Schnittpunkt zog. Auf Dartmoor und an anderen Orten bilden *alignments* von Menhiren, die auf Hügelkuppen und Tumuli zulaufen, beinahe parallele Linien in nicht sehr großen Abständen voneinander. Diese Linien konnten kaum gewöhnliche Straßen sein. Tyler glaubte, daß sie noch eine Bedeutung darüber hinaus hatten, nämlich Teil eines heiligen geometrischen Musters waren, das vor Urzeiten zu irgendwelchen nicht mehr vorstellbaren religiösen Zwecken gelegt worden war. Auf den Kreuzungspunkten der Linien waren *mounds* und Steine errichtet worden, und der wohlbekannte Brauch der frühen Christen in Großbritannien, Kirchen auf heidnischen Plätzen zu bauen, hatte das Muster bewahrt.

Als viele Archäologen die astronomische Bedeutung von Steinkreisen, umfriedeten Hügelkuppen und anderen prähistorischen Strukturen noch nicht kannten, hatte Watkins schon beobachtet, daß eine Anzahl von *ley*-Linien so angelegt waren, daß sie eine der Extrem-Positionen von Sonne oder Mond markierten. Tyler konnte diese Tatsache bestätigen und wies auch auf einen Aufsatz hin, der am Internationalen Kongreß für Geographie in Amsterdam im Jahre 1938 von dem deutschen Geographen Josef Heinsch vorgetragen worden war, und der den Titel *Grundsätze vorzeitlicher Kultgeographie* trug.

Heinsch sprach dort von einem verlorengegangenen magischen Prinzip, nach dem in der fernen Vergangenheit die Lage von heiligen Zentren bestimmt worden war. Diese befanden sich auf den Linien von großen geometrischen Figuren, die ihrerseits in Entsprechung zur Position der Himmelskörper konstruiert worden waren. Linien, die in einem Winkel von 6° nördlich der genauen Ostrichtung verliefen, verbanden Zentren, die dem Mondkult des Westens geweiht waren, mit solchen der Sonne im Osten. Die Maßeinheiten, die in dieser terrestrischen Geometrie verwendet wurden, beruhten auf einfachen Bruchteilen der Proportionen der Erde. Heinsch konnte Beispiele für diese Praxis aus ganz Europa und dem Nahen Osten, von Stonehenge, Chartres und anderen heiligen Zentren beibringen, und auch zeigen, daß sie in den frühen christlichen und islamischen Kirchenbauten weitergeführt worden war.

Wie alle, die das *ley*-System studiert hatten, war Heinsch beeindruckt von den riesigen Dimensionen und der Genauigkeit seiner Konstruktion, und davon, daß es einen Beweis für die frühere Existenz einer weltweiten Zivilisation mit einem fortgeschrittenen wissenschaftlichen und magischen Wissen darstellt. Die Anlage eines Netzwerkes astronomischer und geometrischer Linien über die ganze Erdoberfläche hin bedingt eine Technologie, die wohl kaum ohne einen praktischen Zweck entwickelt worden wäre. Heinsch' Idee war die, daß irgendein heute vergessenes Prinzip im Spiel gewesen sein müsse. Eine Kraft, die durch die korrekten geographischen Beziehungen heiliger Zentren aktiviert wurde, machte das menschliche Leben auf eine uns nicht mehr ganz vorstellbare Art reicher. Heinsch glaubte auch, daß das Studium der kosmischen Gesetze, die die günstigste Lage für die verschiedenen Gebäude bestimmen, der Arbeit der modernen Planer zugute kommen würde.

Ein Freund und Mitarbeiter von Major Tyler war J. Foster Forbes, der seine Kindheit in Aberdeenshire verbracht hatte und so viele der Steinkreise in diesem Teil von Schottland kennengelernt hatte. Ein besonderes Kennzeichen dieser Bauwerke ist, daß sie einen großen Steinpfeiler besitzen, der von zwei weiteren flankiert wird und auf dessen einer Seite Kreise und Vertiefungen, sogenannte »Cup and Ring Marks« angebracht sind. (Etwas Ähnliches sind die »Näpfchen- und Schalensteine« im deutschen Sprachgebiet. Anm. d. Übers.) Bischof Browne, der im Jahre 1919 diese Markierungen studierte, entdeckte, daß viele von ihnen mit Präzision so angeordnet waren, daß sie die Muster verschiedener Kon-

Abb. 13 Der anglikanische Bischof Browne, einer der frühen Deuter der prähistorischen Näpfchen- und Schalensteine Großbritanniens, fotografiert um 1920 bei einem der Steine der Clava-Steinkreise in Nairn in Schottland.

Abb. 14 Der liegende Stein des Steinkreises von Rothiemay in Aberdeenshire, mit Markierungen, die Browne als Sternkarte deutete. Ähnliche Gravierungen wurden von anderen Forschern als Karten von megalithischen Stätten interpretiert.

stellationen von Himmelskörpern wiedergaben. Immer war das Bild jedoch seitenverkehrt, wie wenn die Sterne in einem Spiegel reflektiert würden, was Browne zu der Theorie führte, daß diese Markierungen als steinerne Druckstöcke gedient hätten, um Diagramme des Nachthimmels auf Tuchstücke oder Tierhaut zu drukken. Watkins hatte ähnliche Zeichen auf Steinen in Herefordshire bemerkt und sie für *ley*-Karten gehalten, auf denen die Vertiefungen Plätze auf dem örtlichen *alignment*-System repräsentierten. Beweise für die Richtigkeit dieser Theorie fand er auf einem Stein im Kirchhof von Tillington in Herefordshire, der vier klare Näpfchen auf seiner oberen Fläche aufwies. Watkins zog die Diagonalen zwischen den vier Markierungen und machte eine Peilung nach Norden von ihrem Schnittpunkt aus, der nach seiner Meinung die Position des Steins repräsentierte. Als er nun seine Karte nach dieser Figur orientierte, ergab sich, daß die Näpfchen auf zwei gut markierte *ley*-Linien wiesen, die sich beim Stein von Tillington kreuzten und die außerdem Sichtungslinien des Winter-Sonnenaufgangs waren.

Andere Schalensteine, die von Watkins und seinen Freunden untersucht wurden, schienen ebenfalls die Richtung von strahlenförmig ausgehenden *leys* anzuzeigen. Foster Forbes war beeindruckt vom Beweismaterial, das sowohl für die Theorie von Watkins wie auch für diejenige von Browne vorhanden war, und fragte sich, ob die beiden nicht miteinander vereinbar wären, besonders, da ja so viele *ley*-Linien auch nach astronomischen Gesichtspunkten errichtet zu sein schienen. Seit früher Kindheit war er sich bewußt, daß er etwas von der Gabe des Zweiten Gesichtes der schottischen Hochländer besaß. Als Knabe hatte er sich einmal einen ganzen Tag lang vor einem Besucher seines Vaters versteckt, der ihm als reinkarnierter Druide erschien, bereit, ihn im nahe gelegenen Steinkreis als Opfer darzubringen. So war er geneigt, mit medialen Methoden an die Probleme der britischen Altertümer heranzugehen. Prähistorische Stätten waren nach seiner Auffassung so angelegt worden, daß sie die Sternbilder widerspiegelten. Ihre Beziehungen zueinander waren durch Näpfchenzeichen auf einer Reihe von Schlüsselsteinen dargestellt, so daß diese Steine sowohl Karten der Erde wie auch solche des Himmelszeltes waren. In der Begleitung von Freunden, die die Kunst der Psychometrie betrieben (einen medialen Prozeß, durch den Wissen über die Vergangenheit erlangt werden kann durch jemanden, der für die paranormalen Qualitäten eines Ortes sensibel ist), besuchte Foster Forbes unzählige Steinkreise und prähistorische *mounds* und versuchte etwas über ihre Bedeutung herauszufinden. Er stellte fest, daß jeder der Orte einen anderen Charakter hatte, je nach dem Himmelskörper, den er repräsentierte und der Stärke der natürlichen magnetischen Strömung, die durch ihn fließt. Um diesen Strom für ihre eigenen magischen Zwecke zu kanalisieren, waren die Überlebenden einer großen Katastrophe, die das Zentrum ihrer eigenen Kultur zerstört hatte, nach Britannien gekommen und hatten ihre Instrumente aus Stein an geeigneten Orten des Landes errichtet. Steinkreise, so schreibt Forbes, wurden »von der fortgeschrittenen Priesterschaft nicht nur in Verbindung mit astronomischer Beobachtung errichet, sondern die Plätze selbst sollten irgendwie als *Empfangsstation für direkte Einflüsse* von Himmelskörpern dienen, *die der Priesterschaft bekannt waren und denen in ihren Ritualen und magischen Praktiken eine große Bedeutung zukam* – besonders zu bestimmten Zeiten des Jahres«.

Jeder Steinkreis hatte auch eine innere Verwandtschaft zu einem bestimmten Teil des menschlichen Körpers und bildete so zusammen mit anderen Steinkreisen, wie in der Vision von William Blake, eine riesige Figur auf der Oberfläche der Landschaft. So außerordentlich diese Idee auch erscheinen mag, es ist eine Vorstellung, die von vielen Leuten intuitiv gehegt wird, und die eine verbreitete Form dichterischen Ausdrucks darstellt. Hinweise auf die Landschaft und ihre Riesen finden sich überall in Mythologie und Literatur. Paul Gauguin malte in seiner letzten Vision von Tahiti Riesen in die Klippen und Bergfelsen; selbst der Ingenieur James Brindley, der die Wasseradern seiner Kanäle durch den ganzen industriellen Körper der englischen Midlands ausbreitete, sprach vom Wasser als einem wütenden Riesen, »doch kaum hast du ihn auf den Rücken gelegt, wird er so sanft und gefügig wie ein Kind«. Es war diese eigentlich geomantische Vision, die Brindley und viele seiner Nachfolger inspirierte, das englische Kanalsystem in einer Weise anzulegen, daß seine Linien selbst heute noch den Charakter der Landschaft mehr unterstreichen als verletzen.

Forbes sah in der Landschaft den gigantischen Körper eines Menschen, Watkins die Wege und Zentren des terrestrischen Nervensystems. Das sind Ausdrucksweisen aus dem Vokabular der Magie, und die verlorene Welt, auf die sie sich beziehen, läßt sich kaum noch irgendwo ins Leben zurückrufen. Nur in gewissen entlegenen Gegenden der Welt gibt es noch Menschen, die noch etwas von diesem alten magischen System, das einst universell war, beibehalten haben; unter denen, die noch etwas vom alten Wissen über die weniger faßbaren Aspekte ihrer Umwelt bewahrt haben, befinden sich die Aborigines (Ureinwohner) Australiens. Die frühesten Erinnerungen ihrer Rasse finden ihren Ausdruck in der Sprache der heimatlichen Landschaft. Deren natürliche Kennzeichen, Hügel, Wasserläufe und Felsen wurden von den Urwesen der »Traumzeit« geformt – einer Zeit ohne Anfang und Ende, die der unseren vorausging, und die immer noch weiterfließt in einer Dimension, die gewöhnlich außerhalb unserer Wahrnehmung liegt. Die schöpferischen Götter durchquerten einst das Land entlang von Wegen, an deren Verlauf man sich immer noch erinnert, denn zu bestimmten Jahreszeiten werden sie von einer Lebenskraft belebt, die die Erde fruchtbar macht und Pflanzen und Tieren neues Leben gibt. Um die jahreszeitliche Wiederkehr dieser Kraft zu sichern, führen die Aborigines gewisse Rituale durch. Sie ritzen Dschuringas, Anordnungen untereinander verbundener Punkte und Kreise auf Steine, genau wie diejenigen, die auf Näpfchen- und Schalensteinen in Europa gefunden werden. Diese Linien und Kreise repäsentieren die heiligen Wege und Zentren der australischen Landschaft, und diejenigen, die auf diesen Pfaden reisen, finden ihren Weg durch Konsultation des Musters auf dem Dschuringa. Dolin McCarthy, ein australischer Wissenschaftler,

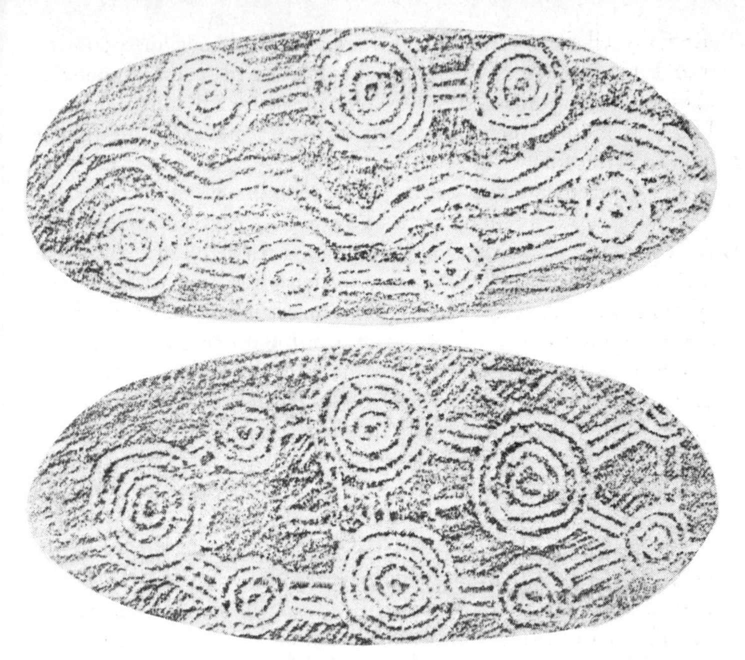

Abb. 15 Die zwei Seiten eines australischen Dschuringa. Diese Divinationsinstrumente aus Stein werden in Spalten heiliger Felsen aufbewahrt und von den Aborigines während ihrer rituellen Reisen konsultiert.

der durch wenige bekannte Gebiete im Inneren des Kontinents gereist ist und viele Freunde unter den Aborigines hat, berichtet, daß ihre Magier die Dschuringas zur Divination benützen. (Divination, auch Weissagung oder Mantik, bezeichnet verschiedenste Methoden, durch die Einsicht in verborgene Informationen erlangt werden kann. Anm. d. Übers.) Indem sie sich in das Muster der Linien und Kreise versenken, erhalten sie Botschaften von weither und können die Ankunft von Fremden, das Näherkommen eines plötzlichen Sturms oder einen Wetterumschwung genau voraussagen.

In verschiedenen anderen Teilen der Welt sind die Linien, die heilige Zentren verbinden, nicht nur die mythologischen Pfade, über welche die Götter, die die verschiedenen Himmelskörper repräsentieren, regelmäßig zu bestimmten Jahreszeiten dahinziehen. Sie haben eine weitere Eigenschaft, die nur den einheimischen

Magiern bekannt ist. Die amerikanischen Indianer, insbesondere die Hopis des Südwestens, benützen sie offenbar als »Kabel« für telepathische Verständigung. In China sind sie bekannt als »Lung-Mei«, »Drachenpfade«, und verlaufen zwischen astronomischen *mounds* und hohen Bergen.

Diese Drachenpfade sind sehr geheimnisvoll, und außerhalb Chinas ist nur sehr wenig über sie bekannt. Ihr Verlauf wurde aber bis vor kurzem von den Verwaltern der Provinzen, durch welche sie führten, mit großer Sorgfalt studiert, und sie wurden auch durch eine der Abteilungen der Zentralregierung kartographisch erfaßt. J.D. Hayes beschreibt in seinem Buch *The Chinese Dragon*, wie anfangs dieses Jahrhunderts ein junger Student, der Selbstmord begangen hatte, von seinen Freunden an einer Stelle begraben worden war, die auf einer Drachenlinie lag. Das kaiserliche Amt für die Riten in Peking sandte darauf dringende Anweisung zu seiner Exhuminierung, da solche Grabplätze streng für die Mitglieder der kaiserlichen Familie reserviert waren.

Die eigenartige Legende von unsichtbaren Pfaden, die schnurgerade quer durchs Land gehen, erweckte auch das Interesse von J.D. Evans-Wentz, der anfangs dieses Jahrhunderts viele Reisen bei den Kelten von Großbritannien und Frankreich machte, um Geschichten von Feen und andere Relikte der alten Mythologie zu sammeln. Bei dieser Gelegenheit hörte er in verschiedenen Gegenden Irlands von »Feen-Pfaden«. Diese Pfade, die manchmal noch als alte Straßen sichtbar, manchmal aber nur in der Erinnerung der örtlichen Bevölkerung erhalten sind, sollen die Routen von jahreszeitlichen Prozessionen sein. An einem gewissen Tag gehen die Feen durchs Land, und jeder, der ihnen im Weg steht, kann tot umfallen oder entführt werden, ohne je zurückzukehren. Jemand, dessen Haus auf einem Feenpfad steht, muß an diesem Tag seine Vorder-und Hintertür offenlassen, denn es ist nicht zu empfehlen, den Feen-Umzug zu blockieren. In seinem Buch *The Fairy Faith in Celtic Countries* erzählt Evans-Wentz, wie er einmal einen irischen Seher nach einer Erklärung für die Feen-Pfade fragte, und die Antwort erhielt, sie seien Linien von einer Art magnetischen Stroms, dessen genaues Wesen aber in unserer Zeit in Vergessenheit geraten sei.

Die Chinesen glaubten, die »Lung-Mei« erstreckten sich über die ganze Welt, und dieser Glaube findet überall Bestätigung durch entsprechende lokale Überlieferungen. In Australien und Nordamerika sind die Drachenlinien Schöpfungslinien, auf denen die Götter und die große Urschlange, Ahne und Wächter alles Lebendigen, umgehen. In Irland sind sie die Straßen der Feen. In einigen Gegenden der Welt sind sie heute noch vom Flugzeug aus sichtbar, obwohl ihr Ursprung dunkel ist und selbst ihre Existenz den Völkern, durch deren Länder sie gehen, nicht mehr bekannt ist. Vor einigen Jahren fiel Piloten auf dem Flug über die Nazca-Ebene in Peru ein erstaunliches geometrisches Muster auf, das über die Landschaft unter ihnen ausgebreitet war. Lange gerade Linien hoben sich von der Wüstenlandschaft ab, und zwischen ihnen sahen die Flieger eine Anzahl von riesigen Figuren, die Menschen, Tiere und seltsame Symbole darstellten. Die Linien, die in die Nazca-Ebene eingegraben sind, sind unterdessen wohlbekannt. Die deutsche Wissenschaftlerin Dr. Maria Reiche konnte zeigen, daß sie das Werk einer untergegangenen Vor-Inka-Kultur sind, die ihren Verlauf durch das Entfernen von Steinen und Kieseln markierte. Dadurch wurden Streifen von dunklerem Untergrund freigelegt, die aus der Luft klar sichtbar sind. Einige der geraden Linien auf der Nazca-Ebene haben eine astronomische Bedeutung: sie sind so angelegt, daß ein Wanderer, der zur Tag-und-Nacht-Gleiche oder zur Sonnwende eine bestimmte Linie entlang geht, die Sonne oder einen Stern am Horizont gerade vor sich aufgehen oder untergehen sieht.

Die Steinallee in Stonehenge, die auf den Mittsommer-Sonnenaufgang ausgerichtet ist, ist auch in Großbritannien keineswegs einzigartig. Watkins' Entdeckung der *ley*-Linien, von denen einige, wie er gezeigt hat, astronomisch ausgerichtet sind, hat die weitverbreitete Existenz eines Musters aufgezeigt, das demjenigen von Nazca und anderen südamerikanischen Gegenden sehr ähnlich ist. In Teilen von Bolivien kann man heute noch, wie wir später sehen werden, Netzwerke von geraden Pfaden sehen, die einheimische und christianisierte Heiligtümer miteinander verbinden. In Großbritannien hingegen sind die meisten der alten Linien nur in der Form von *alignments* von Plätzen erkennbar, die man auf der Karte aufspüren kann. Sie werden nur da teilweise sichtbar, wo Teilstücke von *leys* als Wege oder moderne Straßen überlebt haben.

Die Auffassung, die Zivilisation habe in Großbritannien mit den Römern begonnen, macht uns blind für die Bedeutung dieser erstaunlichen geraden Linien, die auf fast jeder englischen Karte größeren Maßstabs gefunden werden können und die dort meistens als »Römerstraßen« bezeichnet sind. Die Ausdehnung dieser Straßen und die erstaunliche Genauigkeit ihrer Ausrichtung haben zu einiger Spekulation Anlaß gegeben. Mangels einer besseren Theorie nimmt man allgemein an, sie seien von den Römern gebaut worden, um die Eroberung Englands zu sichern, und ihre Geradlinigkeit schreibt man der »typischen römischen Rücksichtslosigkeit und Effizienz« zu.

In Wirklichkeit kann man zeigen, daß das System der geraden Straßen aus einer bedeutend früheren Zeit als derjenigen der römischen Invasion stammt. Einmal ist da die Tatsache, daß sie auch in Irland, einem Land, das nie von den Römern besetzt worden ist, existieren, und zwar genau in derselben Weise, wie sie auch auf der Karte von England erscheinen. Zweitens waren die Kelten als Wagenlenker berühmt, und man kann sie sich kaum ohne die gepflasterten Straßen vorstellen, die für den Betrieb ihrer Gefährte nötig waren; schließlich haben archäologische Ausgrabungen gezeigt, daß viele Straßen, die bis dahin als römischen Ursprungs galten, prähistorische Wege sind, die die Römer später reparierten und mit einem neuen Belag versahen. Unter der römischen Oberfläche des »Fosseway« haben die Ausgräber von Ermin Street und Watling Street die Pflastersteine von früheren Straßen gefunden, die mindestens so gut entwässert und nivelliert waren wie diejenigen, die ihnen folgten.

Die geraden Straßen von Großbritannien können zur Zeit der römischen Invasion kaum weniger als 1500 Jahre alt gewesen sein, und viele von ihnen sind vermutlich noch älter. Man hat oft auf die merkwürdige Tatsache hingewiesen, daß eine enge Verbindung besteht zwischen Straßen, die den Römern zugeschrieben werden, und prähistorischen Monumenten, von denen viele als Landmarken nicht so bedeutend sind und einige zur Zeit der Römer schon zusammengestürzt gewesen sein müssen. Diese Straßen verhalten sich ganz genau wie *ley*-Linien. Viele ihrer Strecken sind offensichtlich auf einen auffallenden Hügel oder *mound* hin ausgerichtet. Wenn sie die betreffende Landmarke erreicht, nimmt die Straße vielleicht ein Stück weit einen leicht veränderten Verlauf; sie bildet aber immer von neuem eine *ley*-Linie, viele Kilometer weit, überquert dabei *mounds* und andere prähistorische Stätten und endet vielleicht in einem abgelegenen Steinkreis. Watkins gibt mehrere Beispiele dafür, und viele andere kann man selbst auf der Karte finden. Leser von B. Berry's Buch *A Lost Roman Road*, in dem

Abb. 16 Alte gerade Linien in der englischen Landschaft: die Erdbauten von Devil's Ditch (Teufelsgraben) in Newmarket und (links) ein Stück der Stane Street. Teilstücke der astronomischen Straßen des prähistorischen Großbritanniens leben weiter unter römischer Pflasterung.

der Autor eine Wanderung durch Wiltshire auf der Suche nach einem vergessenen Weg, der Fortsetzung einer noch existierenden römischen Straße, beschreibt, werden beeindruckt sein von dem Beweismaterial zur Bestätigung für Watkins' Entdeckungen, das Berry liefert, ohne es zu wollen. Er stieß auf Kirchen, Hügel, Gräben und alte Bauernhöfe, die nicht neben, sondern genau auf dem Pfad der Straße lagen, viele mit den charakteristischen Ortsnamen »Ley«, »leigh« oder »dod«.

Offensichtlich konnte das keine gewöhnliche Straße sein, die geradeaus über künstliche Hügel und Steinpfeiler hinwegführte. Überhaupt nehmen Strecken, die für Händler und Reisende gebaut sind, normalerweise den leichtesten Weg und beschreiben ständig Kurven und Windungen, um plötzliche Höhenunterschiede und Hindernisse wie Felsen und Sümpfe zu überwinden. Viele solcher Straßen aus vorrömischer Zeit existieren heute noch, und ihr Gebrauch und ihr Zweck ist so klar, wie derjenige der langen geraden Wege geheimnisvoll ist. Die enorme Aufgabe, eine Straße über viele Kilometer Landes so gerade auszumessen, daß nicht die geringste Abweichung von der Linie festzustellen ist, wäre kaum für einen Zweck unternommen worden, den eine natürliche Straße besser erfüllen könnte, die dem Relief des Geländes folgt und natürliche Hindernisse vermeidet.

Als die Römer nach Großbritannien kamen, müssen sie die Spuren eines riesigen Systems von geraden Wegen vorgefunden haben, die aber so zerfallen waren, daß die dahinterliegenden Prinzipien und Muster nicht mehr klar erkennbar waren. Überall da, wo einzelne Streckenabschnitte dieser alten Wege in für sie brauchbare Richtungen liefen, werden die Römer sie instandgesetzt und zu Transportzwecken verwendet haben. Eine lange Römerstraße verläuft nie in ihrer ganzen Länge auf genau der gleichen Linie, sondern ist aus einer Anzahl von Teilstücken zusammengesetzt, von denen jedes einzelne auf irgendeine auffallende natürliche oder prähistorische Landmarke ausgerichtet ist. Das Wissen um das Geheimnis der geraden Wege muß schon Jahrhunderte vor der römischen Invasion untergegangen sein. Wahrscheinlich haben auch schon die keltischen Druiden die Bedeutung des Systems, das sie übernahmen, nicht mehr ganz verstanden. Keltische Legenden sind voll von Hinweisen auf die großen Menschen der Vergangenheit, deren Werke dem Zerfall überlassen waren. In der alten walisischen Geschichte, wie sie von Thomas Love Peacock in seinem Buch *The Misfortunes of Elphin* neu erzählt wird, verzweifelt der Hüter des Meeresdammes, Seithyn ap Seithenyn Saidi, über dem Versuch, das Werk früherer Riesen nachzuahmen, so daß er den Deich nicht einmal mehr reparieren konnte und zulassen mußte, daß das Meer eine Bresche schlug und das Gebiet unter Wasser setzte, das jetzt unter den Fluten der Cardigan Bay liegt. Ein Wall ebensolchen hohen Alters läuft heute noch entlang den Flußufern von Kent und Essex. In einem letzten Versuch, diese frühere magische Wirklichkeit wiederherzustellen, folgten auch König Arthur und seine Tafelrunde in Erinnerung an die versunkene Herrlichkeit den alten geraden Pfaden zu abenteuerlichen Hügeln und Burgen. Überall müssen die Druiden Ruinen einer verlorenen Zivilisation gesehen haben, die sie nicht zurückbringen konnten.

Die Römer waren nicht besonders überrascht, in Großbritannien so viele gerade Wegstrecken zu finden, denn sie trafen solche in jedem Land an, das sie eroberten. In ganz Europa, in ganz Nordafrika, in Kreta und selbst in Babylon und Ninive bauten sie gerade Straßen entlang den Routen, deren Existenz dort schon lange vor ihrer Ankunft bekannt war. Es scheint, daß der Ruf der Römer als Erbauer von geraden Straßen ihrer systematischen Politik zuzuschreiben ist, überall die heiligen Pfade der Eingeborenen in imperiale Routen für den Fluß von Militarismus und Handel umzuwandeln. Da sie keine andere Quelle von Macht kannten als Handel und Eroberung, haben sich die Römer vielleicht vorgestellt, sie würden ein untergegangenes Reich wiederaufrichten, indem sie ihre Straßen entlang den Linien ihrer Vorgänger legten.

Die geraden Wege, die die Römer vorfanden, ausgetrocknete Adern eines schwindenden Energieflusses, führten die Legionen geradewegs in die Zentren der Gebiete, die sie erobern wollten. Eine neue militärische Macht floß damit durch Adern, die einst von einer andern, subtileren Kraft belebt waren. Gerade jene Länder wie Persien, in denen das alte System gerader Linien noch am besten erhalten war, fielen am schnellsten unter dem Ansturm der Invasoren. In einem äußerst kurzen Feldzug stieß auch Cäsar weit in Britannien vor, entlang von Wegen, die nie zuvor einem profanen Zweck gedient hatten. Noch Jahrhunderte später fanden die spanischen Eroberer von Peru ihren Weg direkt in die religiösen und administrativen Zentren des einheimischen Reiches, indem sie seinen geraden gepflasterten Straßen folgten, die Hunderte von

Kilometern von Zentrum zu Zentrum führten – Straßen, die bis dahin allerdings dem König und seinen Boten vorbehalten gewesen waren. Ein fanatischer Aufwand war betrieben worden, um ihren absolut geraden Lauf sicherzustellen. Steindämme waren über Sümpfe, Stufen über ganze Berge hinübergelegt, Tunnels durch Klippen gebohrt worden, und erstaunliche geflochtene Brücken überspannten Abgründe. Hindernisse wurden dabei niemals umgangen, sondern es wurde ein Weg entweder durch sie hindurch oder über sie hinweg angelegt. In einer äußerst kurzen Zeit führten diese Straßen die spanische Missionärs- und Militärmacht zu jedem Zentrum im Land. Doch dies sollte ihr letzter hektischer Moment der Aktivität sein. Wagenräder zermalmten schnell ihre Pflasterung, die zuvor nur die Füße von Läufern abgenützt hatten.

Geoffrey von Monmouth, der im 12. Jahrhundert lebte, schrieb die alten geraden Straßen Großbritanniens der Herrschaftszeit des legendären König Elinus zu, der, wie Monmouth schreibt,

»alle Handwerker der ganzen Insel zusammenrief und befahl, daß eine Heerstraße von Stein und Mörtel gebaut werden solle, die die Insel auf ihrer ganzen Länge vom Meer von Cornwall bis zur Küste von Caithness durchqueren sollte, und die auf dem ganzen Weg in einer geraden Linie laufen solle«.

Eine Straße wurde quer durchs Land gebaut und zwei andere diagonal, so daß sich alle im Zentrum schnitten. Diese Straßen waren geheiligter Boden, auf dem, wie in einer Kirche, jedermann vor Angriff oder Verhaftung sicher war. Auf ihrer ganzen Länge waren den Reisenden Freiheit und Schutz garantiert und Fremden stand überall Gastfreundschaft zu. In Wales standen die heiligen Pfade unter dem Schutz des Geistes Elen, der Göttin des Sonnenunterganges, von der der Keltologe Sir John Rhys sagte: »Es ist eine gewisse poetische Richtigkeit darin, wenn man die ersten Pfade und Straßen des Landes mit dieser umherziehenden Göttin von Morgen- und Abenddämmerung in Verbindung bringt«. Die Sage von Elen oder Helen wird im *Mabinogion* unter dem Titel *The Dream of Maxen Wledig* berichtet. Maxen, der Kaiser von Rom, befand sich auf einer Traumreise, auf der er durch ein Tal, über den höchsten Berg der Welt und schließlich ans Meer kam, wo er ein Schiff antraf, das gerade zu einer nahe gelegenen Insel aufbrechen wollte. Er kam auf die Insel und reiste weiter, bis er auf ein Schloß traf und darin dem schönsten Mädchen begegnete, das er je gesehen hatte. Der Kaiser erwachte, aber er konnte das Mädchen nicht vergessen. Nachdem er ein ganzes Jahr die Straße gesucht hatte, die zu ihrem Schloß führt, fand er sich plötzlich wieder an dem Ort, wo in seinem Traum die Reise begonnen hatte. Seine Botschafter folgten der Traumlinie entlang allen Landmarken, von denen der Kaiser erzählt hatte, kamen zum Schloß und gewannen Helen als Braut für den König. Sie war eine britische Prinzessin von Anglesey, und während ihrer Herrschaft konstruierte sie ein System von Straßen, die in geraden Linien zwischen den verschiedenen Zentren von England von einer Burg zur anderen liefen. Die Männer, die diese Straßen bauten, taten dies, wie die Geschichte berichtet, weil Helen aus dem Lande selbst stammte, denn keine fremde Macht hätte sie dazu bewegen können.

Alle frühen Berichte über die geraden Straßen von England deuten ihre heilige oder astronomische Natur an. Die Reisen, die in den Geschichten des »Mabinogion« beschrieben werden, spielen sich wie in einem Ritual oder einem Traum ab. Die Straße von Maxen war wie die Mittsommer-Sonnenaufgangs-Allee in Stonehenge nur an einem einzigen Tag des Jahres erleuchtet, und auch die Bewegungen des Orakel-Kopfes von Brân von Irland bis zu seinem schließlichen Begräbnisplatz im Hügel des »White Tower« in London waren von einem bestimmten Rhythmus reguliert. Der seltsame Talisman ruhte sieben Jahre lang auf dem Felsen von Harlech Castle, auf den viele *alignments* von walisischen Steinkreisen ausgerichtet sind, und wurde dann auf eine Insel im Westen gebracht – vielleicht nach Bardsey, dem äußersten westlichen Punkt von Nord-Wales. Dort befand sich eine große Halle mit zwei geöffneten Toren und einem dritten, in der Richtung von Cornwall, das geschlossen war. Die Begleiter des Kopfes von Brân verbrachten dort acht Jahre in vollkommener Freude und Harmonie und bemerkten nicht, daß die Zeit verging, bis der Tag kam, an dem die geschlossene Türe geöffnet werden und ein Zyklus zu Ende gehen sollte. Als sie nun über einen Berg hinweg in Richtung Cornwall blickten, erhielten sie ein Zeichen, daß sie die Insel verlassen und nach London aufbrechen sollten. Dieses Zeichen, ein astronomisches Omen der Veränderung, das hier wie von der bewußt orientierten Öffnung in einem Steinkreis oder einem irischen runden Turm aus gesehen wird, eröffnet einen neuen Zyklus. Die Geschichte der rituellen Prozession von Brâns Kopf muß uralt sein; sie bezieht sich auf die Zeit, als noch jede Handlung, jede Reise und Wanderung dem Willen von Gott folgte, der sich durch die astrologische Interpretation des Sternenhimmels nach irgendeinem verlorengegangenen System offenbarte.

DIE LINIEN DER ALTEN ASTRONOMEN

In den letzten paar Jahren haben eine Reihe von Entdeckungen in Stonehenge, Avebury und einigen kleineren Steinkreisen die Existenz von astronomischen *alignments* im Zusammenhang mit dem *ley*-System zum Vorschein gebracht. Bis zum Jahre 1939, als ihre Aktivitäten zu Ende gingen, hatten sich die Mitglieder des »Straight Track Club« zusehends für diesen besonderen Aspekt ihres Forschungsgebietes interessiert. Einer von ihnen, Admiral Boyle Somerville, war ein Pionier in der Wissenschaft der astronomischen Archäologie, und hatte schon früh die Vermutung, daß viele *leys* ursprünglich von einem Steinkreis aus auf den beobachteten Azimuth der Sonne, des Mondes oder eines bestimmten Sterns ausgerichtet worden seien.

1967 hatte ein schottischer Professor der Ingenieurwissenschaften im Ruhestand, Alexander Thom, der während vieler Jahre seines Lebens die abgelegenen Gebiete von Großbritannien bereist hatte und dort viele der etwa fünfhundert noch existierenden Steinkreise vermessen hatte, ein revolutionäres Buch veröffentlicht, dessen Bedeutung selbst heute noch nicht voll erkannt wird: *Megalithic Sites in Britain*. Außer Stonehenge, dessen Steine sorgfältig zugehauen sind und offensichtlich mit großer Genauigkeit angeordnet wurden, und solchen wie Avebury und Long Meg in Chumberland, die wegen ihrer Größe beeindrucken, sind die meisten Steinkreise unauffällig und scheinen oft nur durch Zufall in einem unförmigen Ring angeordnet zu sein. Diesem Eindruck, obwohl er durch den zerfallenden Zustand, in dem sich die meisten Steinkreise befinden, noch verstärkt wird, widersprechen auf das stärkste den Ergebnissen von Professor Thoms Messungen. Sie ergeben, daß der Grundriß in allen Fällen auf einer komplexen und genau ausgeführten geometrischen Figur beruht. Kreise, Ellipsen und andere regelmäßige Variationen sind darin mit einer Genauigkeit von annähernd 1:1000 angelegt. Diesen Figuren liegen pythagoreische Dreiecke zugrunde, so daß man zum Schluß kommt, daß ihre Erbauer mathematische Kenntnisse besessen haben müssen, die sich nach bisheriger Auffassung erst die Griechen etwa tausend Jahre später erworben hatten. Die Entdeckung der megalithischen Maßeinheit, eines Yard von 2,72 Fuß (also 9.8296 m), erlaubte es Thom, viele der Aufgabenstellungen zu erkennen, die sich die Briten der Zeit um 2000 v. Chr. gestellt hatten. Ausgehend von rechtwinkligen Dreiecken, deren Seiten in ganzen Einheiten 3, 4 und 5 oder eine der anderen fünf Kombinationen ganzer Zahlen maßen, die den Satz des Pythagoras erfüllen, konstruierten sie Ellipsen und Kreise, entweder wahre oder solche mit einer absichtlichen Verzerrung, und zwar so, daß sowohl Umfang wie Durchmesser so genau wie möglich ganze Vielfache ihres Yard betrugen, möglichst in Einheiten von 2,5. Zur gleichen Zeit wurde das Verhältnis zwischen dem Durchmesser und dem Umfang der verzerrten Kreise auf 3:1 festgelegt, so daß die irrationale Zahl, die durch π repräsentiert wird, genau 3 betrug.

Die Existenz eines komplexen und ausgeklügelten geometrischen und mathematischen Systems in der Anordnung von Steinkreisen ist schon an sich bemerkenswert. Die ganze populäre Vorstellung über das Leben des prähistorischen Menschen wurde jedoch vollends erschüttert durch Thoms Entdeckung, daß die Geometrie der Steinkreise außerdem abgeleitet ist von den Extremstellungen von Sonne, Mond und Sternen beim Kreuzen des Horizonts. Die Linien von Steinen, die die Gestalt des Kreises bilden und bestimmen, sind so angeordnet, daß sie auf diese astronomischen Punkte hinweisen, und zwar so, daß die Himmelskörper selbst die Figuren ziehen, auf denen die Kreise aufgebaut sind. Die Bewegungen der Himmelskörper werden dadurch auf ein geometrisches und mathematisches System reduziert, das die grundlegenden universellen Gesetze und die Muster des Lebens selbst darstellt.

Oft wurden auch außerhalb des Kreises zusätzliche Steine aufgestellt, die *alignments* bilden, welche auf einen natürlichen Hügel oder Berggipfel, auf einen einzelnen Stein oder *mound*, der am Horizont errichtet wurde, oder auf einen in einem Hügelkamm angebrachten, am Horizont sichtbaren Einschnitt zulaufen. Diese Marken haben nur vom Standort des Steinkreises aus eine Bedeutung, denn sie bezeichnen die Stellen, wo die Sonne an der Tagundnachtgleiche oder an den Sonnwenden erscheint oder verschwindet oder wo der Mond in einen seiner komplizierten Zyklen eine Extremposition erreicht. Die Genauigkeit, mit der diese Markierungen plaziert sind, ist so groß, daß sogar die kleinste Unregelmäßigkeiten im Lauf des Mondes, die in historischer Zeit bis vor kurzem unbemerkt geblieben waren, vom zentralen Steinkreis aus präzise vermessen werden können.

Wissenschaftler halten die Bestimmung eines Ortes, der die astronomischen und geometrischen Bedingungen erfüllt, nach denen Steinkreise errichtet wurden, für beinahe unmöglich. Moderne Geometer besitzen keine Methode, mit der ein solcher besonderer Ort entdeckt werden könnte. Und doch müssen die Menschen des Jahres 2000 v. Chr. irgendein Verfahren gekannt haben, durch das die Positionen der Himmelskörper in Formen der terrestrischen Landschaft ausgedrückt werden konnten. Wer in einem dieser Kreise oder auf einem der früheren astronomischen Hügel wie St. Michael's Hill in Montacute, Badbury Rings oder Maes Howe in Schottland steht, wird vielleicht eine subtile Symbolik in der Landschaft der Umgebung wahrnehmen, in der jede Erhebung und jeder Einschnitt im Horizont eine kosmologische Bedeutung haben. Selbst heute noch zeigen die Namen von Hügeln und *mounds* oft ihre frühere Identifikation mit einem Aspekt von Sonne, Mond oder einem Stern an – oder vielmehr mit dem spirituellen Prinzip, das sie repräsentieren. Die ganze Landschaft von Großbritannien ist nach dem Muster des Himmels ausgelegt. Jeder Hügel hat seine astrologische Bedeutung, jedes Gebiet sein Symmetriezentrum, von dem aus sein verborgenes Wesen bestimmt werden kann.

Offensichtlich wurden Steinkreise ursprünglich nach irgendeinem Prinzip angelegt, das noch seiner Wiederentdeckung harrt. Durch einen Akt der Divination, vielleicht durch die Anrufung einer heute unbekannten Kraft, wurden die heiligen Zentren des Landes gefunden. Eine erstaunliche Bestätigung für die frühe Existenz eines solchen Systems findet sich in einer Sage, die auf dem ganzen britischen Inselreich vorkommt. Nach dieser Sage wurden die heiligen Orte, die Plätze alter und traditioneller Heiligkeit, zum erstenmal bei der Durchführung eines magischen Rituals, durch irgendein göttliches Omen oder in Träumen und Visionen offenbart. Es scheint, daß auch die frühen Christen nach einem Zeichen des Himmels Ausschau hielten, um sich zu der

Stelle führen zu lassen, wo eine Kirche oder Kathedrale gebaut werden sollte. Die Tatsache, daß in fast jedem Fall die ausgewählte Stelle schon bisher heilig gewesen war, ist ein Hinweis darauf, daß sie ihre Divinations-Methoden von ihren Vorgängern geerbt hatten.

In sämtlichen Traditionen ist das wichtigste Stadium bei der Konstruktion eines sakralen Gebäudes die Auffindung eines geeigneten Platzes, an dem die spirituellen Kräfte der Umgebung am vorteilhaftesten kombiniert sind. Während es heute gebräuchlich ist, den Platz für eine neue Kirche nach rein profanen Gesichtspunkten zu bestimmen, hätten die Priester früherer Zeiten eher eine Wassermühle in der Wüste gebaut als eine Kirche an einem Ort, an dem die spirituellen Einflüsse abwesend sind. Die Praxis der Divination, durch welche die wahren heiligen Zentren lokalisiert werden können, ist heute erloschen, so daß viele der Kirchen, die in modernen Zeiten gebaut wurden, nicht mehr als leere Hallen sind, während unsere älteren Kirchen immer noch als präzise Instrumente für spirituelle Anrufungen benützt werden können.

Aus den unzähligen Geschichten über Kirchen, deren Bauplätze durch eine Form von Magie gefunden wurden, wird klar, daß auf allen britischen Inseln bis vor wenigen hundert Jahren ein traditionelles System von Geomantie praktiziert wurde. Diese Geschichten, die man in jeder Sammlung von lokaler Folklore findet, sind so zahlreich, daß ein paar wenige Beispiele genügen müssen. Diese zeigen aber etwas von den Methoden, durch die die Orte, wo das Heilige wohnt, in früherer Zeit aufgespürt wurden, und helfen die Frage zu klären, warum so viele Kirchen genau auf prähistorischen *alignments* stehen.

Wir wissen sowohl vom Anblick an ihren Standorten wie auch aus den Dokumenten über die frühe christliche Politik, daß Kirchen immer an Orten gebaut wurden, die schon zuvor heilig gewesen waren, besonders auf künstlichen *mounds* oder auf Hügelkuppen innerhalb von alten Erdbauten. An die Inspiration, die zur Wahl dieser Standorte führte, erinnert man sich noch heute. Manchmal heißt es, das Gebäude sei durch eine übernatürliche Macht auf den heiligen Hügel hinaufgetragen worden. Die Kirche von Churchdown in Gloucestershire zum Beispiel befindet sich auf einem Hügel, der so steil ist, daß Stufen für den Weg zum Gipfel in den Hang geschnitten werden mußten. Es heißt, daß der Teufel die Steine, die die Baumeister am ausgewählten Ort am Fuß des Churchdown-Hügel setzten, ständig wieder entfernte, um die Kirchgänger zu entmutigen, und sie in der Nacht auf den Gipfel trug. Die gleiche Geschichte wird von Brentor im Westen von Dartmoor erzählt, wo die Hartnäckigkeit des Teufels dazu führte, daß die Kirche auf einer steilen Klippe gebaut wurde, die aus vielen Kilometern Entfernung noch sichtbar ist. Die Kirche von Rochdale wurde von Kobolden dreimal von ihren Ort weggebracht und auf eine Erhöhung über dem Platz gesetzt, wo man sie ursprünglich bauen wollte. Die Kirche von Holme in Yorkshire wurde von Feen auf einen Hügel getragen, und Feen waren es auch, die nach der Sage die Kirche von Godshill auf der Isle of Wight auf ihr schönes grünes Hügelchen setzten.

Manchmal wurde der korrekte Standort für eine Kirche den Erbauern durch eine Inspiration oder ein Vorzeichen offenbart. Während des Baues der Kirche von Wrexham auf einer niedriggelegenen Wiese stellte man jeden Morgen fest, daß die Arbeit des vorhergehenden Tages zerstört worden war. Eines Nachts hielt man dann Wache. Nichts passierte bis gegen Morgen, als eine Stimme aus der Luft ertönte, die schrie: »Bryn-y-groy« – den Namen eines höher gelegenen Feldes. Darauf brachte man die Steine dorthin, und der Bau konnte ohne weitere Störungen vollendet werden.

In anderen Fällen wurden die korrekten Mittel, um einen bestimmten Standort zu finden, in einem Traum offenbart. Sankt Branock träumte, er müsse an der Stelle bauen, wo er eine wilde Sau mit ihrem Wurf sehen würde. Am nächsten Tag zog er los und fand die Sau an der Stelle, wo die Kirche von Braunton in Devonshire jetzt steht. In Llangor bekamen die Bauleute, deren Versuche, eine Kirche zu errichten, immer wieder durch geheimnisvolle nächtliche Zerstörung vereitelt worden war, plötzlich die Eingebung, ein Standort mit günstigeren Vorzeichen werde ihnen durch einen weißen Hirsch offenbart werden. Sie gingen daraufhin in den Wald, wo sie einen weißen Hirsch erblickten, der aus einem Busch heraussprang. An diesem Ort bauten sie mit Erfolg ihre Kirche.

Viele Geschichten erzählen von der Wahl eines Standortes durch das Eingreifen von Vögeln oder anderen Tieren. Die Wachtposten um das Fundament der Kirche von St. Peter in Burnley sahen eine Schar Schweine die Steine in die Mäuler nehmen und mit ihnen zum nahe gelegenen Hügel rennen. Dasselbe geschah bei einer anderen Kirche in Lancashire: die Schweine grunzten dort »Winwick«, während sie die Steine wegtrugen, und gaben damit dem Dorf seinen Namen, während sie den Standort für seine Kirche bestimmten. In diesem Falle war der Platz, den die Schweine wählten, ein Ort, der bereits durch das Martyrium des heiligen Oswald geheiligt war.

Die Kathedrale von Durham verdankt ihren Standort einem Traum, dem ein Vorzeichen folgte. Die Mönche von Lindisfarne, die überfallen und von ihrer Insel vertrieben worden waren, wan-

Abb. 17 Die Kirche von St. Michael auf Brentor oder Brent Tor, einem hohen Felsen am Rande von Dartmoor, ist bei schlechtem Wetter beinahe unzugänglich, und in ihrer Umgebung gibt es keine Erde für einen Friedhof. Sie wurde offensichtlich an der Stelle eines vorchristlichen Heiligtums und Observatoriums gebaut, denn sie ist ein klares »ley«-Zentrum. Die Sage berichtet, daß der Teufel sie dort hingestellt habe.

derten mit dem Leichnam ihres Gründers, des heiligen Cuthbert, im Norden Englands umher. Eines Nachts hatte ihr Abt eine Vision, in welcher St. Cuthbert erschien und ihm befahl, auf der Insel Dunholme einen Schrein zu bauen. Keiner kannte diesen Ort, und man wußte nicht, wie man ihn finden sollte, bis eines Tages einer der Mönche eine Frau von einer Kuh reden hörte, die nach Dunholme ausgerissen sei. Es zeigte sich, daß die Insel eine große überhängende Klippe über dem Fluß Wear war, und auf ihr wurde dann die Kirche gebaut, in der viele Jahre lang der unverweste Körper von St. Cuthbert Pilger aus dem ganzen Norden Englands anzog.

Geschichten wie diese illustrieren den Glauben früherer Zeiten, daß wahre heilige Zentren nur durch Divination, durch Interpretation von allerlei Vorzeichen, gefunden werden können. Nicht nur die Standorte für Kirchen wurden auf diese Art festgelegt, denn es gibt auch Geschichten von Burgen und Schlössern, die durch Magie versetzt oder errichtet wurden. Noch vor hundert Jahren, nachdem Crom Castle am Ufer von Loch Erne in Irland durch ein Feuer zerstört worden war, wurden die Grundmauern des neuen Gebäudes nachts von Feen durcheinandergebracht. Schließlich mußte ein anderer Standort in der Nähe gewählt werden.

Durch ihre Politik, die alten heiligen Plätze mit ihren Kirchen und Kapellen zu übernehmen und neu zu weihen, eroberte sich die christliche Kirche bald die spirituelle Kontrolle über Großbritannien. Mit Hilfe derjenigen einheimischen Priester und Magier, die das Geheimnis der alten *alignments* kannten, gründeten die ersten Missionare ihre Kirchen an den Plätzen, wo die Kräfte des

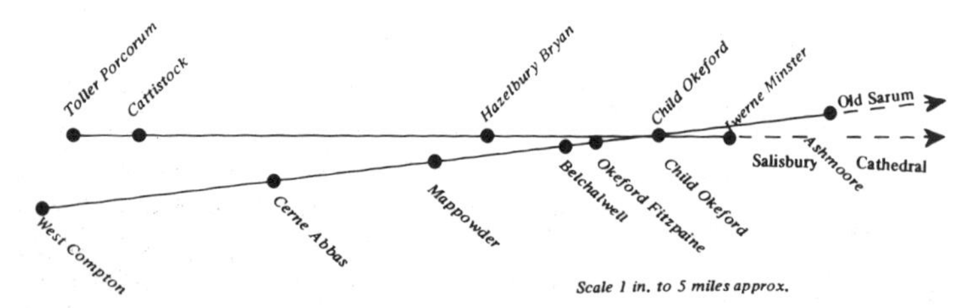

Abb. 18 Zwei »alignments« von alten Pfarrkirchen, das eine auf die Kathedrale von Salisbury zulaufend, das andere auf den früheren Standort der Kathedrale in Old Sarum; sie kreuzen sich am gut markierten »ley«-Zentrum der Kirche von Childe Okeford in Dorset.

Himmels ihren stärksten und wohltätigsten Einfluß hatten. Gleichzeitig konnten sie damit der örtlichen Bevölkerung ihr Wissen über diese Kräfte und ihre Fähigkeit beweisen, die Fruchtbarkeit und das Wohlergehen der Gegend durch die Anrufung der Kräfte aufrechtzuerhalten. Die Druidenpriester sahen in dem neuen Glauben einen Ausdruck ihrer eigenen Tradition, die jetzt degeneriert war. Auf ihren Rat wurden Kirchen auf einem Sichtungs*mound* oder an der Stelle eines benachbarten Steinkreises plaziert. Hier betonten ihre Türme die astronomischen Linien und gaben noch auffallendere Landmarken ab als die alten Steine, die sie ersetzten. Die Kirchtürme führten die Reisenden entlang der alten Wege, die heute oft nicht mehr als Fußpfade zwischen den Pfarreien sind.

Landleute der Zeit von Thomas Hardy (Ende 19. Jahrhundert) fanden ihren Weg von Dorf zu Dorf immer noch, indem sie den alten Landmarken, Steinen und Kirchtürmen folgten, genauso wie das die »steeplechases« des achtzehnten Jahrhunderts taten (»steeplechase«: eine Art Querfeldeinrennen von Kirchturm zu Kirchturm; Anm. d. Übers.). Der Kirche selbst näherte man sich oft auf einem übriggebliebenen Stück des »Old Straight Track«, einem von Bäumen gesäumten Fußweg, der als der »Kirchweg« bekannt war und bis vor wenigen Jahren ein beliebtes Element im Leben einer Kirchengemeinde war. Die Schönheit der Szenerie in der Zeit vor ihrer Verletzung durch die Durchsetzung bedeutungsloser, profaner Strukturen wird aus allen zeitgenössischen Berichten offenbar. Zum letzten Mal konnte man die Landschaft in ihrer alten Form sehen, harmonisch ausgelegt nach den Regeln der terrestrischen Astronomie. Ihre Wirkung auf alle, die sie in ihren letzten Jahren noch sehen konnten, wurde, wie immer in solchen Zeiten bevorstehender Veränderungen, noch intensiver durch den Schatten des Untergangs, der über ihr hing.

Nicht nur als Landmarken halfen die Kirchen die Erinnerung an die alte Tradition zu bewahren. Sie bezogen auch viele der Merkmale der Steinkreise, die sie ersetzten, in ihren Bau mit ein. Die Proportionen, die unsichtbar hinter der Anordnung der alten Steine standen, wurden in ihren Strukturen wieder aufgenommen, und auf den neuen Steinpfeilern wurden die alten astrologischen Motive und atavistischen Figuren eingemeißelt, die die christliche Heiligenlehre nicht kennt. Außerdem wurde der Azimuth, auf den die Kirche ausgerichtet war, ihre Ost-West-Orientierung, beeinflußt durch die Ausrichtung des ursprünglichen Steinkreises, der jetzt Teil ihres Fundaments geworden war. Man ist allgemein der Auffassung, Kirchen seien nach Osten orientiert; in Wirklichkeit ist dies höchst selten der Fall. Die meisten Kirchen haben eine Ausrichtung von einigen Grad nördlich oder südlich der genauen Ostrichtung. Diese Tatsache findet ihre Erklärung durch einen alten Volksglauben, wonach Kirchen zum Sonnenaufgang am Tag des Heiligen, dem sie geweiht sind, orientiert seien. Variationen im Kirchenkalender, Unsicherheiten wegen Veränderungen wie zum Beispiel dem Verlust der elf Tage (bei einer Änderung der englischen Kalenderordnung im 18. Jahrhundert; Anm. d. Übers.) oder einem Wechsel des ursprünglichen Patronatsheiligen machen es schwierig herauszufinden, wo dieser Brauch tatsächlich befolgt wurde, aber es ist nicht schwierig, zu sehen, was hinter dieser Idee steht. Im ganzen Gebiet der Alten Welt war es immer der zweite Schritt bei der Errichtung eines Tempels, nach der Wahl seines Standortes die korrekte Orientierung sicherzustellen, indem man eine Linie entlang seiner Achse auf den Punkt hin zog, wo die Sonne, der Mond oder ein bestimmter Stern den Horizont an einem bestimmten Tag schnitt. Diese Praxis, die heute noch unter den Baumeistern von Freimaurerlogen gepflegt wird, wurde dann von den frühen Christen überall übernommen.

Nicht nur die Orientierung von Kirchen, sondern sogar ihr Grundriß wurde zuweilen durch Magie oder ein übernatürliches Ereignis bestimmt. In Alfriston in Sussex wurden die Steine der Kirche jede Nacht durcheinandergebracht, und die Kirchenbauer begaben sich auf die Suche nach einem günstigeren Standort, nachdem sie erfahren hatten, dieser würde ihnen durch vier Ochsen offenbart werden. Sie fanden die Ochsen schließlich auf einem Feld Rücken an Rücken in der Form eines Kreuzes liegend, und an dieser Stelle bauten sie eine kreuzförmige Kirche. Ebenfalls in Sussex wurde die Kirche von Whitby vom Teufel von ihrer ursprünglichen Ausrichtung verdreht, dasselbe geschah bei der Kirche von Mayfield. St. Dunstan orientierte die erstere dann wieder in die Ost-West-Richtung; als aber eine Steinkirche als Ersatz für den ursprünglichen Bau errichtet wurde, versuchte der Teufel von neuem die Linie zu verändern, indem er die Steine versetzte und die Männer im Steinbruch behinderte.

Die frühere Praxis, jeden Ort einem Gott zu weihen, der mit einem bestimmten Planeten – oder vielmehr mit einem jahreszeitlichen Aspekt des Einflusses, den er repräsentierte – im Zusammenhang stand, wurde oft fortgeführt, indem man den Gott durch jenen christlichen Heiligen oder Engel ersetzte, dessen Attribute denjenigen der entthronten Gottheit entsprachen. Orts- und Flurnamen sagen viel über die Geschichte der vergessenen Wanderung früherer Zeiten und der seltsamen Götter aus, die sich in der englischen Landschaft zu verschiedenen Zeiten niedergelassen haben. Die Namen von Thot, dem ägyptischen Merkur, den die Druiden Teutates nannten, und Baal, dem Sonnengott, können heute noch an vielen Orten gefunden werden, wo keine Kirche hingesetzt wurde, um die Erinnerung an sie auszulöschen. Es gibt Hunderte von »Toot«- oder »Tot«-Hügeln in England, und für Baal stehen »Ball Hill«, »Val Hill« und sogar »Baalbeg«, ein verlassenes Dorf über dem Loch Ness.

Kneph, die heilige geflügelte Scheibe, wurde an Orten wie Knap-Hill und Stukeleys »Navestock« angerufen. Anderswo wurde sie ersetzt durch die heilige Katharina und ihr Rad. Tan Hill, wo die Feuer an den Tag-und-Nacht-Gleichen brannten, wurde zu St. Ann's. Der heilige Georg, die Reinkarnation von Og oder Ock, dem keltischen Sonnen-Riesen, übernahm das Kommando auf den Höhen zusammen mit dem anderen Drachentöter St. Michael, und sein Name kommt sogar doppelt in dem in der Nähe von Avebury gelegenen Ogbourne St. George vor, das, wie Child Okeford, ein Ort mit einem Namen ähnlicher Ableitung, ein herausragendes *ley*-Zentrum ist.

Watkins beschreibt seine Entdeckung eines alten *alignments*, das in Übereinstimmung mit der Position der Mittsommer-Sonne im Moment ihres Aufgangs über den Malvern Hills angelegt ist. In der Nähe des Gipfels, unmittelbar unter dem »Giant's Cave« (Höhle des Riesen), steht ein alter Stein, nach lokaler Überlieferung ein einstiger Opfer-Altar der Druiden, von dem man am Morgen des längsten Tages die Sonne direkt über der Höhle aufgehen sehen kann. Eine gerade Linie vom Sonnenaufgangspunkt durch den Stein setzt sich als gut definierte *ley*-Linie auf einem Azimuth von 76° durch die Kirche von Aconbury zum prähistorischen Aconbury Camp fort, folgt dabei immer wieder streckenweit heute noch benutzten Straßenstücken, und geht durch die beiden Kirchen von Whoolhope und Holme Lacey. Diese beiden Kirchen sind, wie Watkins entdeckte, genau nach diesem *alignment* orientiert und schauen auf die Sonnenaufgangsposition, wie sie vom Opferstein aus erscheint. In ganz England kann man Kirchen finden, die auf ähnliche Weise nach örtlichen astronomischen Überlegungen orientiert wurden. Man glaubte früher, zu gewissen Jahreszeiten würden die Linien, auf denen sie stehen, durch den Strom einer unsichtbaren Energie belebt. An einem bestimmten Tag, wenn diese Energie ihre größte Intensität hat, führte man dort gewisse magische Rituale durch, durch die die fruchtbarmachenden Einflüsse im ganzen Land verteilt wurden. Wenn die Sonne unter den Horizont sank, wurden auf den Hochwachten, wo die lokale Bevölkerung sich mit ihrem Vieh und den Haustieren versammelt hatte, Feuer angefacht. Von einem hochgelegenen Punkt zum nächsten sprang das Feuer in gerader Linie durchs Land, wurde in Teichen und Wassergräben reflektiert, durch aufblitzende Spiegel weitergegeben und mit Musik und Gesang gefeiert: auf diese Weise war die ganze Linie von den Flammen und dem Licht vom Himmel erleuchtet. Der Weg des Lichts wurde wo immer möglich physisch durch die Form des Hügels unterstrichen, über den es gerade hinwegging. Da, wo die natürliche Form nicht stimmig war, wurde sie durch Erdbauten verändert. Auf diese Weise war die Stromrichtung der Einflüsse, die auf einem Hügel oder *mound* spielten, zutiefst in den örtlichen Traditionen verwurzelt. Selbst heute zeigen gewisse Jahrmärkte und jährliche Feste noch den Tag an, an dem der Strom der Fruchtbarkeit durchs Land fließt.

Die Linien, die die Ebenen und Täler zwischen den Hügelkuppen durchquerten, erschienen auf dem Erdboden oft als von Blätterwerk überdachte Tunnels. Manchmal liefen sie durch Parklandschaften entlang von Baumalleen, manchmal folgten sie Schneisen und Waldwegen zu einem *mound* in einer zentralen Lichtung oder liefen über erhöhte Dämme, die durch Sumpfland führten und von krummen Dornbüschen gesäumt waren. Diese Linien entlang zu reisen, hieß, durch Passagen von Bäumen unbemerkt durchs Land zu kommen und durch die Zweige, die sich über einem schlossen, vor der Sonne geschützt zu sein. Das endlose weiche, flimmernde Licht ließ den Traum noch tiefer werden, in dem der Reisende sich bewegte. Genau dieser Zustand spiritueller Stille war es, den die Architekten der gotischen Kirchen und Kathedralen durch ihre Bauwerke zu schaffen versuchten. Bis ins Mittelalter hinein reproduzierten diejenigen, die sich auf diese magische Wissenschaft verstanden, in den Schiffen, Passagen und Kreuzgängen ihrer großen Kathedralen die harmonischen Proportionen eines

Abb. 19 Ein seltenes Aquarell aus dem 19. Jahrhundert, das sich in der Kirche von Rode in Somerset befindet, zeigt einen geheimnisvollen Kirchhoftanz, der von Männern bei Vollmond getanzt wird. Auf ähnliche Nachtschwärmereien in prähistorischen Steinkreisen weisen die Sagen von den versteinerten Tänzern hin.

Rittes durch den Wald, um den Geist der Offenbarung und die Ekstase herbeizurufen. Durch die Allee zwischen den Pfeilern wird das Auge auf ein weit entferntes, verschleiertes Licht beim Ostfenster hingezogen. Über einem sprossen die gewölbten Rippen des Daches aus den mächtigen Stämmen aus Stein und trafen sich in Knoten von in Stein gehauenem Blätterwerk. Durch die feinen gebrochenen Muster der farbigen Glasfenster wird das Licht gestreut wie in einer Waldlichtung. Seltsame verzerrte Gesichter schauen zwischen den Blättern und Blüten heraus, die aus den Pfeilern, dem Dach und über den Fenstern gemeißelt sind. Diese Baum- und Pflanzengeister, die ursprünglich, wie jede Skulptur in der Kathedrale, in ihren natürlichen Farben bemalt waren, müssen einst ohne Zögern als Wesen erkannt worden sein, mit denen jeder Reisende des Waldes vertraut war: als Waldgeister, die bis in die letzten Jahrhunderte ein untrennbarer Teil der sichtbaren Eigenschaften von Busch und Baum waren.

Auf diese Weise bewahrten die Kirchen, die auf den Verlauf einer *ley*-Linie ausgerichtet waren, nicht nur deren Orientierung, sondern auch deren Charakter und Atmosphäre. Die Kirche stand in einem Winkel, der die Sonnenstrahlen in einer bestimmten Jahreszeit durchs Schiff hindurch und zu den Ost- und Westfenstern hinaus scheinen ließ, und vermittelte so die wohltuenden Einflüsse der Linie, auf welcher sie stand. Sie wurde damit zu einem mächtigen Instrument in den Händen derjenigen, die ihr Geheimnis kannten. Selbst als die Tradition in Vergessenheit geriet, fuhren die alten Zeremonien, obwohl ohne Wissen um ihre Bedeutung ausgeführt, bis zu einem gewissen Grad fort, die Kräfte heraufzubeschwören, die dem Standort und der Struktur der Kirche innewohnten. Während Jahrhunderten spendete die Kirche der Gemeinschaft Leben. Sie war ihr soziales und religiöses Zentrum zu einer Zeit, als die beiden Funktionen noch harmonierten. Leute begegneten sich dort, trafen Verabredungen, beteten, sangen, spielten und musizierten. Reisende fanden Unterkunft unter ihrem Dach, wer Neuigkeiten hatte, verkündete diese im Kirchhof. Jahrmärkte wurden am Fuß des Turms gehalten, und Prozessionen um das Dorf herum mit Musik und Tanz fanden ihren Abschluß in der Kirche selbst. Ohne die geringsten Schuldgefühle wurden selbst Geschäfte dort getätigt.

Es scheint, daß wir heute den Kontakt mit einer Quelle der Inspiration verloren haben, die früher wohlbekannt war, und deren Verschwinden die Kirchen wie unter einem bösartigen Zauber zurückgelassen hat. Sie sind heute leer, kalt und gemieden, verweigern dem Reisenden ihr Obdach, sind oft zugesperrt, und die Gefühle, die sie heute wecken, sind Schuldgefühle und Peinlichkeit. Moralistische Pfarrer haben die Musiker vertrieben, verbannten Spiele und Prozessionen, wuschen die Farben von den Wänden. Die für das Gebäude Verantwortlichen sind hoffnungslos verwirrt und scheinen sich oft nur noch als Hüter für eine alte Ruine zu sehen; sie sind mit endlosen Sorgen über die zerfallenden Gemäuer beschäftigt, und am Eingang befindet sich ein Anschlag, welcher die Summe anzeigt, die nötig ist, damit ihnen das ganze Gebäude nicht über dem Kopf zusammenstürzt.

Im Jahr 1220 wurde die Kathedrale in Old Sarum abgebrochen und die bestehende Salisbury Cathedral südlich davon in New Sarum errichtet. Es heißt, der genaue Standort auf Merifield Lawn sei durch die Landung eines Pfeiles bestimmt worden, der von einem Langbogen auf der Kuppe des Hügels von Old Sarum aus abgeschossen worden sei. Doch die Bestimmung des Standorts kann wohl kaum so sehr eine Sache des Zufalls gewesen sein, wie die Geschichte mit dem Pfeil es darzustellen scheint. Es ist schon oft darauf hingewiesen worden, unter anderem von Sir Norman Lockyer, daß die Kathedrale auf einer geraden Linie liegt, die sich durch Stonehenge, Old Sarum und eine Ecke von Clearbury Camp zieht. Die Distanz zwischen Stonehenge und Old Sarum beträgt genau 6 Meilen (9,144 km), und von Old Sarum zur Kathedrale von Salisbury sind es 2 Meilen (3,048 km). Vielleicht ist die Kathedrale aus astrologischen Gründen in gewissen Intervallen entlang einer fixierten Linie versetzt worden, wie wir das aus China und Zentralamerika kennen. Diese Linie könnte noch etwas länger sein, denn sie geht im Norden von Stonehenge aus über St. Anne's Hill in der Nähe von Devizes weiter und über die Kirche von Circenster, über Cleeve Hill zu vielen anderen Hügeln und heiligen Zentren bis zum weit entfernten Dufton Fell in Westmorland. Der goldene Pfeil oder Pfeil des Apollo, den die Druiden besaßen und mit dessen Hilfe sie nach der Sage über das Land fliegen konnten, könnte, wie Stukeley vorschlägt, ein Stück Magneteisenstein gewesen sein, denn es scheint, daß sie wie die Chinesen eine Art Geomanten-Kompaß benützten, um ihre Bauplätze zu bestimmen. Die Geschichte vom Pfeil, der von Stonehenge geflogen kam, könnte gut den Gebrauch dieses Instrumentes darstellen.

Einer der schönsten Berichte über die Träume, Vorzeichen und magischen Handlungen im Zusammenhang mit der Gründung von heiligen Bauten ist der vom Kloster von Waltham Abbey. Während der Herrschaft von König Knut (1016-1035) träumte ein Mann, ein Schatz werde auf der Kuppe von St. Michael's Hill in Montacute in Somerset gefunden werden. Dieser Hügel hat, wie die anderen St. Michaels-Hügel in Glastonbury, Burrowbridge und anderswo, eine merkwürdige Form; er ist vollkommen konisch, und seine flache Spitze ist von labyrinthischen Erdbauten an den Abhängen umgeben. Unter dem Hügel befindet sich das Dorf mit den Überresten der großen religiösen Gründung, die heute Teil eines Bauernhauses sind. Von der Spitze des Hügels aus zeichnen sich die Erdbauten auf dem benachbarten Ham Hill mit scharfen Konturen gegen die untergehende Sonne ab, und einige große Steine, die jetzt in den Gräben um die Hügelkuppe von St.

Michaels Hill liegen, standen vielleicht einst auf dem Gipfel selbst. Dort gibt jetzt die Imitation eines runden irischen Turms aus dem achtzehnten Jahrhundert durch ihre Fenster Ausblicke frei, die wohl eher von ästhetischem als astronomischem Wert sind.

Als der Traum des Mannes bekannt wurde, grub man einen Graben auf der Hügelkuppe von St. Michael's Hill, und ein großes Kreuz aus Feuerstein kam zum Vorschein. Dieses Relikt, das auf so wunderbare Art gefunden wurde, war offensichtlich für ein wichtiges heiliges Zentrum bestimmt gewesen. Es schien angebracht zu sein, daß dieselbe Inspiration, die das Versteck des Kreuzes offenbart hatte, nun auch seinen endgültigen Ruheplatz bestimmen sollte. Das Kreuz wurde auf einen Wagen gelegt, dem 24 Ochsen vorgespannt waren, zwölf rote und zwölf weiße. Die Ochsen wurden dann zuerst in Richtung von Glastonbury, später gegen Westminster getrieben. Doch sie rührten sich nicht von der Stelle. Man beriet über andere Möglichkeiten, aber nun gingen die Tiere plötzlich los und zogen ihre eigene Linie durchs Land. Nach vielen Tagen hielten sie schließlich in Waltham Cross in Essex an. Hier wurde dann das große Kloster gegründet, wo viele Jahre

Abb. 20 In Steinkreisen und an anderen alten Plätzen finden traditionellerweise die jahreszeitlichen Zusammenkünfte statt. Solche Bräuche sind in Teilen von Irland noch lebendig, wenn auch nicht immer mit dem Segen der Kirche. Dieses Treffen unbekannten Datums wurde bei den Piper Stones in der Grafschaft Kildare abgehalten.

lang Pilger aus ganz England zusammenkamen, um das Wunderkreuz, »the Holy Rood«, zu sehen.

Eine ähnliche Geschichte kommt in der Bibel vor. Die Philister hatten die Bundeslade geraubt, doch diese hatte ihnen solches Unglück gebracht, daß sie sie nur noch loswerden wollten. Nach der Erzählung im Buch Samuel stellten sie sie auf einen Karren, dessen Ochsengespann es überlassen wurde, seinen eigenen Weg zurück ins Land der Israeliten zu finden. Die Tiere zogen brüllend (oder, wie hebräische Kommentatoren es darstellen, brummend) los, der Straße entlang. »Da gingen die Kühe geradewegs auf Beth-Schemesch zu, immer auf derselben Straße und brüllten immerfort und wichen weder zur Rechten noch zur Linken.« (1. Buch Samuel, 6,12). Als sie die Grenze überschritten, hielten sie an einer bestimmten Stelle bei einem Menhir an, wo sie dann auf einem Feuer, das aus dem Holz des Karrens gemacht worden war, geopfert wurden; die Lade wurde ins Heiligtum zurückgebracht. Es ist eine ungewöhnliche Geschichte, denn nach allen Berichten war die Bundeslade ein Instrument von großer magischer Kraft. Die Beschreibung seiner tönenden Reise auf geradem Wege zu einem Menhir auf einem Acker könnte ein Hinweis auf den möglichen Gebrauch von prähistorischen *alignments* zur Transmission von Menschen und Gegenständen sein.

William Stukeley sah das Werk von alten britischen Geomanten in Avebury und erweiterte seine Vision, bis sie das ganze Land umfaßte. Kathryn Maltwood blickte mit den Augen einer Geomantin auf die Ebenen von Somerset und begriff in einer blitzartigen Erleuchtung das Geheimnis der in der Landschaft verborgenen Tierkreis-Riesen. Alfred Watkins hatte seine Vision auf den Bredwardine Hills, nahm die Venen und Arterien wahr, wie sie sich deutlich auf den Feldern von Herefordshire abhoben. Blake, Wordsworth, Coleridge, Tennyson und viele andere suchten nach den Orten der Kraft, an denen sie die Schichten der Zeit durchdringen konnten, die die Oberfläche des Landes bedecken. Allen gemeinsam war die Überzeugung, auf der Spur eines vergessenen Geheimnisses zu sein. Sie erhaschten einen Blick auf ein fernes Goldenes Zeitalter von Wissenschaft, Dichtung und Religion, in dem die riesigen Werke, die sie in der Landschaft sahen, vollbracht worden waren. Jeder dieser englischen Visionäre wußte aber, daß das, was er sah, nur ein Bruchstück des großen Geheimnisses war, dessen Schlüssel verlorengegangen war. Großbritannien, so fühlten sie, war das verzauberte heilige Land. So wie im Schloß des Gralskönigs bestimmte Fragen gestellt werden müssen, bevor die Verzauberung gelöst werden kann, so muß auch die richtige Frage gefunden werden, um den Schleier zu lüften, der Form und Geist in der Landschaft verbirgt.

Kapitel 2

Drachenpfade

GESCHICHTEN ÜBER DIE magische Ortsbestimmung heiliger Plätze sind nicht auf Großbritannien beschränkt, sondern beziehen sich auf eine geomantische Tradition, die einst weltweit bekannt war. Zentren spiritueller Kraft hat man zu allen Zeiten und in allen Kulturen ausfindig gemacht durch ein System, das Wissenschaft, Astrologie und Intuition in sich vereinigte. Vor allem von China weiß man, daß nicht nur der Standort jedes einzelnen sakralen Gebäudes auf magische Weise bestimmt wurde. Man kennt auch die geomantischen Prinzipien der Chinesen, denn der Brauch, die Bauplätze für Häuser und Gräber durch Divination zu bestimmen, hat sich in diesem Land bis weit in das 20. Jahrhundert hinein halten können.

Die Methoden der chinesischen Geomantie wurden im Westen etwa vor hundert Jahren erstmals durch die Klagen europäischer Geschäftsleute bekannt, die bei der Ausführung ihrer rationalen Pläne zur Ausbeutung des Landes auf unerklärliche Widerstände stießen. Immer wieder teilte man ihnen mit, ihre Eisenbahnen und Fabriken könnten eine bestimmte Streckenführung nicht nehmen oder an bestimmten Plätzen nicht aufgestellt werden. Die Gründe, die dafür angegeben wurden, waren unmöglich zu verstehen, denn sie hatten weder einen ökonomischen noch einen sozialen oder politischen Zusammenhang mit dem Problem der Errichtung eines industriellen Systems. Den Europäern wurde gesagt, eine bestimmte Hügelkette sei ein Erddrache und durch seinen Schwanz dürften keine Einschnitte gemacht werden. Tunnels durch Drachenhügel waren ebenfalls verboten, und das Projekt einer Eisenbahn, die auf geradem Weg durch eine niedrige, flache Gegend führen sollte, wurde zurückgewiesen mit der Begründung, die Bahnlinie würde die Aussicht von den Hügeln aus verderben. Alles dies wurde von Leuten vorgebracht, die die Wissenschaft des »Feng-Shui«, »Wind und Wasser«, ausübten, für das die obskure Erklärung lautete, es sei »das was nicht gesehen und nicht erfaßt werden kann«.

Die Anwendung von »Feng-Shui« verlieh der Landschaft eine Art von Schönheit und Ordnung, die völlig jenseits der Möglichkeiten westlicher Planer liegt. Der Grund dafür ist, daß »Feng-Shui« nicht auf rein profanen Überlegungen beruht, sondern auf einem vollendeten metaphysischen System, das wissenschaftliche und dichterische Wahrheit auf harmonische Weise verbindet. Professor Abercrombie, ein moderner Experte für Städte- und Landschaftsplanung, gesteht der Feng-Shui-Methode zu, sie habe »eine der ausgeklügeltsten Landschaften geschaffen, die je existierten, eine Landschaft, die gleichzeitig gewisse spirituelle Werte zu bewahren und den praktischen Zweck zu erfüllen hatte, eine dichte Bevölkerung aufzunehmen und zu ernähren«.

Geomanten, Experten des »Feng-Shui«, wurden bei der Errichtung und Standortwahl sämtlicher Gebäude oder Gräber in China konsultiert, außerdem bei der Plazierung aller Bäume, Pfähle oder Steine, die das Erscheinungsbild oder das Wesen der Landschaft beeinträchtigen konnten. Man erkannte die Tatsache an, daß bestimmte starke Strömungen, magnetische Linien unsichtbar über die gesamte Oberfläche der Erde laufen. Die Aufgabe des Geomanten war, diese Strömungen aufzuspüren und ihren Einfluß auf das Land, über das sie flossen, zu deuten. Von der magnetischen Kraft, die in China als »Drachen-Strom« bekannt ist, gibt es zwei Arten, Yin und Yang, negativ und positiv, repräsentiert durch den weißen Tiger und den blauen Drachen. Die Linien dieser Kraft folgen zum größten Teil Bergkämmen und Hügelketten. Der »Yang« – oder der männliche Strom nimmt die höheren Routen über steile Berge, während der »Yin« – oder der weibliche hauptsächlich entlang von Ketten von niedrigeren Hügeln fließt. Die günstigste Position ist der Ort, wo die beiden Ströme sich treffen. Die Landschaft der Umgebung sollte sowohl Yin- wie auch Yang-Züge aufweisen, idealerweise im Verhältnis von 3 Teilen Yang zu 2 Teilen Yin. Sanft gewellte Landschaft ist yin, scharfe Felsen und Gipfel sind yang. Die beste Gegend ist die, in der der Charakter jedes Teils klar definiert ist, wo aber sowohl Yin- wie Yang-Linien gewisse Charakteristiken ihres Gegenstücks in der Landschaft, die sie durchqueren, aufweisen.

Abb. 21 In der alten chinesischen Landschaft gab es Abschnitte gerader »tracks«, die als »Geisterpfade« bekannt waren. Diese wurden in den Tempeln und Schreinen, durch die sie verliefen, geweiht.

Die Aufgabe, die spätere Geomanten vor allem erfüllten, war die Bestimmung des Standortes von Gräbern. Die Chinesen maßen den Einflüssen große Bedeutung bei, die über den Leichnamen ihrer Vorfahren lasteten, da sie glaubten, diese würden das zukünftige Wohlergehen der Familie kontrollieren. Es hieß, daß die besonders günstige Plazierung des Grabes eines Vorfahren schon viele große Dynastien habe entstehen lassen. Die erste Handlung der Zentralregierung beim Aufflammen einer Revolte war es immer, die Familiengrabhügel der Rebellenführer zu finden und zu zerstören. Auseinandersetzungen zwischen Brüdern darüber, wo ihr Vater begraben werden sollte, waren an der Tagesordnung, wobei jede Partei einen Geomanten verpflichtete, der jenen Standort finden sollte, der für die besonderen Interessen seines jeweiligen Klienten am günstigsten war.

Um nun einen Ort für das Grab zu finden, lokalisierte der Geomant zuerst die Hauptströmungen von Yin und Yang, die das Gebiet durchströmten, in dem das Grab stehen sollte. Ein Ort, wo der blaue Drache den weißen Tiger traf, wo eine Kette niedriger Hügel mit einer Bergkette zusammenkam, wurde zuerst untersucht. An einem solchen Platz ist die Kraft des Drachenpulses auf ihrem Höhepunkt, besonders wenn die Stelle ruhig und geschützt ist, »wie eine sittsame Jungfrau« etwas für sich liegt. Unter solchen Umständen ist die wohltätige Kraft stark und aktiv. In offenem Gelände dagegen wird sie zerstreut, besonders wo sie durch gerade Strecken von fließendem Wasser oder durch andere eckige Linien in der Landschaft abgeleitet wird. Die Anwesenheit von Eisenbahnen und die geraden Linien von Kanälen vermindern in hohem Maße die Konzentration der Kräfte in einem Gebiet.

Die ideale Stelle für ein Grab ist der Treffpunkt der zwei Ströme mit dem blauen Drachen zur Linken und dem weißen Tiger zur Rechten. Es sollte nach Süden schauen, mit einem Hügel im Rücken und niedrigerer, pittoresker Landschaft vor sich. Der Untergrund sollte aus weißem Sand und von Ameisen frei sein, und es sollte in der Nähe der Biegung eines langsam fließenden Wasserlaufs liegen. Die Landschaft sollte nirgends laute, heftige Züge aufweisen. Wenn ein solcher Ort, intim und bezaubernd in allen seinen Details, gefunden werden konnte, wurde dies als perfekt angesehen, besonders wenn der Treffpunkt der zwei Strömungen noch von einem kleinen grasbewachsenen Hügelchen oder einer ebensolchen Vertiefung gekennzeichnet war.

Und doch konnten selbst hier Kräfte vorherrschen, die ein bestimmtes Begräbnis nicht zuließen. Die astrologischen Einflüsse mußten noch untersucht werden. Das geschah mit Hilfe eines geomantischen Kompasses, der aus einer Magnetnadel besteht, die im Zentrum einer runden Scheibe angebracht ist. Die Scheibe ist in Ringe aufgeteilt und der innere Ring unmittelbar um die Nadel herum mit den acht Trigrammen von Yin und Yang beschriftet, während der äußere Ring die zwölf Zeichen des Tierkreises, die vierundzwanzig Häuser und andere astrologische Symbole zeigt. Der Kompaß wurde nun nach Süden gerichtet, und die Einflüsse über dem Menschen, der begraben werden sollte, wurden mit denjenigen über der vorgeschlagenen Stelle verglichen. Wenn die Konjunktion der beiden günstig war, hatte man den richtigen Begräbnisplatz gefunden.

Nicht nur für Gräber wurden auf diese Weise die Standorte bestimmt. Jedes Gebäude und jede Pflanzung mußten ihre korrekte Position in der Landschaft einnehmen. Die Vision der Geomanten interpretiert die Erde in den Begriffen des Himmels. Sie sahen die Berge als Sterne, den Ozean und breite Flüsse als die Milchstraße. Von den großen Bergketten, die die Hauptlinien der

Drachenkraft enthalten, zweigen kleinere Ströme wie Venen und Arterien in die Landschaft der Umgebung ab. Jede dieser Linien hat ihren besonderen astrologischen Charakter, ihre eigene Harmonie und Farbe. Chinesische Geomanten haben das System in unsere Zeit herübergerettet, durch das die Linien gesehen und interpretiert werden konnten. Die flüchtige Vision, die Watkins auf den Hügeln von Herefordshire hatte, konnte bei ihnen gewollt herbeigeführt werden durch Menschen, die das Geheimnis der terrestrischen Geomantie verstanden.

Es erstaunte die Chinesen, daß die materiell so fortgeschrittenen Europäer so ahnungslos in bezug auf die Wissenschaft der Geomantie sein konnten, und derart kulturell rückständig, daß sie nicht weiter als bis zur sichtbaren Oberfläche der Landschaft sahen. Viele von ihnen waren überzeugt, daß die Europäer wohl »Feng-Shui« kannten, aus irgendeinem Grund aber ihr Wissen geheimhielten. Man bemerkte zum Beispiel, daß eine Gruppe von Bäumen, die als Schattenspender für ein Hongkonger Spital angepflanzt worden war, nach den besten geomantischen Prinzipien angelegt war, und daß die reichsten Ausländer ihre Häuser in einer äußerst günstigen Position unter dem besten Drachenhügel in der Kolonie gebaut hatten. Und doch schienen andere Male die Fremden wirklich unwissend und leichtgläubig zu sein. Sie akzeptierten bei Abtretungen Land in denkbar ungünstiger Lage, flach, mit eckigen und verschwommenen Formen, wo sie nach aller Voraussicht Überschwemmungen, Dürreperioden, Überfällen durch weiße Ameisen und anderen Plagen und Katastrophen ausgesetzt sein würden. Außerdem erschien ihnen der unheilvolle Vorschlag der Europäer, Eisenbahnen durch offensichtliche Drachenlinien zu bauen, als unverschämte Perversion.

In China wurde bis vor kurzen, wie in Großbritannien vor langer Zeit, jedes Gebäude, jeder Stein und jedes Gehölz nach einem magischen System in der Landschaft plaziert, durch das die Gesetze der Mathematik und der Musik in der Geometrie der Erdoberfläche ausgedrückt wurden. Die auffallende Schönheit und Harmonie jedes einzelnen Teiles von China, die alle Reisenden bemerkt haben, war nicht ein Produkt des Zufalls. Jede Einzelheit war bewußt angelegt. Die hauptsächlichen Wege der planetaren Einflüsse, die die Astronomie in den mehreren tausend Jahren ihrer Existenz bestimmt hatte, waren auch in der Landschaft gefunden worden, und die kleineren Linien, die zwischen ihnen verlaufen, spiegelten sich in den Felsen und Spalten der Erde. Es waren die Linien des Drachenstromes, die »Lung-Mei«. Jeder der verschiedenen Teile der Erde fiel unter einen bestimmten planetaren Einfluß, der durch die Linien, die über ihm verliefen, zu ihm herabfloß. Neben ihren lunaren oder solaren, den Yin- oder Yang-Eigenschaften, standen bestimmte Linien auch in Beziehung zu einem der fünf Planeten Jupiter, Mars, Venus, Merkur oder Saturn. Diese Planeten haben ihre Entsprechungen in den fünf Elementen Holz, Feuer, Metall, Wasser und Erde, und ihre Farben sind Gelb, Rot, Blau, Weiß und Schwarz. Andere Entsprechungen bringen die Planeten in Verbindung mit den Körpersubstanzen, den inneren Organen und dem Schicksal eines Menschen. Selbst die Form von Hügeln sollte mit ihrer astrologischen Position in Übereinstimmung sein. Steile Berge mit scharf abfallenden Wänden und schroffer Spitze werden dem Mars zugeordnet, solche mit abgebrochener Spitze dem Jupiter. Hügel, die zu Saturn gehören, sind oben flach, die merkurischen niedrig und kuppelförmig, und Venus-Hügel sind dramatisch hoch und abgerundet.

Bestimmte Einflüsse vertragen sich gut, andere können nicht ohne Probleme in Konjunktion stehen. Diese Tatsache wird in China an den Beziehungen zwischen den fünf materiellen Prinzipien dargestellt. Holz ernährt Feuer, ißt aber die Erde auf; Feuer erzeugt Erde, konsumiert aber Metall; Erde produziert Metall, saugt aber Wasser auf; Metall bringt Wasser hervor, zerstört aber Holz, und Wasser schließlich produziert Holz, aber zerstört Feuer. Metall und Erde sind deshalb verträglich, aber Metall und Feuer nicht. Nach demselben Prinzip geht Venus mit Saturn zusammen, aber nicht mit Mars. Auf diese Weise wird ein hoher, abgerundeter Hügel mit einem, der oben flach ist, harmonisieren, nicht aber mit einem scharfen Berggipfel. Die beiden sollten deshalb nie nebeneinander stehen. Wo die Natur zwei Hügel disharmonisch plaziert hatte, ließen die chinesischen Geomanten die Form des einen verändern. Die Spitze des Gipfels wurde abgetragen, der abgerundete Hügel mit einem Erdbau spitzer gemacht oder in ein Hochplateau abgeflacht. Auf andere Weise wurden die Wege der verschiedenen Einflüsse, die durch das Land liefen, sichtbar definiert und das Skelett der Landschaft selbst verändert, damit es die himmlische Symmetrie wiederspiegeln sollte.

Die Linien der Ströme, die über der Oberfläche der Erde fließen, wurden in der chinesischen Landschaft eingezeichnet. Die Richtung und Stärke ihres Flusses wurde gemessen und sogar für menschliche Zwecke modifiziert. Eine Linie wurde verlängert, indem man einen Felsblock in ihrem Verlauf beseitigte. Eine andere, deren Strom zu stark und heftig war, schwächte man durch Unterbrechungen im *alignment* ab. Die Dachrinnen eines chinesischen Hauses wurden immer auf einer anderen Höhe angebracht als diejenigen der Nachbarhäuser; wenn sie nämlich auf gleicher Höhe waren, konnte die lange gerade Linie, die dadurch entstand, einen gefährlich starken Stromleiter bilden. Gerade Linien leiten die wohltätigen Einflüsse von einem ruhigen, geschützten Ort ab, andererseits bringen sie ungestüme Kräfte in friedliche Gebiete hinein. Die Linien des Drachenstromes laufen gerade durch das

Abb. 22 Eine geflügelte Steinsäule, die auf der Linie eines chinesischen Geisterpfades steht.

Land, ihr Kurs sollte aber im lokalen Bereich durch eine Serie von sanften Kurven modifiziert werden. Auf diese Weise kann man die Heftigkeit ihres Flusses vermindern und ihre Ströme in kleinere Kanäle ableiten, damit sie die Landschaft der Umgebung »bewässern« können. Die Landschaftsszenen, die einen Geomanten am meisten entzücken, sind diejenigen, in denen das volle Spektrum der Natur in einem Mikrokosmos gesehen werden kann; wo große Hügel, Berge, Flüsse und Ozeane in kleinen Felsgruppen, grünen Hügelchen, Bächen und Teichen reflektiert werden, also eine riesige Landschaft darstellen, die auf den Maßstab eines Gartens reduziert ist. An einem solchen Platz kann das Wesen und die Bedeutung der Umgebung mit einem Blick erschaut werden, wird die terristrische Harmonie offenbar. Von diesem einsamen Zentrum strahlen die Linien über die Hügel der Umgebung. Überall beeinflussen sie die Landschaft, über die sie laufen, und werden ihrerseits durch die Winkel und Wellen der Gegend unter ihnen modifiziert. Wo sie zusammentreffen, wird die Harmonie ihrer ineinander verschmelzenden Ströme für jemanden mit einem Sinn für das Poetische wahrnehmbar. Das Auge wird entzückt durch weiche Kurven, das Ohr durch sanfte Brisen und rieselnde Wasserfälle, der Geist, der empfänglich ist für die verborgenen Proportionen der Einflüsse, die hier einströmen, wird gestillt durch die Einheit und Ruhe des heiligen Zentrums. Die geheimen Regeln von Dichtung und Ästhetik, nach unserer heutigen Auffassung jenseits rationaler Faßbarkeit, können in den Zahlen, Zahlenverhältnissen und Winkeln der zusammenfließenden Linien terrestrischer Geometrie ausgedrückt werden. Die mathematischen Regeln des Universums sind für Menschen in der Form von Schönheit sichtbar.

Um den günstigsten Standort für irgendein Monument oder Gebäude auszuwählen, muß ein Geomant sowohl Wissen wie auch Wahrnehmung zur Anwendung bringen. Zunächst muß er den Verlauf der wichtigsten Kraftlinien im betreffenden Gebiet bestimmen, damit er ihre Intensität und die Richtungen ihres Flusses einschätzen kann. Zu diesem Zweck studiert der Geomant das Firmament, setzt die Züge der örtlichen Landschaft zu denjenigen der Himmelskuppel in Beziehung und interpretiert die Anordnung der Hügel und Berge in der Sprache der Konstellationen und Planeten. Auf diese Weise kann er die astrologischen Zentren finden, in denen die Strahlen der Himmelskörper am Horizont zusammenlaufen und so Figuren hervorbringen, die in bezug auf

Proportionen und Zahlen bedeutungsvoll sind. Einen solchen Ort einzig durch »trial and error«, durch Ausprobieren zu finden, wäre für einen einzelnen Menschen in seinem ganzen Leben nicht möglich. Nicht einmal der beschlagenste Astronom, ausgerüstet mit modernsten Instrumenten, könnte diese Aufgabe lösen. Das Zentrum kann zwar, wenn es einmal gefunden ist, mit wissenschaftlichen Methoden bestätigt werden, seine erste Entdeckung jedoch muß durch andere Methoden geschehen. Ein Geomant muß die Art instinktiver Wahrnehmung entwickeln, wie sie auch Rutengänger besitzen, und mit der die Stelle, die er sucht, erkannt werden kann. Bestimmte Bereiche der Erdoberfläche sind nach allgemeiner Meinung angenehm und entzückend, andere eher deprimierend. Häuser und Siedlungen werden immer wieder an den Standorten ihrer Vorgänger gebaut, weil die Qualitäten, die den Ort vor Tausenden von Jahren den Menschen empfahlen, heute immer noch die selbe Anziehungskraft haben. Wenn wir das beste Stück Boden auswählen, um darauf ein Haus zu bauen, folgen wir nicht einfach unseren persönlichen Launen, sondern wenden bei der Wahl die poetischen Wertvorstellungen an, die den Menschen aller Zeiten und Rassen gemeinsam sind. Ein Haus, das so in der Landschaft plaziert ist, daß es westlichen Augen ein angenehmer Anblick ist, befindet sich vermutlich auch an der Stelle, die ein chinesischer Geomant allen anderen vorziehen würde.

Einem Reisenden des neunzehnten Jahrhunderts, W. E. Geil, der den »Great Mound of Ching«, einen künstlichen Hügel in Nordchina besuchte, wurde dort von Einheimischen gesagt: »Die Position des Hügels wurde von Magiern als eine besonders günstige bestimmt. Der Drachenpuls, das heißt die magnetischen Ströme, mit denen der Drachen verbunden sein soll, ist gut. Der Berg im Süden ist ein Drache in Ruhestellung. Der Fluß im Norden ist ein Drache in Bewegung.«

Ganz China südlich der Großen Mauer ist nach einem einzigen Plan geformt worden, in dem die topographischen Züge der Landschaft künstlich modifiziert wurden, um damit eine Angleichung an das erstrebte Muster zu erreichen. Wenige Europäer haben erkannt, in welchem Ausmaß die ganze Oberfläche Chinas durch menschliche Kunst eigentlich erst geschaffen worden ist, Flüsse und Hügel nach den Erfordernissen der Geomantie höher oder niedriger gelegt wurden. Viele Städte sind auf dem südlichen

Abhang eines künstlichen Hügels angelegt, damit sie Schutz vor den ungünstigen Einflüssen boten, die von Norden kommen. Einer dieser Hügel ist der »Kohlenberg« außerhalb von Peking, der auf der Hauptachse der Hauptstadt liegt. (Der englische Name »Coal« oder »Cold«, wie in »Cole's Hill« oder »Coldharbour«, kommt oft im Zusammenhang mit einem typischen Zug des *ley*-Systems vor und scheint etymologisch auf eine Höhe oder einen ausgehöhlten Hügel hinzudeuten). Einmal im Jahr stieg der Kaiser mit seinen Höflingen, Priestern und Astronomen auf den Kohlenberg und nahm eine rituelle Vermessung der großen Meridian-Linie vor, die sein Reich von Norden nach Süden teilte. Von der genauen Bestimmung dieser Linie hing die ganze heilige Geometrie des Landes ab. Solche Hügel waren die Zentren der astronomischen Beobachtung, denn das ganze System der *alignments* stand in engem Bezug zu den Aspekten von Sonne, Mond und Sternen. Die ganze chinesische Landschaft wurde durch ein Netzwerk von unsichtbaren Kanälen »bewässert«, entlang denen der Drachenstrom floß, das Produkt einer Verschmelzung zwischen dem Strom der Erdenergie und den Einflüssen, die von den Himmelskörpern ausgehen.

DRACHEN UND DRACHENTÖTER

Auf allen Kontinenten der Welt verkörpert der Drache hauptsächlich das Prinzip der Fruchtbarkeit. Die Erschaffung der Erde und das Erscheinen des Lebens sind das Resultat einer Kombination der Elemente. Die erste lebende Zelle wurde aus der Erde heraus geboren und vom Himmel befruchtet durch Wind und Wasser. Aus dieser Vereinigung von Yin und Yang entstand der Same, der dann zum Drachen wurde. Jedes Jahr vollzieht sich dieser Prozeß von neuem. Die Einflüsse des Himmels geben der unfruchtbaren Erde wieder neues Leben, indem sie die Mineralien wiederbeleben, von denen jede Vegetation ihre Lebenskraft erhält. Bäume und Kulturen gedeihen, genährt durch die Potenz, die in den Mineralien der Erde gespeichert ist, und tragen die Frucht, von der sich Menschen und Tiere ernähren. Wenn das Jahr zu Ende geht, verlieren die Minerale ihre Vitalität, und die Fruchtbarkeit nimmt ab.

Die Sage vom Drachen, sowohl diejenige von England wie die von China, stellt diesen Zyklus dar. Der Drache wird aus einem

Ei unter dem Wasser geboren. Er wächst schnell und verschlingt alles in seiner Reichweite. Schließlich wird er von jemandem, der eigens dazu bestimmt wurde, getötet.

Jeder Aspekt der Laufbahn des Drachen kommt in Geschichten, Liedern und Tänzen vor. Die verschiedenen Stadien seines jahreszeitlichen Wachstums werden auf der ganzen Erde in den Ritualen und Festen gefeiert, die ihren Höhepunkt in den Prozessionen finden, die den Tod des Drachen bezeichnen. In Padstow an der Küste von Cornwall wird am 1. Mai eine monströse Figur, genannt das »Hobby Horse«, durch die Straßen geführt und wurde früher anschließend bei Anbruch der Nacht in einen Teich geworfen. Eine Woche später findet eine ähnliche Prozession, »the Furry Dance«, in Helston in der gleichen Grafschaft statt. Vor hundert Jahren waren solche Zeremonien im ganzen Westen Englands bekannt. Anderswo in England wurden bis zu ihrer Unterdrükkung von eifersüchtigen Klerikern am Tag, an dem der Drache seine Parade durch die Straßen hatte, jahreszeitliche Jahrmärkte und Karnevale durchgeführt.

Die bekanntesten christlichen Heiligen und Engel, denen die Drachentötung zugeschrieben wird, sind der heilige Michael, St. Georg, St. Katharina und St. Margarethe. Viele Dörfer, die nach der Sage Schauplatz einer Drachentötung waren, haben Kirchen, die einem dieser Heiligen geweiht sind. In ganz England werden aber auch örtliche, profane Gestalten als Helden einer solchen Tat genannt. Oft sind es bekannte Mitglieder von lokalen Familien, deren Nachkommen heute noch in der Nachbarschaft leben. Miß Somervail, aus der Linie von William de Somerville, der den Wurm oder Drachen von Linton in Roxburgshire tötete, lebt heute noch auf einer Ecke des Landes, das ihrem Ahnen für seine Tat verliehen wurde; ebenso Miß Garston of Mordiford in Herefordshire, Nachfahrin des Drachentöters von Modiford. Somerville war ein normannischer Edler; Garston of Mordiford, einem verurteilten Kriminellen, gab man die Möglichkeit, sein Leben gegen dasjenigen des örtlichen Drachen einzuhandeln, was er tat, indem er sich in einem Faß versteckte und durch ein Loch darin auf das Ungeheuer schoß, als dieses die »Serpent Lane« herunter kam, um am Fluß Lugg zu trinken.

Der Helmschmuck auf dem Wappen der Somervilles hat die Form eines Drachen auf einem Rad. Ebenso derjenige der Familie Llewellyn, aus der der Ritter stammte, der den Drachen von

Unsworth in Lancashire tötete. Dieses Symbol findet sich außen am Gasthof »The Dragon on the Wheel«, in Dinder, Somerset, einer Gegend, wo die Legende der Drachentötung sehr häufig vorkommt. Im Norden Englands umfassen die Drachentöter-Familien unter anderen die Lambtons, Wyvils, Loschys, Latimers, Mowbrays ond Conyers. Sir John Conyers kam aus Sockburn in Durham, einem bemerkenswerten, seit Urzeiten heiligen Ort auf einer entlegenen Halbinsel, die vom Fluß Tees geformt wird. Im heute verlassenen Dorf steht auf einem runden *mound* die Ruine einer Kirche mit einem schönen keltischen Steinrelief, das die Legende darstellt. Der letzte Vertreter der Familie verlor seinen Besitz zu Beginn des letzten Jahrhunderts und starb völlig verarmt in Chesterle-Street.

Im Süden von England tötete John Smith den Drachen von Walton Hill in der Nähe von Deerhurst in Gloucestershire; dasselbe tat das Mitglied einer Familie, die ursprünglich von Aller stammte, in diesem Ort in Somerset; Bardolph und Bislinsthorpe töteten Drachen in Lincolnshire, wo South Ormesby, Walmsgate und andere Dörfer des »Wold« nach der Überlieferung die Schauplätze solcher Begegnungen sind.

In ganz England erinnert man sich in den betreffenden Gegenden noch heute an die Hügel, wo Drachen umgingen, und an die Stellen, wo ein solcher getötet wurde: Crowcombe und Trull in Somerset, Henham, Saffron Walden und St. Osythe's in Essex, Longwitten in Northumberland, Nunninton, Slingsby und Well in Yorkshire, St. Leonard's Forest und Horsham in Sussex, Brinsop und Bromfield in den Grafschaften an der walisischen Grenze, und noch viele an anderen Orten. Es gibt sogar Relikte solcher Drachenkämpfe: der Pallasch (schwerer Säbel) von Sockburn, das Schwert von John Smith von Deerhurst, der Speer von Hext in der Kirche von Low Ham. Einen Tisch mit dem geschnitzten Abbild des Dolches, der den Drachen von Unsworth ins Jenseits beförderte, konnte man viele Jahre lang im alten Herrschaftshaus der Llewellyns sehen. Eine ganze Anzahl von Pfarreikirchen enthalten ein Abbild des örtlichen Drachentöters, und frühe keltische Steinreliefs zeigen, daß die Sage auf eine viel frühere Zeit als auf diejenige ihrer traditionellen historischen Helden zurückgeht.

Die weite Verbreitung dieser Drachensagen über ganz Großbritannien, ihre lebensnahen Details und ihre historischen Verbindungen vermitteln eine Ahnung von der Kraft, die die Idee des Drachen früher einmal besessen haben muß. Die vollständigste Form der Sage ist vielleicht die von Lambton. Sie berichtet, wie der Erbe der Familie beim Fischen im Fluß Wear einen kleinen »Wurm« oder Aal fing, den er gleich wieder in einen nahe gelegenen Sodbrunnen warf. Das Geschöpf wuchs aber so schnell, daß es im Brunnen keinen Platz mehr hatte, und bewegte sich, während der junge Lambton auf einem Kreuzzug im Heiligen Land war, zu einem *mound* am Flußufer, von wo aus es die Gegend verwüstete, Unmengen von Milch, Getreide und Fleisch verzehrte und schließlich die Burg der Lambtons selbst bedrohte. An diesem Punkt kehrte der Erbe zurück und schickte sich an, das Ungeheuer zu töten. Er hüllte sich in eine Rüstung, an der überall scharfe Klingen angebracht waren und stellte sich dem Untier auf einer Insel im Fluß. Der Drache stürzte sich auf ihn und versuchte ihn in den Windungen seines Schwanzes zu zerquetschen. Doch die Messer an der Rüstung zerschnitten den Drachenschwanz in kleine Stücke, die von der Strömung weggeschwemmt wurden, bevor der Drache seine traditionelle Fähigkeit einsetzen konnte, den zerstükkelten Körper wieder ganz werden zu lassen. Lambton hatte geschworen, falls er siege, werde er das erste lebende Wesen, dem er begegne, als Opfer darbringen, und hatte schon dafür gesorgt, daß man im richtigen Moment einen Hund freilassen sollte. Aber dann humpelte sein greiser Vater, überglücklich über den Erfolg des Sohnes, aus der Burg, um ihn als erster zu umarmen. Unfähig, den alten Mann zu töten, mußte Lambton seinen Eid brechen, und fiel deshalb unter einen Fluch, der die Familie viele Generationen lang verfolgte.

Diese Geschichte war sicher eine derjenigen, die von örtlichen oder wandernden Spielleuten an Jahrmärkten und religiösen Festen dargestellt wurden, und das Leben des Drachen, das jährliche Zunehmen und Abnehmen des befruchtenden Prinzips, muß einst von beinahe jedermann im Land als ein jahreszeitliches, dramatisches Ritual verstanden worden sein. Mehrere Sagen enden damit, daß die Haut des erschlagenen Drachen in die Kirche des Ortes gebracht und dort zur Schau gestellt wurde. In der Kirche von Rudby in Northumberland soll die Drachenhaut noch bis vor nicht allzulanger Zeit zu sehen gewesen sein; dies bezieht sich offensichtlich auf die früher übliche Aufbewahrung der zeremoniellen Drachen-Insignien in der Kirche zwischen ihrem Erscheinen an den Festen. Es gibt keinen Zweifel, daß dieser Auftritt, der später zu einer bloßen Dekoration des Landlebens abgesunken ist, einst das krönende Ereignis eines magischen Zyklus war, der die befruchtenden Energien zu aktivem und wohltätigem Wirken aufrufen sollte.

Die Orte, die mit der Drachensage in Verbindung stehen, die Nervenzentren jahreszeitlicher Fruchtbarkeit, scheinen durchwegs mit alten, heiligen Plätzen zusammenzufallen. Besonders Kirchen auf alten *mounds*, abgeflachte Hügel, heilige Quellen und Brunnen werden als Schauplätze von Leben und Sterben eines Drachen bezeichnet. Städte und Landzungen entlang dem Pfad des Drachen tragen noch den Namen des fliegenden Wurms oder Lindwurms (im Englischen »worm«, »lindworm« oder nur »orm«), mit Linton, Ormsby, Wormhill und Great Orme's Head als typischen Beispielen. Viele alte Steine erinnern daran. Ruth Manning-Saunders schreibt in ihrem Buch »The River Dart« von dem Glauben in dieser Gegend, daß Drachen in megalithischen Steinreihen umgehen: »Es ist auf Dartmoor überliefert, daß die Steinkreise erstmals in einer Zeit aufgestellt wurden, als geflügelte Schlangen sich auf den Wagsteinen sonnten und um die Felsspitzen flogen.« James Boswell beschreibt im 18. Jahrhundert eine Steinallee, die er in Schottland gesehen hatte und die nach der Sage errichtet worden war, um einen ungeheuren Seedrachen von seinem Lager wegzulokken.

Wenn man einige dieser Hügel, Steine und alten Kirchen besucht, die mit dem Drachen in Verbindung gebracht werden, fällt es schwer, nicht den Eindruck zu bekommen, daß ihr Standort nach ähnlichen Prinzipien ermittelt wurde wie denjenigen, die von den Geomanten in China angewendet wurden. Dort hieß es, das Herz des Drachen könne bei einem einsamen Hügelchen gefunden werden, das entweder auf einer kleinen Ebene oder in einem kleinen Tal zwischen Hügeln steht. Von diesem zentralen Punkt aus fließen die Adern des Drachenstromes über die Hügelkämme der Umgebung. In der Nähe des Herzens ist die Kraft des Drachen, eingeschlossen von den Hügeln, stark und aktiv. In diesem Zentrum treffen sich der Drache und der Tiger, die männlichen und die weiblichen Energien, auf harmonische Art. Wenn man auf einem prähistorischen *mound* steht, kann man die Landschaft mit den Augen eines Geometers anschauen und vielleicht etwas von dem visionären Einblick in das Wesen der Einflüsse gewinnen, die seinen Standort ursprünglich bestimmten.

Angesichts der Tatsache, daß sowohl in Großbritannien wie auch in China der Volksglaube die *mounds* und Steindenkmäler mit der geflügelten Schlange oder dem Drachen in Beziehung bringt, dürfen wir uns erlauben, charakteristische Züge der antiken Stätten beider Länder zu vergleichen. Die Kirchen von Linton, Brinsop, Sockburn und andere, von denen die Drachensage berichtet, stehen auf abgeflachten künstlichen Hügeln, wie demjenigen, den einst der Drache von Lambton bewohnte. Diese Hügel sind wie die Steinreihen und -kreise, von denen aus sie *alignments* bilden, typische Beispiele für die Art von Hügeln, die einst in beiden Ländern im Zusammenhang mit Astronomie benutzt wurden. Die Hügel in China, die die Zentren des Drachenstromes bilden, wurden auch für die Beobachtung der Planeten benützt, wie wir aus der lebendigen Tradition und dem Überleben dieser Praxis in moderner Zeit wissen. In England wurden, wie Lockyer zeigt, Sichtungs-*mounds* so plaziert, daß sie die Richtungen der astronomischen Deklinationen von Steinkreisen aus markierten. Moses Cotsworth demonstrierte anfangs dieses Jahrhunderts in seinem Buch *The Rational Almanac*, wie Silbury Hill aufgrund der Schatten, die der Hügel auf der sorgfältig nivellierten Ebene im Norden wirft, als Sonnenobservatorium großer Genauigkeit benutzt werden konnte. Der Meridian von Silbury läuft durch die Kirche von Avebury auf der anderen Seite des künstlichen Plateaus. Auf dieser Linie fand Cotsworth die Überreste eines Menhiren, der mit einem in Stein gehauenen Symbol geschmückt war, das er als Fisch interpretierte. Die Kirche von Avebury könnte an einer Stelle plaziert sein, die einst etwas mit dem Drachen zu tun hatte, denn ein mittelalterliches Relief auf ihrem Taufbecken zeigt einen Bischof, der einen angreifenden Drachen mit seinem Krummstab durchbohrt. Die Kirche steht auf einer *ley*-Linie, die zwischen Stonehenge und dem Steinkreis in Winterbourne Abbas verläuft und durch zwei Kirchen sowie den östlichen Abhang von Silbury Hill geht. Silbury ist ja ein bekanntes Zentrum für *alignments* von schnurgeraden prähistorischen Wegen, die von den Römern neue Beläge erhielten, und von Menhiren, wie eine Fotografie in Tylers *Geometrical Arrangements of Ancient Sites* zeigt.

Wenn wir in Betracht ziehen, daß in China künstliche Hügel wie derjenige von Silbury auf den »Lung-Mei«, den Drachenpfaden errichtet wurden, dann haben wir guten Grund zu vermuten, daß auch Silbury selbst von vor-keltischen Druiden mit Hilfe eines geomantischen Kompasses auf einer Drachenlinie plaziert wurde. Man könnte auch folgern, daß die chinesischen Lung-Mei und die *ley*-Linien Großbritanniens eine identische Funktion haben, denn die Chinesen sind der Ansicht, daß die Lung-Mei sich über den ganzen Globus erstrecken. Viele Zentren der englischen Drachensage stehen an Kreuzungspunkten von gut gekennzeichneten *ley*-Linien; ein besonderes Beispiel ist die über große Distanzen verlaufende St. Michaels-Linie, die den Kreis von Avebury mit dem äußersten Westen von Cornwall verbindet (darüber später mehr).

St. Michael und St. Georg scheinen zwei Aspekte desselben Prinzips darzustellen. Der Archetyp, zu dem sie in Beziehung stehen, ist derselbe, den Kastor und Pollux verkörpern, die über das geheimnisvolle Elmsfeuer, einen Strom ätherischer Elektrizität, geboten, über welches die alten Griechen bis in historische Zeiten noch eine gewisse Kontrolle behalten zu haben scheinen. Der heilige Michael regiert über die hohen felsigen Klippen und Zinnen, St. Georg über die niedrigeren Hügel, wie der weiße Tiger und der blaue Drache in der chinesischen Landschaft. Die dem heiligen Michael geweihten Orte sind besonders charakteristisch. In ganz Europa, besonders aber an den Küsten der Bretagne und Cornwalls, krönen seine Kirchen und Kapellen die Gipfel von Felsen und Bergen. Mont St.-Michel in der Normandie, die Kapelle von St.-Michel-de-l'Aiguille in Le Puy, die Kirche auf der Kuppe des Hügels von St.-Michel bei den Stein-*alignments* von Carnac, die keltische Klosterkirche auf Skellig Michael, einem nackten Felsen vor der irischen Küste, die Kapelle auf der Klippe in der Nähe von Torre Abbey in Torquay, die Felseneinsiedelei von Roche, die Kirche von Brentor, Gare Hill in Wiltshire, alle diese Kirchen sind auf eine typische Weise dramatische Beispiele von Zitadellen des heiligen Michael. Auf einem solchen Vorsprung hat er nach der Sage den Drachen getötet und wurde damit zu einem natürlichen Nachfolger der vorschristlichen Gottheit, die vorher der Wächter des Drachenstromes war, und die er ersetzte. Wie die Geschichte von St. Patrick in Irland, so wurde die Geschichte von seinem Sieg über den Drachen oder die Schlange, die ursprünglich seine Kontrolle über eine elementare Naturkraft symbolisierte, von den frühen Christen als Darstellung des Sieges der neuen Religion über die alte verstanden. Diese selektive Interpretation verbarg die umfassendere elementare und astrologische Bedeutung des Drachensymbols.

Es ist nicht schwer, einen einzelnen Aspekt einer symbolischen Figur zu betonen, um sie einer bestimmten Interpretation anzupassen. Das zu tun hieße aber, das gesamte Wesen der Sprache mißzuverstehen, in der Bilder wie das des Drachen vielfältige Bedeutungen haben. Symbole werden nur dort verwendet, wo es keinen genügend umfassenden buchstäblichen Ausdruck gibt, um das zu erfassen, worauf sie sich beziehen. Der Drache hat viele Attribute und Korrespondenzen. In der babylonischen Mythologie wurde die Urschlange Tiamat von ihren Kindern getötet; in Griechenland vernichtete Apollon den Erddrachen Python. Dies sind Episoden aus der »heiligen Geschichte«, Ausschnitte aus einer komplexen astrologischen Aufzeichnung der Weltalter-Zyklen. Die Politik der christlichen Kirche war es, alle Dokumente zu vernichten, die sich auf die frühere Wissenschaft bezogen, und die Praxis der Astronomie zu unterdrücken. Als Ergebnis ihrer Ablehnung der Mysterien und traditionellen Gelehrsamkeit verloren die christlichen Philosophen die Fähigkeit, das System von Namen, Zahlen und Symbolen, das sie geerbt hatte, in seiner vollen Bedeutung zu erkennen.

In dem Buch *Queste del Saint Graal* tötete Percival auf einer wilden, gebirgigen Insel eine Schlange, die er im Kampf mit einem Löwen angetroffen hatte. In derselben Nacht erschien ihm eine Frau auf einer Schlange zusammen mit einer anderen Frau, die auf einem Löwen ritt, im Traum und machte ihm Vorwürfe wegen seiner Tat. Ein alter Mann deutete den Traum für Percival und sagte, die Frau auf dem Löwen repräsentiere das neue Gesetz von Christus, und die Frau auf der Schlange das alte Gesetz. Kommentatoren glaubten, daß diese Erklärung eine neue Deutung zu einer alten Sage darstellt, die zu einer Zeit eingefügt worden sei, als der Drache und sein Töter ihre umfassendere astrologische Bedeutung verloren und angefangen hatten, nur noch die gegensätzlichen Prinzipien von Gut und Böse zu verkörpern.

Selbst an den Feiern der kürzesten Zyklen in der Ebbe und Flut des Drachenstromes, den jahreszeitlichen Festen, wurde in den Spielen der Possenreißer die elementare Figur des Drachen selbst mit derjenigen des sarazenischen Ritters und anderer Feinde der Christenheit vermischt. Der Platz, wo die Druiden der alten Religion die Kraft der Schlange beschworen hatten, war nun von der neuen Kirche besetzt. Die früheren Praktiken wurden zu einem bloßen Jahreszeitenritual, in dem das Oberhaupt einer prominenten örtlichen Familie die erbliche Rolle des Drachentöters spielte, und der Drache selbst degenerierte zu einem grotesken heidnischen Monster. St. Michael und St. Georg wachten nun über die alten Drachenhügel, erst als Erben der früheren merkurialen Gottheiten, später dann als ihre Widersacher. Der astrologische Aspekt ihres Charakters, mit St. Michaels Trompete, die die Note jedes neuen Zeitalters blies, wurde jetzt von ihrer volkstümlichen Charakterisierung als Verteidiger des Glaubens verdunkelt. Wie Professor Elliot Smith bemerkt, »war der Drache ursprünglich ein konkreter Ausdruck der göttlichen Macht, Leben zu verleihen, doch mit der Entwicklung einer höheren Konzeption von religiösen Idealen wurde er auf eine mindere Rolle verwiesen, und schließlich zum Symbol der Macht des Bösen«.

Zu gewissen Zeiten des Jahres flog der Drache in großer Höhe entlang einer geraden Linie übers Land, und wie ein Kielwasser zog er die fruchtbarmachenden Kräfte des Lebens hinter sich her. Astronomen beobachteten seinen Flug, und Astrologen sagten den Moment seines Erscheinens voraus, während die Geomanten seine Bahn mit *alignments* von Hügeln und Steinen markierten. Prozessionen für die jährliche Beschwörung des Drachenstromes folgten dieser Linie von Zentrum zu Zentrum und schufen so gerade Wege, von denen Teilstücke bis vor kurzem als traditionelle Pilgerpfade überlebt haben, die die heiligen Orte miteinander verbanden. Man kann heute noch feststellen, daß die legendären Lagerplätze des Drachen im ganzen Land in einer Linie mit anderen stehen und untereinander durch sorgfältig angeordnete Reihen von Steinen und Erdbauten verbunden sind.

Die St. Michaels-Linie traditioneller Drachen-Orte in Südwest-England, von der oben die Rede war, ist durch ihre Länge und Genauigkeit bemerkenswert. Sie scheint zwischen zwei prominenten Hügeln Somersets zu sein, die beide mit den zerfallenen Kirchen auf ihrem Gipfel dem heiligen Michael geweiht sind. Diese zwei Hügel sind der Glastonbury Tor und der »Mump« in Burrowbridge, etwa zehn Meilen (16 km) südwestlich davon. Beide Hügel scheinen künstlich umgeformt worden zu sein, so daß ihre Achsen auf einer Linie stehen. Ihre Orientierung, 27° nördlich der genauen Ostrichtung, kann von einer großmaßstäblichen »Ordnance-Survey«-Karte abgelesen werden. Zusammen sind sie auf die großen Steine am südlichen Umkreis des Avebury-Kreises ausgerichtet, und wenn man die Linie nach Westen verfolgt, läuft sie über die Felseninsel von St. Michael's Mount zum äußersten südwestlichen Punkt Englands unterhalb von Land's End. Wenn man sie von Avebury aus östlich fortsetzt, nimmt sie dieselbe allgemeine Richtung wie der alte Icknield Way, läuft entlang dem Kamm, der die Grenze zwischen den Kalkhügeln des Südens und der Ebene der Midlands markiert, und trifft die Küste in der Nähe ihres östlichen Punktes oberhalb von Lowestoft. Sie kennzeichnet also die längste ununterbrochene Landstrecke im Süden Englands. Diese Linie verbindet nicht nur die zwei größten Abteien des mittelalterlichen England, nämlich diejenigen von Bury St. Edmunds und von Glastonbury, sie ist auch bemerkenswert wegen der großen Zahl von Hügeln und Kirchen, die dem heiligen Michael geweiht sind, die direkt auf ihrem Weg liegen. Östlich von Avebury kreuzt sie die alte Stätte, die jetzt die Kirche von Ogbourne St. George einnimmt. Der große Fels westlich von Dartmoor, auf dem eine der ältesten, kleinsten und am schwersten zugänglichen Kirchen Englands steht, St. Michael's Brentor, steht etwa eine Meile (1,6 km) südlich davon knapp neben dem *alignment*.

Am südlichen Rand des Bodmin Moor überquert die Linie oberhalb von »the Hurlers«, einem dreifachen Steinkreis, eine der bemerkenswertesten prähistorischen Stätten in Cornwall, eine »hilltop enclosure«. Innerhalb ihrer Mauern stehen drei massive Granitpfeiler, von denen der auffallendste als »Cheesewring« bekannt ist. Es ist unmöglich, dem Eindruck zu entgehen, daß diese Felsen das Zentrum irgendeiner Form von Einfluß sind, der auf die Landschaft der Umgebung wirkt. Wenn man in Südafrika auf der Suche nach überhängenden Felsen herumreist, die mit Malereien der Eingeborenen geschmückt sind, wird man bald imstande sein, mit einem Blick die Plätze zu erfassen, wo man solche natürlichen heiligen Zentren der Landschaft finden wird. Diese Art von Platz ist auch der »Cheesewring«. Es ist nicht klar, ob die in einem delikaten Gleichgewicht ruhenden Steinsäulen sich auf natürliche Art gebildet haben. Keiner der Steinblöcke, die hier aufeinanderliegen, ist größer als der Deckstein eines Dolmens. Einer der herabgefallenen Steine hat die Form eines riesigen Rades, von dem heute nur noch die Hälfte vorhanden ist, und auf dem flachen obersten Stein der zentralen Säule sind sorgfältig ausgeführte prähistorische Zeichen angebracht.

Eine Reihe von *alignments* alter Stätten in Cornwall enden an der Küste in Wackel- oder Wagsteinen, großen Felsblöcken, die in

Abb. 23 Der »Cheesewring« im Bodmin Moor in Cornwall.

einem prekären Gleichgewicht ruhen, so daß sie mit einer bloßen Berührung zum Schaukeln gebracht werden können. Offensichtlich waren diese Steine schon in prähistorischer Zeit Gegenstand besonderen Interesses, denn sie stehen nicht nur am Ende von alten *alignments*, viele von ihnen sind auch über und über mit Näpfchen bedeckt. Eine ältere Generation von Altertumsforschern glaubte, sie seien von den Druiden im Zusammenhang mit deren Schlangenverehrung errichtet worden, und bis vor kurzer Zeit zweifelten nur wenige, daß dies der Fall sei. Der Respekt, der noch im frühen achtzehnten Jahrhundert den prähistorischen heiligen

Stätten, Steinkreisen und megalithischen Säulen von der Landbevölkerung gezollt wurde, erstreckte sich auch auf Wackelsteine und andere seltsame Felsformationen, die künstlichen Ursprungs zu sein scheinen. Der kornische Historiker Borlase gibt als Grund dafür, daß ein örtlicher Cromwell'scher Statthalter einen berühmten Wackelstein umstürzte, an, »das gemeine Volk pflegte zu bestimmten Zeiten des Jahres an diesem Ort zusammenzukommen, und es zollte diesem Stein mehr Respekt als man für einen guten Christen für schicklich hielt«. Die Überlieferung bringt Wackelsteine und alleinstehende Steinsäulen mit der Beschwörung der Fruchtbarkeit in Zusammenhang, und es ist offensichtlich, daß die großen Felsblöcke, die auf den Hochmooren und Uferklippen stehen, eine wichtige Rolle bei der Erzeugung des Erdstromes und seiner Übermittlung entlang von *alignments* und Steinkreisen spielten. Die ganze Linie von St. Michael's Mount über den »Cheesewring«, Burrowbridge, Glastonbury und Avebury könnte in einer fernen Zeit einen ununterbrochenen heiligen Weg gebildet haben, denn ein paar isolierte Stücke sind heute noch vorhanden. Von Burrowbridge nach St. Michael's in Othery, dem nächsten Punkt auf der Linie, führte früher ein alter Dammweg über den Sumpf. In Glastonbury auf dem gleichen *alignment* geht der »Pilgrim's Path« heute noch genau über den Grat des »Tor«, und in Avebury fällt die Linie während mehr als drei Meilen (4,8 km) genau mit der heutigen Hauptstraße vom südlichen Eingang des Steinkreises aus über Beckhampton nach Devizes zusammen. Offensichtlich war das *alignment* dieser St. Michael-Hügel durch den Südwesten Englands ein wichtiger Faktor in der Standortbestimmung der Avebury-Ringe.

Auf der ganzen Strecke entlang der Linie von Avebury, die über die Kirche des St. Michael läuft, soll nach der Sage auf dem einer früheren Religion hin, deren Verehrung dem Geist, der als Schlange dargestellt wird, galt. Alle diese Plätze haben etwas Inspirierendes. Für mittelalterliche Pilger war St. Michael's Mount ein Ort der Wunder und Schauplatz einer visionären Erscheinung von St. Michael selbst. In Trull unterhalb von Taunton, wo die Linie über die Kirche des Hl. Michael läuft, soll nach der Sage auf dem nahen Castleman's Hill ein Drache den Tod gefunden haben, und ein farbiges Glasfenster in der Kirche zeigt die drei Heiligen Michael, Margareth und Georg, wie sie ihre Drachen töten. In Glastonbury faßte die Botschaft Christi erstmals im nördlichen Europa Fuß.

Abb. 24 Ein farbiges Glasfenster aus der Zeit um 1400 in der Kirche von Trull in Somerset, auf der Linie der Heiligtümer des Heiligen Michael, zeigt drei drachentötende Heilige: St. Michael, St. Margarethe und St. Georg.

Wie Hermes, der in einer Höhle auf dem Gipfel des Berges Kylene geboren wurde und sein Heiligtum hatte, wurden auch dem heiligen Michael an hochgelegenen Plätzen Schreine errichtet. Ihr gemeinsames Attribut als Führer auf dem Weg zwischen Leben und Tod identifiziert sie beide mit demselben Archetypen, denn sowohl Hermes mit seinem schlangenumwundenen Stab wie auch St. Michael, der den Drachen mit seinem Schwert durchbohrt, verkörpert das Prinzip, das den Geomanten als Drachenstrom bekannt ist.

Die Hügel und Kirchen, die dem heiligen Michael, oder auf walisisch Llanfihangel, geweiht sind, spielen eine wichtige Rolle im System der prähistorischen *alignments*. In Carnac, dem großen magnetischen Zentrum der Bretagne, sind Reihen von Menhiren auf den dramatischen St. Michaels-Berg gerichtet. Dieser beherrscht die heilige Ebene auf die gleiche Weise wie die Steinhaufen auf den Hügelspitzen von Dartmoor, auf die viele der dortigen Steinalleen ausgerichtet sind. Die Karte von Somerset zeigt ein weiteres verblüffendes *alignment* von St. Michaels- und St. Georgs-Plätzen, das auch den »Mump« in Burrowbridge einschließt. Von diesem Hügel aus mit seiner zerfallenen St. Michaels-Kirche kann man eine Linie durch drei weitere Kirchen ziehen: St. Michael's in Shepton Beauchamp, Seavington St. Michael auf einem künstlichen grasbewachsenen Hügelchen und Hinton St. George auf einer hohen Hügelkette mit Blick über die Sümpfe nach Norden. Der »Mump« von Burrowbridge, auch als »King Alfred's Fort« bekannt, der ein so auffallendes Element in der sonst flachen Landschaft bildet, ist seit langer Zeit schon als heiliger Ort und Schauplatz vieler besonderer Ereignisse in der Geschichte von Sedgemoor bekannt. Sein ungewöhnlicher Standort und seine regelmäßige Form lassen vermuten, daß es sich um eine künstliche Struktur handelt, und Collinson vermerkt in seiner »History of Somerset« auch die Existenz diesbezüglicher lokaler Überlieferungen. Er beschreibt den Hügel als ein »großes Hühnengrab oder einen Berg, sehr hoch und steil, und offenbar, obwohl im allgemeinen als natürlich angesehen, von Händen aufgeworfen, um als Bestattungs-Tumulus zu dienen«. Außerdem, so bemerkt er, ist der »Mump« aus rotem Lehm erbaut, nicht aus der Erde der Gegend, sondern aus einer, deren nächste Vorkommen sonst in einigen Meilen Entfernung liegen.

Jede Linie des Drachenstromes hat eine andere Qualität, die sich in der Landschaft unter ihr spiegelt, und hat eine Affinität zu bestimmten Körperteilen, Pflanzen und Tieren. Auch auf deren vorherrschendes Material und Farbe kann aus dieser Entsprechung geschlossen werden. Geomanten interpretieren aus ihr die okkulte Geographie ihrer Religion. Die eine Hügelkette bildet einen ruhenden grünen Drachen; eine andere den Arm eines schlafenden Riesen. Während Tausenden von Jahren wurden diese natürlichen

Abb. 25/26 Auf Anhöhen errichtete Kirchen, die sich nahe bei oder direkt auf der Linie von Heiligtümern des Heiligen Michael, die den Südwesten Englands durchquert, befinden: Die Kirche von West Buckland auf einem steilen Hügel, und die Kirche des Hl. Michael auf einem »mound« über der Themse in Clifton Hampden ein.

Formen bearbeitet und akzentuiert. In China hat man sogar Berge umgestaltet, um die Übereinstimmung der Natur mit der Astrologie zu verbessern. In Großbritannien wurden die Umrisse von Hügeln durch *mounds*, Erdbauten und Einschnitte verändert. Von jedem Steinkreis aus heben sich die Strukturen menschlichen Ursprungs auf den Berg- und Hügelrücken der Umgebung deutlich gegen den Horizont ab. Vielleicht sind die Zwillings-Gipfel, die nach Professor Thoms Entdeckung so genau die 0,90-Variation in der Umlaufbahn des Mondes angeben, nicht so zufällig angeordnet, wie es manche empfinden. Eine ganze Anzahl von Hügeln, Felsen und *mounds* – diejenigen von Wrekin und Silbury sind nur zwei Beispiele von hunderten – sollen nach lokalen Sagen durch eine frühere Rasse von erdbewegenden Riesen in die Landschaft gesetzt worden sein. Vielleicht wird man eines Tages entdecken, daß die Ingenieur-Meisterwerke der prähistorischen Welt weit größere Bedeutung haben, als man je vermutete.

Der anglikanische Reverend Lionel S. Lewis, ehemaliger Pfarrer von Glastonbury, hat viele der heute noch in der Landbevölkerung von Somerset lebendigen alten Überlieferungen über die heilige Straße gesammelt, der Christus und der heilige Josef von Arimathäa auf ihrer Reise von der englischen Küste durch das Land gefolgt sein sollen. Wie einige berichten, landeten die beiden an der Nordküste von Somerset und reisten auf dem Fluß Brue, der später zum Glastonbury-Kanal wurde und auf den *Tor* ausgerichtet ist. Andere sagen, der Heilige Geist habe den Boden Großbritanniens zum erstenmal beim St. Michaels' Mount in Cornwall berührt und dann den geraden Weg nach Glastonbury über die oben beschriebene Linie von Orten, die St. Michael gewidmet sind, genommen. Als Wächter des spirituellen Pfades über die hohen Orte wird der heilige Michael, wie schon oben angedeutet, mit Hermes, dem merkurischen Gott der Straßen und Steinsäulen gleichgesetzt. Hermes wird insbesondere mit Menhiren in Verbindung gebracht. Die Römer fanden in der etruskischen Landschaft Merkur-Steine vor, die lange Linien bildeten. In Griechenland stand die Herme als phallisches Abbild von Hermes in der Mitte des Marktplatzes, und die Straßen, die von den Bezirken der Umgebung her hier zusammenliefen, waren ebenfalls von Reihen ähnlicher Steinsäulen gesäumt.

Watkins verglich die gerade Straße, die zu den griechischen Städten führte, mit den *ley*-Linien von Großbritannien und fand

Abb. 27 Die Einsiedelei und Kapelle von St. Michael in Roche, Cornwall, wurde auf einem Felsen gebaut, der schon in prähistorischer und auch in keltischer Zeit heilig war.

in beiden Fällen einen Zusammenhang mit Hermes, der den Ägyptern als Thot, den Galliern als Teutates bekannt war und dessen Name in den unzähligen »Tot«- oder »Toot«-Hügeln in ganz England weiterlebt. Einsiedler, so glaubte er, verdankten ihren englischen Namen »hermits« ihrer früheren Stellung als Diener des Hermes, und es scheint tatsächlich, daß sie einst als Führer für Pilger und Reisende durch Berge und Wildnis fungierten. Einige von ihnen unterhielten Leuchttürme, andere betrieben Fähren oder hielten tief im Wald eine Unterkunft für Wanderer bereit. Wie so oft im Laufe seiner Forschung mußte Watkins auch hier feststellen, daß der »Old Straight Track« auf ein okkultes Prinzip hinwies, in das weiter einzudringen er keine Lust verspürte. Der *New English Dictionary* bezeichnete Hermes nämlich als einen alten Namen für das Irrlicht, den einheimischen »Puck« oder »hob-goblin« (Kobold), der Reisende auf vergessene Pfade lockt, um sie dann in einem Moor oder an einem trostlosen Ort im Stich zu lassen. Auf der ganzen Welt schwebt der Geist der früheren merkurischen Gottheit über den alten Wegen und Menhiren. Watkins wußte, daß *ley*-Linien etwas anderes als Handelsstraßen waren. Letztendlich war es ihm nicht möglich, sich vor der eigenen Hellsichtigkeit zu verschließen, und er konnte sich dem Eindruck nicht entziehen, daß an prähistorischen Stätten heute noch ein Geist herumspukt, der dort vor dreitausend Jahren heraufbeschworen worden war. Merkur, Thot, Hexen, Feen, Einsiedler, fliegende Schlangen, wandernde Lichter; alle diese Dinge hatten irgendeinen Bezug zu einem geheimnisvollen Prinzip, einer Kraft, die einst die Linien zwischen Steinsäulen, Erdbauten und Berggipfeln belebt hatte.

Abb. 28 Ein Irrlicht.

Kapitel 3

Schlangenkraft

ERST SEIT RELATIV KURZER Zeit, seit es die Entwicklung weltweiter Kommunikation uns möglich machte, die Altertümer unserer eigenen Länder mit denjenigen anderer zu vergleichen, können wir die Ausdehnung der riesigen Ruine ermessen, in der wir alle leben. Wenn wir alle Veränderungen der Landschaft in den letzten dreitausend Jahren einmal ignorieren und versuchen, die Welt so zu sehen, wie sie in prähistorischer Zeit ausgesehen haben muß, dann ist das Muster, das sich ergibt, derart unvereinbar mit unserer Vorstellung von Zivilisation, daß es leicht fällt, vollständig an seiner Bedeutung vorbeizusehen. Wir finden nämlich folgendes:

Ein großes wissenschaftliches Instrument liegt über der ganzen Oberfläche des Globus ausgebreitet. Vor Tausenden von Jahren gab es eine Zeit, da beinahe jede Gegend der Erde von Leuten besucht wurde, die eine ganz bestimmte Aufgabe zu erfüllen hatten. Diese Menschen schufen mit Hilfe einer besonderen Kraft, durch die sie riesige Steinblöcke zuschneiden und aufrichten konnten, immense astronomische Instrumente, Kreise von aufgerichteten Steinpfeilern, Pyramiden, unterschiedliche Tunnels und zyklopische Steinplattenformen. Alle diese Bauten wurden durch ein Netzwerk von Straßen und *alignments* miteinander verbunden, deren Verlauf von Horizont zu Horizont durch Steine, *mounds* und Erdbauten markiert war. W. J. Perry verfolgt in seinem Buch *The Children of the Sun* die Ausbreitung dieser Menschen im Pazifikgebiet und weist als Beispiel für ihre erstaunlichen Leistungen auf die große Zahl von abgelegenen, unbewohnbaren Inseln mit Ruinen von aufwendigen Pyramidenbauten und megalithischen Strukturen hin. Ob dieses enorme Aufflammen von Energie, das innerhalb von ein paar hundert Jahren die gesamte Erde mit Steinkreisen und Erdbauten überzog, von einer einzigen Gruppe oder Rasse ausging, oder ob es als eine Welle weltweiter Inspiration spontan entstanden ist, ist noch unklar. Einige vertreten die Auffassung, während die Steinkreise Nordeuropas von der heimischen Bevölkerung gebaut worden seien, seien diejenigen von Polynesien das Werk von prähistorischen Missionaren. Und doch hat Stonehenge, der späteste und perfekteste Steinkreis Großbritanniens, mehr mit Kreta gemeinsam als mit der einheimischen Tradition, während lokale Variationen in der Struktur und im Betrieb astronomischer Bauwerke darauf schließen lassen, daß jede Rasse ihren eigenen Beitrag zur Entstehung jener weltweiten Zivilisation leistete.

Niemand weiß, wie diese weltweite Aufgabe vollbracht wurde, oder aus welchem Grund diese Völker aus dem Bereich jenseits geschriebener Geschichte ihre Fähigkeiten und Mittel auf die Errichtung eines über die Oberfläche der Erde ausgebreiteten Himmelsmusters aus Stein und Erdbauten verwandten. Der Schlüssel zu diesem Geheimnis liegt bestimmt im Studium dieses großen Musters selbst und in seiner Beziehung zu den feinstofflichen Kräften in der Landschaft.

Als Alfred Watkins seinen außergewöhnlichen Moment von Hellsichtigkeit hatte, in dem die Adern der Landschaft sich über den Ebenen und Hügeln klar abzuheben schienen, erlangte er Wissen von etwas, das jenseits des Bereiches normalen Sehens liegt. Wir wissen, daß die ganze Erdoberfläche von einem Energiefluß umspült wird, der als Magnetfeld bekannt ist. Wie alle anderen Himmelskörper ist auch die Erde ein großer Magnet, wobei die Stärke und Richtung des Energieflusses durch vielerlei Faktoren beeinflußt wird, so durch den Abstand und die relative Position der anderen Körper im Sonnensystem, insbesondere der Sonne und des Mondes. Andere Einflüsse auf die Stärke und Aktivität des magnetischen Flusses haben ihren Ursprung in der Zusammensetzung des Untergrundes, über den er fließt. Über kompakten, flachen Gebieten ist er ruhig und regelmäßig, während er über felsigem, zerteiltem Land heftig und ungeordnet ist. In Reaktion mit den Naturgewalten erzeugt er magnetische Stürme und in nördlichen Regionen, Auroren und Polarlichter. In der Nachbarschaft von geologischen Verwerfungen wird der magnetische Fluß besonders erregt wegen den an diesen Stellen aus der Erdkruste aufschießenden magnetischen Strömen. Stationen in der ganzen Welt messen die periodischen und zyklischen Variationen im Magnetfeld, in erster Linie um genaue Zahlen für die Korrektur des

Kompasses zu erhalten. In Großbritannien gibt es drei solcher Stationen.

Und doch, obwohl man den Fluß des Erdmagnetismus genau beobachtet und einiges schon bekannt ist über die verschiedenen Faktoren, die seinen Rhythmus beeinflussen, vor allem über die 27-tägigen Intervalle von ruhigen und unruhigen Perioden, obwohl sein Zusammenhang mit dem Sonnenfleckenzyklus und damit auch den meteorologischen Verhältnissen eine anerkannte Tatsache ist, weiß man erst wenig über sein Wesen und seine Wirkung. Alles Beweismaterial aus der fernen Vergangenheit legt aber den Schluß nahe, daß der natürliche Magnetismus der Erde den Menschen vor einigen tausend Jahren nicht nur bekannt war, sondern ihnen auch als Quelle von Energie und Inspiration diente, auf die ihre ganze Zivilisation eingestimmt war.

Eine Karte von Großbritannien, auf der die Verteilung prähistorischer Siedlungen zu sehen ist, ist beinahe eine exakte Umkehrung einer solchen, die die heutige Bevölkerungsdichte darstellt. Die Berge von Schottland und Wales, die einsamen Inseln, die felsige Halbinsel von Cornwall, die öden Wüsten von Dartmoor und der Derbyshire Peak sind gedrängt voll von Spuren prähistorischer Siedlungstätigkeit. Die heute fruchtbaren Gegenden erscheinen dort kaum. Die Gebiete, in denen wir jetzt leben, die Ebenen und Täler, waren damals weniger besiedelt als die unzulänglichen Öden, die wir heute unbewohnbar finden. Der alte Glaube, der immer noch viele unserer Einstellungen in bezug auf die Vorgeschichte konditioniert, besagte, daß die Einwohner von Großbritannien vor der keltischen Einwanderung unwissende und zum Denken unfähige Wilde waren, gezwungen, aus Angst vor wilden Tieren und räuberischen Nachbarn auf Hügelkuppen eng gedrängt zusammenzuleben. Die hochentwickelten Anbau-Terrassen, die die Abhänge der südenglischen Hügel säumen, sah man als die zusammengedrängten Weiden eines Volkes, das in einem Zustand ständiger Belagerung lebte. Unser in den letzten Jahren erworbenes Wissen über die wissenschaftliche und erfinderische Zivilisation, die in Großbritannien lange vor der Ankunft der keltischen Druiden blühte, läßt dieses Bild absurd erscheinen. Und doch, obwohl die Figur des wilden alten Briten nichts als ein pittoresker Mythos ist, werden die Theorien, die auf ihr aufbauen, mangels einer besseren immer noch von vielen vertreten. Die Stätten der magischen Wissenschaft dieses Volkes werden gewöhnlich als Wehr-

oder Ritualanlagen klassifiziert, eine Meinung, die vage und ungenau ist. Es ist offensichtlich, daß viele prähistorische Erdbauten zu einem anderen Zweck als einem militärischen gedacht waren. Oft sind sie so ausgedehnt, daß eine unmöglich große Armee gebraucht würde, um die Befestigungen dieser heute noch als »hill forts« (Hügelfestungen) bekannten Strukturen zu bemannen. Einige Erdbauten sind außerdem linear und umschließen gar keine befestigte Stellung. Der gewaltige Maßstab der prähistorischen Technologie ist noch nicht allgemein bekannt. Der »Dorsetshire cursus« ist ein großer doppelter Erdbau von über sechs Meilen (9,6 km) Länge; andere in Irland sind noch größer, doch über ihren Zweck weiß man kaum etwas. Die Landschaft Großbritanniens ist voll von Erdwällen, die alte Straßen säumen, Hügelkuppen umgeben und die Form von Bergrücken verändern, und ein großer Teil der heute noch in Gebrauch stehenden Flurgrenzen werden von ihnen gebildet. Viele Wallanlagen stehen zudem außer- und nicht innerhalb eines Grabens; andere waren nie höher als etwa ein Fuß (30 cm). Sie können unmöglich militärischen Zwekken gedient haben. Die Tatsache, daß einige prähistorische Erdbauten in der Zeit der römischen Invasion als befestigte Plätze dienten, hat nicht mehr zu ihrer eigentlichen Bedeutung zu besagen als die Entdeckung, daß Kirchen bei modernen Straßenkämpfen häufig zu Festungen umfunktioniert werden. Überhaupt kann die Existenz von eng miteinander verbundenen und kommunizierenden Zentren in prähistorischer Zeit, die alle von einem Ende des Landes zum anderen im selben wissenschaftlichen Programm engagiert waren, nur bedeuten, daß die verschiedenen Gemeinschaften in einem Zustand friedlicher Zusammenarbeit lebten, in dem hochentwickelte Befestigungen völlig unnötig gewesen wären. Diese Monumente sind deshalb nicht reine Wehrbauten, und die Erklärung, daß sie für rituelle Zwecke errichtet worden seien, besagt nicht mehr, als daß ihr Zweck und ihre Verwendung nicht bekannt sind.

Wenn man entlang der Sussex Downs oder über einen der hohen Rücken wandert, die sich über den südenglischen Ebenen erheben, kommt man in eine Welt, die sich in mancher Hinsicht von der unterscheidet, die unter ihr liegt. Das poetische Bild von den Hügeln, die einander über das Tal hinüber zurufen, ruft eine starke Vorstellung wach, und es gibt Momente, in denen es unmöglich ist, nicht von der direkten Wahrheit berührt zu werden, die in ihr enthalten ist. Von Major Tyler kennen wir die Beschreibung seines Eindruckes, daß der Platz, auf dem die Kirche von Walkhampton steht, auf irgendeine Art mit der Kirche auf dem Felsen von Brentor kommuniziere, die in der Ferne auf der anderen Seite von Dartmoor sichtbar ist. Auf dem Hügel von Cerne Abbas in Dorset über dem Kopf des alten nackten Riesen zu stehen, der dort in den Rasen des Hanges geschnitten ist, heißt, das eindeutige Gefühl eines Qualitätsunterschiedes zwischen der wilden höhergelegenen Welt der prähistorischen Siedlung und dem heutigen Dorf im ruhigen geschützten Tal darunter mit seinen hübschen strohgedeckten Cottages und der mittelalterlichen Kirche zu erfahren. In derselben Weise ist kein Vergleich möglich zwischen der behaglichen intimen Atmosphäre eines Dorfes in Devon, das am Rande von Dartmoor Schutz sucht, und derjenigen der Landschaft voller Naturgewalten hoch oben im Moor, die heute noch von den Überbleibseln prähistorischer Siedlungstätigkeit übersät ist.

Von dem, was den einen Teil der Landschaft von einem anderen zu unterscheiden scheint, können wir nur in ästhetischen Begriffen reden. Wir sprechen vage davon, ein bestimmter Ort sei malerisch, stark und anregend, oder friedlich und beruhigend. Doch die chinesischen Geomanten hatten einen eindeutigen Maßstab, an dem die Qualität eines Ortes gemessen und beurteilt werden konnte. Sie schätzten jeden Platz entsprechend der Anwesenheit der Strömung ein, die sie die Drachenkraft nannten; und aus den paar wenigen Eigenschaften zu schließen, die sie unseres Wissens dieser Strömung zuschrieben, scheint hervorzugehen, daß sie nur die geheimnisvolle Strömung des Erdmagnetismus gemeint haben können, über die wir so wenig wissen. Wir haben gesehen, wo der Geomant zu Werke geht, wenn er den verborgenen Charakter der Landschaft lesen will, und seine Beobachtungen der Erde mit einer astrologischen Interpretation der vorherrschenden Himmelseinflüsse kombiniert. Seine Informationen, so scheint es, gewinnt er durch Astronomie und den Gebrauch des magnetischen Kompasses. Das sind auch die Mittel, mit denen heute das Erdmagnetfeld gemessen wird.

Die Stärke und die Richtung der Strömung variiert entsprechend den immer wiederkehrenden Phasen von Sonne und Mond. Von der Sonne geht ein Tagesrhythmus aus, der von anderen Einflüssen modifiziert wird, so vom Mondzyklus, denn der Mond übt den gleichen Einfluß auf diese unsichtbare Strömung aus wie auf die

Gezeiten. Der Vollmond produziert einen deutlichen Anstieg der magnetischen Aktivität um die Mittagszeit, mit einer ruhigen Periode kurz vor Sonnenuntergang. Die Wirkungen der anderen Himmelskörper auf den Magnetfluß sind noch nicht untersucht worden, doch J. A. Fleming bemerkt in seinem Buch *Terrestrial Magnetism:* »Es ist nur natürlich anzunehmen, daß von den Planeten oder von den entfernten Sternen ähnliche Einflüsse ausgehen müssen.«

Unter all den astronomischen Ereignissen, die das Erdmagnetfeld beeinflussen, ist eine Finsternis von Sonne oder Mond sicher das dramatischste. Wenn eine solche stattfindet, wird die magnetische Aktivität, die normalerweise durch den verfinsterten Himmelskörper angeregt wird, stark herabgesetzt, was einen beträchtlichen Einfluß auf den gewohnten Fluß der Erdenergie hat. Eine Mondfinsternis hat gar keine andere offensichtliche physikalische Wirkung auf die Erde als den Effekt, den sie auf den Erdmagnetismus ausübt. Aus diesem Grund könnte von Bedeutung sein, daß es die Funktion vieler prähistorischer Stein-Observatorien in Großbritannien und anderswo war, genaue Voraussagen von Mondfinsternissen zu liefern.

Die Methoden, die dazu verwendet wurden, waren höchst erfinderisch und hochentwickelt. Professor Fred Hoyel, der Hawkins' Entdeckung bestätigte, daß die »Aubrey-Löcher« in Stonehenge ein perfektes Voraussageinstrument für Finsternisse bilden, gestand, daß er bis zu dem Tag, als er seinen Gebrauch untersuchte, nicht damit gerechnet hatte, daß es mit den Mitteln des Jahres 1850 v. Chr. möglich sein könnte, solche Ergebnisse zu erzielen. Viele der astronomischen Informationen, die zu sammeln Stonehenge gebaut war, konnten nur für die Voraussage von Mondfinsternissen eine Bedeutung gehabt haben, und der Kreis der »Aubrey-Löcher« scheint konstruiert worden zu sein, um den 56-Jahre-Zyklus zu markieren, in dem diese Ereignisse stattfinden. Viele andere Steinkreise wurden für die schwierigste aller Mondbeobachtungen benützt. Die komplizierten Zyklen des Mondes schließen nämlich eine periodische Abweichung von nur 0,9° von seinem normalen Kurs ein, eine Tatsache, die in der Neuzeit erst durch die Beobachtungen von Tycho Brahe im siebzehnten Jahrhundert wiederentdeckt wurde. Diese minimale Abweichung wurde in Großbritannien vor 4000 Jahren genau beobachtet in Steinkreisen, von denen aus der Mond bei seiner Überquerung des Horizontes gegen den Abhang eines weit entfernten Berggipfels gemessen werden konnte.

Die perfektesten Effekte wurden auf den Hebriden und in den wilden Teilen von Westschottland erzielt, wo das Profil des Horizontes eigens umgeformt und markiert worden war, um den Weg des untergehenden Mondes zu definieren. Die außerordentliche Bedeutung, die diesem unwesentlichen Zittern im Lauf des Mondes gegeben wurde, konnte nur von der Erkenntnis herrühren, daß es die Möglichkeit einer Mondfinsternis ankündigt. Nur wenn der Mond sich in der Nähe der oberen Grenze seiner periodischen Abweichung befindet, ist es nötig, weitere Beobachtungen zu machen, um festzustellen, ob eine Finsternis bevorsteht.

Es gibt bis heute keine plausible Erklärung für das erstaunliche Interesse, das der prähistorische Mensch daran hatte, eine Vorauswarnung über das Kommen einer Finsternis zu erhalten. Aber wenn ihre Wissenschaft überhaupt einen Sinn hatte, dann muß eine Absicht dahinter stecken, die die Menschen jener Zeit zu so viel Aufwand für solche Voraussagen trieb. Alte Glaubensvorstellungen und Sagen lassen erkennen, daß Finsternisse traditionellerweise ein Ereignis waren, das man zu fürchten hatte und gegen dessen Wirkung bestimmte Vorkehrungen getroffen werden mußten. Es ist unvorstellbar, daß die alten Astronomen mit ihren hochentwickelten, auf systematischer Beobachtung beruhenden Wissenschaft und Kosmologie nichts gewußt haben sollten über die Bedingungen, unter denen Finsternisse vorkommen. Diese vertrauten und vorhersagbaren Ereignisse konnten kaum einen bloßen irrationalen oder abergläubischen Schrecken erzeugt haben in Menschen, denen ihr genaues Wesen und ihre Ursache bekannt waren. Und doch hat die prähistorische Furcht vor Finsternissen in vielen Gegenden der Welt bis zum heutigen Tag überlebt. Es muß irgendeinen guten Grund gegeben haben für die Tatsache, daß vor 4000 Jahren die Menschen von Finsternissen so beunruhigt waren und so sehr dafür sorgten, über ihr Kommen unterrichtet zu sein. Die einzige physikalische Wirkung, gegen die sie unter Umständen gewappnet sein wollten, war die plötzliche Unterbrechung des gleichmäßigen Flusses des terrestrischen Magnetflusses, denn dies ist die einzige Art und Weise, in der eine Finsternis die Vorgänge auf der Erde beeinflußt.

Die Chinesen plazierten, wie wir gesehen haben, jedes Gebäude und jedes Grab mit Rücksicht auf die Wege, die die Drachen über die Oberfläche der Landschaft nehmen, und Spuren derselben Praxis finden sich in der ganzen Welt. Afrikanische Missionare erhalten noch heute von ihren einheimischen Anhängern den Rat, gewisse Standorte seien für eine Kirche geeignet, während andere ungünstig oder gar verhängnisvoll wären. Aus Hawaii und Polynesien gibt es viele Geschichten über die Dummheit der ersten christlichen Priester, die darauf bestanden, ihre Kirchen an irgendwelchen beliebigen Plätzen aufzustellen statt an den geeigneten Orten, und dadurch viel Unglück herbeiführten. Die Linien des Drachenstromes, anhand von denen die natürlichen spirituellen Zentren lokalisiert werden können, werden entweder astronomisch mit Hilfe von Menhiren und anderen Beobachtungsinstrumenten oder durch eine Interpretation des magnetischen oder Inspirations-Charakters der Landschaft bestimmt. Es kann kein Zweifel bestehen, daß mit dem Drachenstrom irgendein natürlicher Energiefluß gemeint ist, der mit dem Erdmagnetfeld zusammenhängt. Diese Energie wurde in moderner Zeit durch den verstorbenen Wilhelm Reich wiederentdeckt, der sie »Orgon-Energie« nannte. Reichs Experimente, die in seinem Buch *Die Entdeckung des Orgons* beschrieben wird, erbrachten viele Erkenntnisse über das Wesen und die Wirkungen dieser Orgon-Energie. Sie ist im ganzen Universum, in jedem Materieteilchen, in jedem Bereich des Raumes vorhanden. Sie ist in ständigem Fluß begriffen und regt immer aufs neue den Zyklus von Schöpfung, Wachstum und Tod an. Obwohl sie keine Masse hat und deshalb schwierig zu isolieren ist, gibt sie das Medium ab, durch welches magnetische und Gravitationskräfte ihren Einfluß manifestieren. Reich beschrieb, wie diese Energie durch den Bau einer Kammer eingefangen oder akkumuliert werden kann, die mit einem anorganischen Material ausgekleidet und auf der Außenseite abwechslungsweise mit Schichten organischen und anorganischen Materials umgeben wird. Eine Person, die eine gewisse Zeit in diesem Orgon-Akkumulator verbringt, ist einem zunehmenden Orgon-Fluß ausgesetzt, der ihre Lebensenergie und die natürlichen rhythmischen Prozesse ihres Stoffwechsels stimuliert. Die Feindseligkeit und der Schock, die Reichs Experimente auslösten, sowie die Heftigkeit der Opposition, die ihnen erwuchs, führte zu Reichs gerichtlicher Verfolgung wegen Vorspiegelung falscher Tatsachen, zu einer Gefängnisstrafe und zu seinem Tod. Seine Bücher waren in den Vereinigten Staaten eine Zeitlang verboten, ja wurden sogar durch die Food and Drug Administration eingesammelt und verbrannt. Doch sie enthalten eine überwältigende Fülle von Beweismaterial für die Existenz der Kraft, deren Wirkungen er erforschte.

Wenn man seine Beschreibung des Orgon-Flusses und der verschiedenen Möglichkeiten, ihn zu lenken, liest, fällt es schwer, nicht zu vermuten, daß diese Energieform in prähistorischer Zeit bekannt war und daß man sie kontrollieren konnte. Viele der größten Bauwerke der Megalith-Baumeister enthalten eine verborgene Kammer, die tief im Innern der Erde oder im Herz irgendeines großen künstlichen Baues liegt. In Irland gehören die Kammern von New Grange und Knowth zu den schönsten Beispielen davon. Die riesigen künstlichen Hügel, die diese geheimen Räume bedecken, sind nicht nur zufällig angehäufte Erdhaufen, sondern sorgfältig und planmäßig konstruiert auf eine Art und Weise, die man ohne weiteres mit den Orgon-Akkumulatoren Reichs vergleichen kann. Die Kammer selbst ist mit Stein ausgekleidet, der mit einer Schicht Torf und aufeinanderfolgenden Steinen von Lehm und Rasen bedeckt wurde. Diese Schichten sind sehr sorgfältig aufgebaut, und es wurde in jedem Stadium eine andere Art und Farbe von Lehm verwendet. Zum Schluß wurde die ganze Struktur mit einem großen Erdhügel zugedeckt.

Beinahe jede megalithische Stätte schließt mindestens eine solche versenkte Kammer ein. In Irland findet man im Zentrum von ringförmigen Wallanlagen oder »raths« (irischen »hillforts«) schmale Eingänge zu mit Steinen ausgekleideten unterirdischen Schächten und Galerien. Diese künstlichen Höhlen, die als »souterrains« oder in Cornwall als »fogus« bekannt sind, findet man mit örtlichen Variationen in vielen Gegenden der Erde. Ihre Eingänge sind häufig nach einer bedeutungsvollen astronomischen Deklination orientiert oder auf eine gut markierte *ley*-Linie ausgerichtet. Besonders ausgeprägt ist das im Falle der Langhügelgräber und »Fogous«. Das klarste Beispiel ist der südliche Eingang von New Grange, der auf einer Linie mit dem gut sichtbaren *alignment* eines Menhirs und eines *mound* liegt.

Der Zweck dieser unterirdischen Strukturen ist bisher noch nicht auf zufriedenstellende Weise erklärt worden. Die verschiedenen Möglichkeiten, die schon vorgeschlagen wurden, umfassen die Verwendung als Lagerräume, Grabkammern, Zufluchtsorte, für religiöse Zeremonien oder als Wohnräume, doch keine dieser Interpretationen trifft auf alle von ihnen zu. Aus der Tatsache, daß sie alle nach ähnlichen Prinzipien konstruiert worden sind, kann man aber schließen, daß alle auf dem gleichen Plan basieren. Wie auch bei den Steinkreisen, so wurde bei ihrem Bau großer Wert auf die Auswahl bestimmter Baumaterialien gelegt, und besondere Arten von Lehm und Steinen wurden dafür über beträchtliche Distanzen durch das Land transportiert. Die »Bluestones«, von denen in Stonehenge drei verschiedene Arten vorkommen, stammen aus den Steinbrüchen in den Prescelly-Bergen von Südwales, die mehr als hundert Meilen (160 km) vom Steinkreis entfernt liegen. Es gibt verschiedene Theorien darüber, wie diese großen Steine von Wales nach Wiltshire gebracht wurden, aber keine von ihnen kann angeben, warum diese Aufgabe als notwendig angesehen wurde, denn es fehlt in der Ebene von Salisbury nicht an gutem lokalem Stein. Offensichtlich besitzen die »Bluestones« irgendeine Eigenschaft, die ihre Anwesenheit für den eigentlichen Zweck von Stonehenge unentbehrlich macht. Auch die Verwendung von fremdem Stein und Lehm aus entfernten Lagerstätten in der Konstruktion der hügelbedeckten Kammer in New Grange unterstreicht die Bedeutung, die die megalithischen Baumeister der Auswahl ihrer Materialien gaben, vermutlich aus einem praktischen Grund im Zusammenhang mit ihrer Wissenschaft der Naturkräfte.

Durch seine Experimente bewies Reich die Existenz der reinen Lebenskraft, die er Orgon-Energie nannte – desselben Prinzips, das vor ihm Mesmer den »animalischen Magnetismus«, und Reichenbach »das Od« genannt hatten. Er entdeckte schließlich die Gesetze, die ihren Fluß und die normalen Einflüsse, auf die sie reagiert, regulieren. Bis zu einem gewissen Grad lernte er auch, sie zu kontrollieren, den Energiestrom zu manipulieren und ihn einer praktischen Anwendung zuzuführen. Durch die Verwendung eines einfachen Apparates, den er in seinem publizierten Werk beschreibt, war er auch fähig, Veränderungen des Wetters herbeizuführen, durch Absaugen der Energie, die sie aufrechterhält, Wolken aufzulösen und örtlichen Regenfall zu stimulieren oder zu vermindern. In der Zeit, als die gerichtliche Verfolgung einsetzte, die schließlich zu seinem Tod führte, untersuchte er die Möglichkeit der Raumfahrt im Fluß der intergalaktischen Energieströme.

Durch die Anerkennung der Existenz einer essentiellen Lebenskraft wie auch durch seine Versuche, sie zu lenken, betrat Reich einen Bereich von Wissenschaft und Magie wieder, den der europäische Mensch schon vor vielen Jahrhunderten verlassen hat. In der Welt der westlichen Wissenschaft waren seine Enthüllungen neu, schockierend und aufs äußerste ketzerisch. Und doch gibt es immer noch Menschen in abgelegenen Gebieten der Erde, für die die Existenz einer eindeutigen Form von Lebensenergie selbstverständlich und seit jeher vertraut ist.

Die australischen Ureinwohner errichten Steinkreise als Instrumente für die Divination, und viele andere ihrer Praktiken lassen erkennen, daß sie einst mit den Druiden Großbritanniens ein System natürlicher Magie gemeinsam hatten, das aus einer großen weltweiten Zivilisation stammt. Sie erinnern sich immer noch an die mythologischen Wege, die wie die *ley*-Linien Großbritanniens und die Drachenpfade Chinas in geraden Linien durch ihren Kontinent laufen und die heiligen Orte und rituellen Zentren miteinander verbinden.

Im Jahr 1960 reiste Charles Mountford mit einer Gruppe von Eingeborenen über eine Strecke von 300 Meilen (480 km) durch die Wüsten Zentralasiens und nahm damit an einer jahreszeitlichen Reise teil, durch die der Geist der heiligen Zentren entlang gewisser Linien wiederbelebt werden sollte. Er stellte dabei fest, daß jeder Stamm für seine eigenen Linienstrecken Sorge trägt, indem er die Zentren in der richtigen Jahreszeit besucht und an jedem einen Gesang über eine lokale Episode in der Geschichte der Schöpfung singt. Die aufeinanderfolgenden Rituale bilden, was die Aboriginals eine »Linie von Liedern« nennen, die zwischen den geomantischen Zentren ihrer Landschaft gewoben wird. In seinem Buch *Winbaraku and the Myth of Jrapiri* nennt Mountford als Motiv für diese jahreszeitlichen Reisen: »Die Eingeborenen glauben, daß jedes Nahrungsmittel, jede Pflanze und jedes Tier (...) ein ›increase centre‹ hat, in dem die Abhaltung der geeigneten Rituale die Lebensessenz oder ›kurunba‹ dieser betreffenden Pflanze oder des Tieres freimachen wird, und dadurch sein Wachstum und die Steigerung seiner Vitalität bewirkt.«

Diese Zentren, alles Schauplätze eines bestimmten Ereignisses in dem großen Gedicht, das die Erschaffung des Lebens beschreibt, sind gekennzeichnet durch ein natürliches Merkmal, einen Hügel, Felsen oder eine Quelle. Malereien auf den Felswänden, die immer wieder erneuert werden, zeigen die sich wellenförmig bewegende Schlange, das Symbol des Stromes der Lebensenergie. Verschiedene heilige Gegenstände, die in der Nähe versteckt sind, sind mit einem Plan des Weges der Schlange durch die Landschaft dekoriert. Die Aborigines sagen, es seien nicht die Malereien selbst, die die Freisetzung der Lebensenergie bewirken, sondern die Felsen, auf die sie gezeichnet sind. Es ist die Energie dieser Felsen, die Regen produziert und Pflanzen und Tiere fruchtbar macht. Die Malereien und die rituellen Gesänge stimulieren ihren Fluß und kommen den Geschöpfen zugute, mit denen der Strom einer bestimmten Stelle verbunden ist.

Wieder finden wir hier die Auffassung, daß verschiedene Arten von Gestein bestimmte Qualitäten hätten und jede von ihnen ihre eigene besondere Form von Energie hervorbringe. Die Rituale der Aborigines sind nur ein schwacher Abglanz eines früheren Systems von Magie und natürlicher Wissenschaft; offensichtlich haben sie aber etwas von ihrer alten Kraft bewahrt, denn die Aborigines verlieren da, wo man die Rituale nicht mehr aufrechterhält, ihre Fähigkeit, in der kargen Wüste ihres Heimatlandes zu überleben. Die Entdeckungen Rudolf Steiners, besonders diejenigen in seinen Vorlesungen über die Landwirtschaft, stellen eine weitgehende Bestätigung ihres magischen Bildes von Natur und Lebenskraft dar. Steiners Experimente zeigen nämlich, in welchem Ausmaß planetare Einflüsse nicht nur die magnetischen Ströme auf der Erdoberfläche, sondern auch die Schichten von Mineralien tief unter ihr beeinflussen. Die Mineralien in ihren Gesteinen sind nie ruhig oder inaktiv, sondern sind regelmäßigen Bewegungszyklen im Einklang mit den Umlaufbahnen desjenigen Planeten unterworfen, mit dem sie hauptsächlich in Resonanz stehen. Zu gewissen Jahreszeiten werden sie mit Energie aufgeladen, die sie dann nach und nach in den Erdboden freigeben. Dies erlaubt es den Samen zu keimen und stimuliert das pflanzliche Wachstum. Steiner betonte, wie wichtig es sei, zu einer Zeit abnehmender Himmels-Einflüsse zu pflanzen, damit der Same Zeit habe, sich in der Erde festzusetzen, bevor er dem wiederkehrenden Zyklus befruchtender Energien ausgesetzt werde, der durch die Mineralien der Erde seine Wirksamkeit entfaltet.

Kaum jemand nimmt die Behauptung der Aborigines ernst, sie würden durch ihre Anrufung den Fluß der Lebensessenz anregen, denn die Frage ob und wie sehr die Einwohner einer Gegend deren Fruchtbarkeit beeinflussen können, wird heutzutage kaum ernsthaft gestellt. Daß das gesunde Wachstum von Pflanzen durch

Musik stimuliert werden kann, ist eine Tatsache, die schon wiederholt durch Experimente bewiesen wurde. In England haben einzelne Landwirte, seit die Landwirtschaft mechanisiert wurde und große Flächen wachsenden Getreides vor der Ernte kaum aufgesucht werden, bemerkt, daß Felder, die weit vom Wohnhaus des Bauern entfernt sind, oft weniger Frucht tragen als die in seiner Nähe. Wie dem auch sei, niemand kann die Anzeichen des Gifthauches übersehen, der langsam, aber sicher das Land überzieht. Das Verschwinden der Schmetterlinge, die beträchtliche Abnahme von Bienen, Wespen und anderen Insekten, die Abwesenheit gewisser einst vertrauter Arten von Vögeln und wilden Blumen, die verminderte Widerstandskraft von Bäumen wie Eichen und Ulmen gegen Krankheiten; alles dies sind Symptome einer Stagnation der Lebenskräfte. Nicht nur in den abgelegenen Teilen von Wales und Schottland kann man meilenweit durch schöne und einst bevölkerte Landschaften wandern, die jetzt total verlassen sind. Viele Gegenden im landwirtschaftlich reichen Gebiet des südlichen England sind fast ebenso einsam geworden, da Maschinen die einheimischen Arbeitskräfte ersetzt haben. Die jahreszeitlichen Feste und Drachenprozessionen, die sich von derselben ursprünglichen Quelle herleiten wie die Schlangen-Zeremonien der australischen Aborigines, werden nicht mehr abgehalten und, obwohl man dies als bloße dichterische Ausdrucksweise einer allgemein anerkannten Erscheinung nehmen kann, etwas von der Fülle des Geistes der Landschaft ist mit ihnen gestorben, wie als Folge der Tatsache, daß ein magischer Ritus nicht mehr durchgeführt wird. So viele unerwartete Faktoren stimulieren oder hemmen, wie wir aus Experimenten wissen, das Wachstum, und so wenig ist über die wahre Natur dieses Prozesses bekannt, daß wir kaum die Möglichkeit ausschließen können, daß Rituale, die Schwingungen von Musik und menschlichem Magnetismus erzeugen, ihn vielleicht in einem weit größerem Ausmaß beeinflussen, als man bisher angenommen hat.

DER ERDGEIST

Nach der ersten Abfassung der vorhergehenden Kapitel lieferte das posthume Erscheinen von Guy Underwoods Buch *Patterns of the Past* weitere Hinweise auf das Wesen der mysteriösen Erdströme, die die frühere Zivilisation inspiriert hatten. Underwood war gleichzeitig Archäologe und Rutengänger. Durch die Verwendung einer empfindlichen Rute, die er selbst entwickelt hatte, konnte er mit großer Präzision den Verlauf jener Kraft verfolgen, auf die Rutengänger ansprechen. Im Verlauf seiner Arbeit machte er die erstaunliche Entdeckung, daß sich die gesamte geographische Gliederung des prähistorischen Großbritanniens mit den Linien und Zentren des unterirdischen Einflusses deckt. Jeder Steinkreis besitzt in seinem Zentrum eine starke Energiequelle, die Underwood eine »blinde Quelle« (»blind spring«) nennt, und seine einzelnen Steine markieren die Pfade und Spiralen von unterirdischen Strömen, Spalten und anderen Merkmalen, die mit erhöhtem Magnetismus verbunden sind. Underwood unterscheidet drei verschiedene Arten von Strömung: eine, die von unterirdisch fließendem Wasser ausgeht und zwei andere, »aquastats« und »track lines«, deren Natur nicht ganz klar ist, die aber häufig dem Verlauf alter Straßen, linearen Erdbauen, alten Dämmen und Grenzen folgen. Die Strömung, die entlang dieser Linien fließt, hängt überall mit den Spuren prähistorischer Technologie, mit Linien von Menhiren und Erdwällen zusammen. Ihr Verlauf ist deshalb offensichtlich seit Tausenden von Jahren konstant geblieben, obwohl nach Unterwood die Richtung ihres Flusses sich mit den Phasen des Mondes ändert.

Die Praxis, heilige Zentren nach dem Fluß der erdmagnetischen Strömung zu lokalisieren, war nicht auf prähistorische Zeiten beschränkt, denn es scheint, daß der Standort christlicher Kirchen auf ähnliche Art bestimmt wurde. Die Orientierung einer Kirche, ja selbst ihre Abmessungen und ihr Bauplan wurden durch die Strömungslinien bestimmt, deren stärkste Quelle häufig direkt unter dem Turm liegt. An dieser Stelle vereinigen sich die Himmelseinflüsse, die durch die Turmspitze angezogen werden, mit der Erdkraft und verschmelzen zu etwas Drittem.

So wird es offensichtlich, daß die prähistorischen *ley*-Linien und die Drachenpfade von Großbritannien tatsächlich Linien der

Erdenergie sind. Der erstaunlichste Zug des ganzen Systems ist es, daß die Wege der unterirdischen Strömung oder des magnetischen Flusses nicht von Natur aus gerade sind: sie bilden Spiralen und Wellenformen, wie das Flüsse an der Erdoberfläche oder Luftströmungen tun. Die Strömungen hingegen, die prähistorischen *alignments* folgen, sind unter dem Erdboden so gerade und regelmäßig wie die *leys* über dem Erdboden. Die magnetischen Zentren sind mit einer Präzision, die eher das Kennzeichen menschlicher Konstruktion als das Werk der Natur ist, in geraden Reihen in der Landschaft angeordnet. Mit anderen Worten, das heutige Muster der Erdströmungen in Großbritannien muß künstlichen Ursprungs sein.

Es existiert selbstverständlich kein Prinzip, das allgemein anerkannt wäre und erklären könnte, zu welchem Zweck dieses große Werk unternommen wurde. Weder verstehen wir genau, was der Erdmagnetismus eigentlich ist, noch wissen wir, wie sein Fluß gelenkt werden könnte. Und doch können wir sicher sein, daß diese Kraft, die einst mit dem Erdgeist und der mystischen Schlange gleichgesetzt wurde, die Kraft und die Inspiration lieferte, die die Urzivilisation aufrechterhielt. Die Mysterien und Divinationen der Druiden waren auf dem Geheimnis der spirituellen Pfade aufgebaut. Bestimmte Bäume und Pflanzen wurden als heilig angesehen, wie die Mistel, die Eibe und der Weißdorn. Diese wachsen ausnahmslos, wie Underwood feststellt, über einer »blinden Quelle« oder an einem Zentrum magnetischen Einflusses. Solche Plätze werden von Vögeln für ihren Nestbau und von Tieren, um zu gebären, aufgesucht. Kühe, die auf einem alten *mound* oder Hügelgrab stehen, werden durch die von ihm ausgehende Strömung angezogen, auf dessen Zentrum das Bauwerk steht. Landwirte, die feststellen, daß ihr Vieh sich um einen prähistorischen Stein schart, nehmen oft an, dieser sei ursprünglich aufgestellt worden, damit die Kühe sich daran reiben können. Doch es ist nicht der Stein selbst, der die Tiere anzieht, sondern der verborgene »Quell«, über dem dieser errichtet worden ist. Vögel auf ihren Wanderzügen, deren Flug von den Naturmagiern des Altertums genau beobachtet wurde, folgen den Linien magnetischer Strömung, ebenso andere Tiere und Insekten. Die Zeichen und Omina, durch die einst die günstigen Plätze für Kirchen und Gräber lokalisiert wurden, waren solche, die auf Stellen hinweisen, die schon immer heilig gewesen waren, und durch die Beobachtung der Natur und die Interpretation von Wachstum und Bewegung festgestellt werden können.

Die verschiedenen Divinations-Künste, durch welche die natürlichen Zentren und Linien der heiligen Strömung gefunden werden können, wurden früher im Zusammenhang mit der universellen Wissenschaft der spirituellen Technologie ausgeübt. Zuerst wurden die Linien gerade gemacht, damit sie einem System regelmäßiger Geometrie entsprachen. Underwood entdeckte, daß die Formen der prähistorischen Bauwerke sich unter der Erde in den Ringen, Spiralen und geraden Kanälen der magnetischen Strömung spiegeln. Er zieht daraus den Schluß, daß die Steine und Erdbauten die Funktion hatten, den unterirdischen Strom zu markieren. Und doch zeigen seine Beispiele offensichtlich, daß die monumentalen Leistungen der prähistorischen Baumeister nicht den Zweck hatten, nur die natürlichen Kanäle zu markieren. Da, wo wie in Stonehenge einzelne Steine aus ihrer ursprünglichen Position herausgefallen sind oder entfernt wurden, hat sich auch die Strömung mit ihnen verschoben. Außerdem hat Underwood festgestellt, daß auch die heutigen Umrisse des »Weißen Pferdes«, das in den Kalkgrund der Berkshire Downs geschnitten ist, den Einflußlinien folgen, die Rutengänger finden. Es ist durch Flugbilder erwiesen, daß das »Weiße Pferd« sich nicht mehr an seinem ursprünglichen Standort befindet, weil die Erosion der Erde über die Jahrhunderte hin es den Hügel hinunter verschoben hat. Man kann deshalb den Schluß ziehen, daß auf irgendeine Art das Muster von Strukturen auf der Erdoberfläche den Verlauf der unterirdischen Strömung beeinflußt. Die massiven Bauten der prähistorischen Landschaftsarchitekten haben somit vielleicht die Pfade der Strömung eher bestimmt als gerade markiert.

Das Wesen dieser Strömung, subtil und allgegenwärtig, doch in den Größenverhältnissen, die unseren Sinnen unmittelbar zugänglich sind, wohl immer unbestimmbar, ist für moderne Physiker mindestens so verwirrend wie es für ihre Vorgänger, die Magier, war. Das Phänomen, das von den viktorianischen Wissenschaftlern als »Äther« beschrieben wurde, heute aber eher als eine Manifestation der Beziehung zwischen Raum und Zeit betrachtet wird, ist wohl dasselbe wie die Kraft, durch die Magier mit Hilfe geistiger und besonderer ritueller Prozesse versuchten, physikalische Wirkungen hervorzurufen. Nach Eliphas Levi

»existiert ein Wirkungsfaktor, der zugleich materiell und spirituell ist; ein universeller plastischer Mittler; ein gemeinsames Gefäß für die Schwingungen der Bewegungen und die Bilder der Formen; ein Fluidum und eine Kraft, die in einem gewissen Sinne die Vorstellungskraft der Natur genannt werden könnten ... Die Existenz dieser Kraft ist das große Arcanum der praktischen Magie«.

Die Darstellung der Lebensessenz, die solche Männer wie Paracelsus, Agrippa von Nettesheim und Robert Fludd oder die mittelalterlichen Alchemisten hervorgebracht haben, sind in den letzten paar Jahrhunderten von niemandem übertroffen worden. Es herrscht bis heute keine Übereinstimmung in bezug auf ihre Definition, ja nicht einmal über ihren Namen. Wie Underwood bemerkt, erkennt jeder Zweig der Wissenschaft ihre Existenz an, obwohl jeder sie in seinen eigenen beschränkten Begriffen beschreibt. Das »astrale Licht« oder, in der Darstellung Reichs, die Orgon-Kraft, stellt das Medium dar, durch welches die Schwingungen der elektromagnetischen Wellen als Schall oder Materie manifest werden. Sie ist also die Grundlage unserer ganzen Existenz, denn sie schafft sowohl das Universum, das wir wahrnehmen, wie sie auch die Art und Weise bestimmt, wie wir dieses wahrnehmen. In der Vergangenheit war sie bekannt als der Faden, der die Lebenden mit der Welt der Toten verbindet. Sie wurde nämlich als das angesehen, was manche heute die Lebensessenz nennen, der alles durchdringende Fluß, mit dem die Seele im Tod verschmilzt, aus dem dann wieder der Lebensfunke aufsteigt, der Geburt und neues Wachstum anregt.

Ein Kennzeichen der prähistorischen Monumente in Großbritannien ist ihre enge Verbindung mit dem Totenkult. Die Druiden waren berühmt für ihr Wissen über das Universum und ihre magischen Fähigkeiten, einschließlich jener, mit den Toten zu kommunizieren. Viel von ihrem Wissen war durch die Mysterienschulen bis ins frühe Christentum hinein zugänglich, obwohl die Kirche es später aus dem Grund unterdrückte, daß in einer geteilten Welt die Disziplin gegen Mißbräuche, die für die Institution der Mysterien notwendig war, nicht mehr aufrechterhalten werden konnte. Bestimmte Rituale für den Exorzismus von Geistern wurden aber bis heute bewahrt und von Priestern der Kirche von England mit Erlaubnis des Bischofs ausgeübt. Reverend R. S. Hawker, der Dichter und Autor des Buches *Footsteps of Former Menhin*

Far Cornwall, beschreibt einen Vorfall aus dem siebzehnten Jahrhundert, als ein Landpfarrer um die Erlaubnis für einen Exorzismus bat, sie erhielt und einem lästigen Geist mit Pentakel, magischem Ring und Worten aus alten Schriften entgegentrat. Er hatte schließlich Erfolg, erfuhr und beseitigte die Ursache der Unruhe des Geistes, und während er mit diesem kommunizierte, konnte er von ihm auch die Antwort auf eine Frage erhalten, die ein Ereignis betraf, das erst stattfinden sollte.

Das Erscheinen einer organisierten spirituellen Technologie, die von der Priesterschaft kontrolliert wurde, ging in allen Ländern mit einer massiven Zunahme der Menschenopfer einher. Die Massaker der Azteken sind wohlbekannt, und auch die Druiden Irlands sollen die Bevölkerung dezimiert haben. Die unzähligen Opfersteine, in die Näpfchen und Kanäle für den Abfluß des Blutes eingemeißelt sind, und die vielen alten Stätten, die von der Überlieferung mit Blut und Gewalt in Verbindung gebracht werden, bestätigen, was die Aufzeichnungen über das Gemetzel berichten, das von Priestern zu nekromantischen Zwecken verübt wurde. Die Praxis der Menschenopfer blühte in den Ruinen der universellen Zivilisation. Die Geheimnisse der spirituellen Anrufung, die einst Allgemeingut gewesen waren, besaßen jetzt nur noch diejenigen, die von der Gemeinschaft damit beauftragt worden waren, für die jahreszeitliche Erneuerung der Fruchtbarkeit und die Interpretation von Gottes Willen durch die Vorzeichen am Himmel besorgt zu sein. Die Priester, die damit in einer Machtposition waren, begannen, wie es die Mitglieder aller Berufe tun, denen man eine solche Stellung verleiht, ihren Einfluß und ihre Aktivitäten auszuweiten und von der Bevölkerung Opfergaben zu fordern. In der ganzen Alten Welt glaubte man, daß der Geist beim physischen Tod wieder in die Lebensessenz eingeht, aus der er entsprungen ist, und, falls er nicht in eine höhere Existenzform übergeht, mit der Erdenergie verschmilzt, um dort auf eine Gelegenheit zur Wiedergeburt zu warten. Das alte Wissen über die Lebensessenz ist jetzt verloren, außer den Bruchstücken, die in lokalen geomantischen Traditionen weiterleben. Es ist aber dennoch möglich, durch das Studium der prähistorischen Bauwerke, ihrer *alignments* und der mit ihnen verbundenen Sagen und Legenden etwas über das Wesen und den Zweck der spirituellen Technologie zu verstehen.

Der Prozeß begann mit der Entdeckung der natürlichen Zentren und Strömungen der heiligen Energie, der Quellen, Brunnen und Spalten, aus denen sie hervorkommt. Diese Orte, an denen das Heilige wohnt, wurden durch Hügel- und Bergkämme, Erdbauten und Steinreihen miteinander verbunden. Auf diese Weise erhielt man regelmäßige Kanäle für die spirituelle »Bewässerung« der Landschaft. Hindernisse, die dem harmonischen Fluß im Wege stehen und Gebiete stagnierender Energie schaffen konnten, wurden entfernt; unebene Plätze wurden geglättet, damit die Strömung ohne heftige Eile fließen konnte. Entlang der Linien wurden über den »Quellen« die Energie-Akkumulations-Kammern errichtet und mit künstlichen Hügeln bedeckt, die damit in eine Linie mit Steinsäulen und Steinkreisen zu stehen kamen.

Diese aufrechtstehenden Steine waren wesentlich für das »Große Werk« der Alchemie, das den Höhepunkt jeder prähistorischen rituellen Arbeit bildete, nämlich die Einbringung solarer oder atmosphärischer Energie in die terrestrische Lebensenergie. Es ist eine bekannte Tatsache, daß Blitze bei der Bildung von Nitraten auf der Erde eine Rolle spielen, daß Nitrate durch ihre Einwirkung von den Pflanzen absorbiert werden können und so die jahreszeitliche Wiederkehr der Fruchtbarkeit sichern. Dieser Vorgang, der in der Vergangenheit als Akt der Vereinigung von Himmel und Erde angesehen wurde, ist tatsächlich für das Weiterbestehen des Lebens wesentlich, denn ohne Blitze wird die Erde unfruchtbar. Damit Pflanzen wachsen können, müssen die elektrischen Strömungen der Atmosphäre mit dem Fluß der Erdenergien vereinigt werden. Diejenigen, die sich der Wiederentdeckung der Geheimnisse des natürlichen Heilens widmen, haben bemerkt, daß zwischen dem Auftreten von Krankheiten wie Krebs und dem Standort von Häusern, die über »sauer« gewordenen Erdenergie-Linien (in Großbritannien auch als »black streams« bekannt) liegen, ein Zusammenhang besteht. Man hat herausgefunden, daß es möglich ist, diese Strömungen zu reinigen, indem man über ihrem Lauf Metallstangen in die Erde treibt. Dies hat zur Wirkung, daß die atmosphärischen Kräfte in den Fluß der Erdenergie einfließen. Genau dasselbe Prinzip bildet die Grundlage von chinesischer Medizin und Akupunktur, denn der Lebensstrom, der den menschlichen Körper belebt, ist derselbe wie derjenige, der in den Adern der Erde fließt. In früheren Zeiten wurde die Erde als ein lebendiges Wesen angesehen, dessen Gesundheit und allgemeine Verfassung mit dem Wohlergehen der Menschheit aufs engste zusammenhängen, und es wurde eine Wissenschaft der terrestrischen Akupunktur entwickelt, um den harmonischen Fluß der Lebensessenz der Erde sicherzustellen. So wie das Sonnenlicht das fließende Wasser eines Baches reinigt, so kann auch die Fruchtbarkeit von unterirdischen Strömungen durch die Einbringung von atmosphärischen Einflüssen gestärkt werden. Steinsäulen verbinden durch ihren lebendigen Quarz- oder Metallgehalt Himmel und Erde auf diesselbe Weise wie ein lebendiger Baum. Die hölzernen Pfähle der nordamerikanischen Indianer und der Maibaum, die über einer unterirdischen »Quelle« errichtet werden, haben dieselbe Wirkung. Von diesem Umstand rühren ihre bekannten phallischen Assoziationen her. Eine über einem Energiezentrum in den Boden getriebene Eisenstange wurde von modernen Geomanten für wirksam befunden. Wegkreuzungen, die oft mit solchen Zentren zusammenfallen, wurden traditionsgemäß für das Begräbnis und die Pfählung eines Vampirs ausgesucht, denn eine solche Leiche, die das Opfer einer Anhäufung von toter Energie ist, kann nur an einer Stelle sicher ihrer Auflösung zugeführt werden, wo die kosmischen und die terrestrischen Einflüsse verschmelzen.

Wie man weiß, stirbt die Erde langsam an Gift, ein Prozeß, dessen Fortschreiten eine unvermeidliche Folge vieler der grundlegenden Annahmen der modernen technischen Zivilisation ist. Die radikalen Veränderungen der Sozialstruktur, die zur Abwendung der herannahenden Krise notwendig wären, sind, von einem rationalen Gesichtspunkt aus, jenseits des Möglichen. Da nach der Überzeugung der größten Philosophen alle Ideen oder Vorschläge eine Gegenreaktion gleicher Stärke hervorrufen, muß die Lösung auf einer Ebene jenseits menschlichen Verständnisses gesucht werden. Durch die Wiederentdeckung eines Zugangs zum göttlichen Gesetz, das sich in den Prozessen von Wachstum und Bewegung in der Natur offenbart, könnten die Prinzipien einer wahren spirituellen Wissenschaft wieder rekonstruiert und wirksam werden. Die Lebensessenz, die ätherische Strömung, der »universelle plastische Vermittler«, der sowohl auf die menschliche Vorstellungskraft wie auch auf gewisse physikalische Reize anspricht, stellt das Medium dar, durch welches diese Rekonstruktion eines Tages unausweichlich zustande kommen wird.

DER BEWEIS AUS AMERIKA

Lange bevor Alfred Watkins das *ley*-System in Großbritannien entdeckte, war die lineare Anordnung alter Bauwerke in Nordamerika von William Pidgeon in einem Buch festgehalten worden, das 1858 erschien: *Traditions of De-Coo-Dah*. Pidgeon war ein Händler, der mit Indianern Geschäfte machte und viel im amerikanischen Kontinent herumgereist war. Er hatte ursprünglich am Little Miami River in Ohio einen Laden geführt – in der Nähe der großen Befestigungen von Fort Ancient, einem der rätselhaften Monumente des prähistorischen Amerika – und durch Gespräche mit durchreisenden Altertumswissenschaftlern begann er sich für Archäologie zu interessieren. In jenen Tagen vor der Zerstörung durch Siedlung und Landwirtschaft waren die Ebenen des Mittelwestens noch mit gigantischen Erdbauten und Hügeln übersät, deren Ursprung und Bedeutung, wie Pidgeon bald bemerkte, den Wissenschaftlern nicht bekannt waren. Pidgeon hatte auf der Suche nach archäologischen Funden schon eine ganze Reihe von Erdbauten ausgegraben, als er im Jahre 1840 von Galena aus in einem Segelboot eigener Konstruktion zu einer Fahrt auf dem Mississippi aufbrach, um die Monumente am Oberlauf und den Zuflüssen dieses Stroms zu erforschen. In seinem Buch beschreibt er sein Zusammentreffen und die bald entstehende Freundschaft mit einem indianischen Schamanen, De-Coo-Dah, der ihm viele Informationen über die Symbolik hinter der Anordnung der alten Hügel gab.

Im Laufe seiner langen Trecks mit »Gewehr, Tomahawk und Wolldecke« durch indianisches Territorium begann Pidgeon zu begreifen, daß die alten Hügel, die er untersuchte, nicht zufällig angeordnet waren, sondern viele von ihnen über Meilen hin auf geraden Linien lagen. Er ging einer Anzahl dieser Linien nach, unter anderem einer, die sich über sechzig Meilen (96 km) westlich des Mississippi erstreckte. Die aufeinander ausgerichteten Erdbauten standen alle in ein paar Meilen Abstand voneinander und lagen oft in Hainen, auf Berg- oder Hügelrücken oder bei Quellen. Stellen, wo sich die *alignments* mit anderen schnitten, waren durch eigenartige Erdbauten in der Form von Gruppen von Menschen oder Tieren markiert. Pidgeon schrieb darüber:

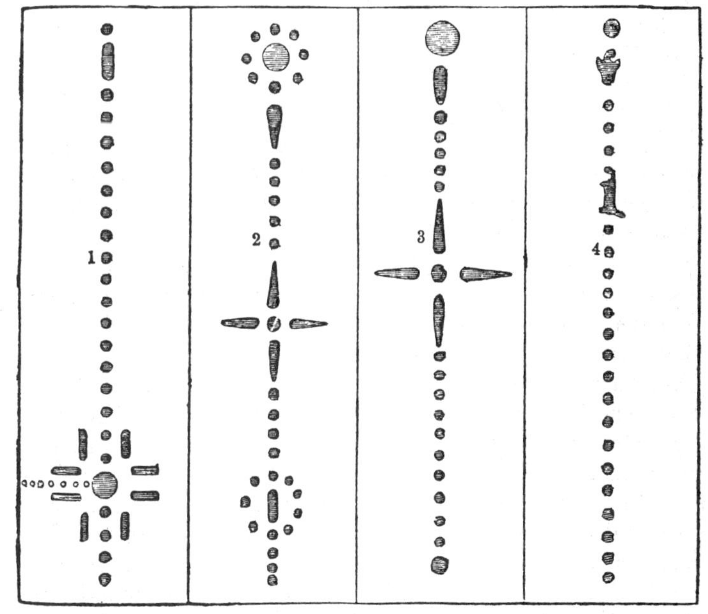

Abb. 29 William Pidgeon, Pionier und Indianerhändler des 19. Jahrhunderts, und seine Skizze von einer der »linear ranges« (linearen Anordnungen) von »mounds« und Erdbauten, die er bei seiner Erforschung der Altertümer in den indianischen Territorien westlich des Mississippi entdeckte.

»Drei Monate waren ausschließlich der Untersuchung der linearen Hügelrücken gewidmet, die mit der Turkey River-Kette verbunden sind. Während dieser Zeit reiste ich nach meinen Berechnungen mehr als 900 Meilen (1440 km) mit einer Geschwindigkeit von etwa 20 Meilen (32) km am Tag, untersuchte durch Ausgrabungen 76 Erdbauten und vermaß 449 Erdhügel. Ich konnte mit Erfolg nachweisen, was mich sehr befriedigte, (...) daß die linearen Hügelrücken als nationale und internationale Landmarken und Grenzen geplant und konstruiert worden sind.«

Moderne Archäologen haben versucht, Pidgeon als Phantasten abzutun, doch seine kunstlosen Berichte über seine Streifzüge unter den Eingeborenen und Monumenten des alten Amerika klingen echt, und seine Beobachtungen über Bauwerke, die über große Distanzen hin auf einer Linie liegen, sind seither auch von anderen geteilt worden. Alfred Watkins zitierte aus einem Bericht im »Toronto Star« vom 6. Juli 1922, wie die Indianer des westlichen Texas durch Sichtung entlang von *alignments* von Grabhügeln oder Steinhaufen ihren Weg durchs Land finden:

»Man kann etwa einen Indianer sehen, wie er sich hinter dem größeren Haufen niederkniet und über den niedrigeren das am weitesten entfernte Objekt auf der geraden Linie aufs Korn nimmt, wahrscheinlich eine Gruppe von Büschen am Horizont. Dann reitet er auf diese Büsche zu und findet – nicht Wasser, wie er erwartete, sondern zwei andere Steinhaufen. Nun visiert er wie vorher, diesmal mit einer felsigen Klippe, vielleicht im Südwesten, als Ziel, reitet ein paar Meilen weiter, und dort ist endlich, von der felsigen Braue der Klippe herunterrieselnd, eine Quelle frischen, klaren Wassers.

Es heißt, immer wenn eine Gruppe von Indianern eine neue Quelle antraf, hätten sie entlang des Weges dahin die Steinhaufen gebaut. Jedenfalls scheint es, daß diese ungefügen Wegweiser entweder zu Wasser oder dann zu Stellen führen, die Spuren eines früheren Wasserlaufes zeigen.«

Im ganzen Südwesten der Vereinigten Staaten haben Archäologen mit der Hilfe von Luftbildaufnahmen, besonders in Verbindung mit den mysteriösen Ritualzentren der Pueblokultur in New Mexiko, riesige prähistorische Netzwerke von »Old Straight Tracks« in der Form von gepflasterten Straßen gefunden, die auf geradem

Weg zwischen den alten Zentren und Siedlungen verlaufen. Wo diese Straßen über steil abfallende Felswände gehen, wurden Stufen in den Fels gehauen, damit jeder, der auf ihnen reiste, den geraden Weg nehmen konnte. Sie bilden auch *alignments* mit natürlichen Felssäulen und anderen Landmarken, und folgen manchmal den Richtungen astronomischer Ortungslinien von alten Türmen und Tempeln. Es gibt Anzeichen dafür, daß diese Linien auch in Verbindung mit ähnlich ausgedehnten Linien von Bauwerken und astronomischen Merkpunkten stehen, die zur Zeit in Mexiko kartiert werden. Der Pionier dieser Art von Forschung ist der amerikanische Ingenieur Hugh Harleston Jr., der das etablierte Muster der amerikanischen Vorgeschichte dadurch erschüttert hat, daß er mit seinen Vermessungen, in deren Mittelpunkt die alte mexikanische Zeremonialstadt von Teotihuacan stand, das enorme Ausmaß des Systems auf Linien angeordneter Merkpunkte aufzeigte, das sich in einem geodätischen Maßstab weit nach Zentral- und Nordamerika hinein erstreckt. Seine Entdeckung der Maßeinheit hinter der geographischen Anlage dieser Steinmonumente (von der in einem späteren Kapitel über Maße noch die Rede sein wird) ermöglichte es ihm sogar, den Standort von Bauwerken, die vorher nicht bekannt waren, vorauszusagen und zu bestätigen.

In den späten siebziger Jahren wurden die Nachfolger von Alfred Watkins darauf aufmerksam gemacht, daß das System der auf Linien liegenden prähistorischen Stätten, alten Straßen oder *leys*, das sie in Großbritannien untersucht hatten, in Südamerika eine exakte Parallele hatte. Die Neuigkeit war in dem Buch »Pathways to the Gods« des Forschers und Wissenschaftlers Tony Morrison enthalten. Ein paar Jahre zuvor war ein vergessenes Manuskript aufgetaucht, das ein Jesuit des siebzehnten Jahrhunderts, Pater Cobo, geschrieben hatte. Es handelt von der Anordnung einheimischer Heiligtümer auf Serien langer, gerader Wege, die strahlenförmig von Cuzco, der alten Inka-Hauptstadt hoch in den peruanischen Anden, ausgingen. Jeder der heiligen Pfade wurde nach Cobo von einer bestimmten Familie gehütet und von Unkraut freigehalten. Die spanischen Missionare brauchten nur diesen Pfaden zu folgen, um die Heiligtümer der einheimischen Religion aufzuspüren, die sie dann durch die Errichtung von Kapellen oder Kreuzen in christliche Stationen verwandelten. Morrison, der vorher die berühmten Nazca-Linien in einem anderen Teil von Peru studiert hatte, ging nach Cuzco, um die *alignments* dort zu untersuchen. Geführt von einem lokalen Archäologen, Dr. Chavez, der bereits viele der 42 »Ceques« oder Linien von heiligen Schreinen gefunden hatte, die Pater Cobo aufzählt, begann er mit seiner Erforschung der Gegend um Cuzco herum. Die Heiligtümer waren meistens durch einen Felsblock, einen Steinhaufen oder eine Quelle gekennzeichnet, und die Linien, auf welchen sie standen, liefen zum Sonnentempel oder auf andere alte Zentren in der Stadt hin. Die Pfade zwischen ihnen waren allerdings längst überwachsen und nicht mehr sichtbar.

In der Fortsetzung seiner Suche nach den »Old Straight Tracks« von Südamerika besuchte Morrison weiter die abgelegenen Gebiete der Aymara-Indianer von Bolivien. Der Hinweis, der ihn dorthin führte, war der Aufsatz des Amerikanologen Alfred Métraux aus dem Jahre 1932, der bestimmte schwer zugängliche Kapellen auf Berggipfeln erwähnte, von denen aus ein Netzwerk gerader Wege gesehen werden konnte, die »auf die Kapelle zuliefen wie die Speichen eines Rades, (...) Pfade, die in gerader Linie auf die Kapellen zuführten ohne Rücksicht auf die Unebenheit oder die Steigung des Geländes«.

Als Morrison es zum ersten Mal vom Flugzeug aus erblickte, bot das Gebiet der Aymara einen erstaunlichen Anblick. Die ganze Landschaft war durchkreuzt von einem Muster von dünnen, hellen Pfaden, die schnurgerade über alle Hindernisse hinwegliefen, und das über Distanzen von mehr als zwanzig Meilen (32 km). Wenn man sie am Boden untersuchte, ergab sich, daß diese Pfade die Heiligtümer und Wallfahrtszentren der Aymara miteinander verbanden, die sie sorgfältig von jeder Vegetation freihielten und zu bestimmten Zeiten des Jahres auf rituellen Reisen abschritten. Es stellte sich heraus, daß diese Linien ein hohes Alter hatten und in der lokalen Überlieferung mit der gottähnlichen Rasse einer Urzeit in Verbindung gebracht wurden:

»Die Indianer sagen, daß sie durch mündliche Überlieferung Kenntnis von ihren Ahnen hätten, daß in sehr alten Zeiten, bevor die Inkas über sie herrschten, ein anderes Volk, das sie ›Viracochas‹ nannten, in ihr Land gekommen sei; es waren aber nur wenige, und ihnen folgten Indianer, die auf ihr Wort hörten, und jetzt sagen die Indianer, es müßten heilige Personen gewesen sein. Und zu ihnen bauten sie Pfade, die man heute sehen kann.«

Gegner von Watkins haben sich sowohl während wie nach seiner Zeit gegen die Existenz des *ley*-Systems ausgesprochen mit dem Argument, es gäbe für die Errichtung von langen, geraden *alignments* von heiligen Orten und Bauwerken weder unter primitiven noch unter Völkern des Altertums einen Präzedenzfall. Dieser Einwand ist schließlich durch Morrisons Entdeckung von heiligen Landschaften in Südamerika widerlegt worden, die nach den genau gleichen Prinzipien und mit denselben charakteristischen Zügen angelegt sind wie die britische Landschaft, die die »dodmen« von Watkins, die Vermesser des »Old Straight Track«, geschaffen haben.

Die Ähnlichkeit zwischen dem amerikanischen und dem britischen *ley*-System wird noch betont durch die Art der Stätten, die auf ihnen liegen. In beiden Fällen handelt es sich um Felsen, Steinhaufen, Quellen, Höhlen, Hügelkuppen, *mounds*, Grenzpfähle, Heilige Bäume, Versammlungsplätze und Treffpunkte für zeremonielle und andere Zwecke und alte Observatorien. In Südamerika wie in anderen Gegenden der Welt sind darunter auch Orte, die Schauplätze von besonderen Handlungen oder Ereignissen, wie zum Beispiel eines Blitzschlags, eines Meteoritenniedergangs, einer ungewöhnlichen oder bedeutungsvollen Geburt oder der Sichtung einer Erscheinung waren. In Japan, wo laut Jean Herbert's Buch »Shinto« Tempel nach Aussagen der Priester aus esoterischen Gründen in langen *alignments* stehen, gelten Stellen, an denen solche außergewöhnlichen Ereignisse stattgefunden haben, ebenfalls als besondere heilige Orte. Auch die römischen Auguren folgten einer ähnlichen Praxis. Es könnte sein, daß die Folklore, die sich um die *ley*-Zentren Großbritanniens angesammelt hat, eine besondere Qualität an diesen Plätzen widerspiegelt, um die die Menschen des Altertums wußten. Die Aymaras erzählten Morrison, jede Landmarke auf ihren geraden »tracks« sei der Sitz eines Geistes.

Ein weiterer vergleichbarer Punkt ist die Tatsache, daß die Christen in Europa und später auch in Südamerika die lineare Anordnung der alten Heiligtümer koservierten, indem sie diese als Standorte für ihre eigenen Schreine und Kirchen benützten. Auf einem der »Ceques« in Cuzco zählte Morrison fünf christliche Kirchen in einer Linie, alle an anderen Orten, die schon früher heilig gewesen waren.

Es ist eine bemerkenswerte Leistung, daß Alfred Watkins durch eine Kombination von Feldarbeit und Intuition vor seinem geistigen Auge die alte Landschaft Großbritanniens mit ihren geraden »tracks« und den auf *alignments* liegenden Plätzen zu einer Zeit rekonstruieren konnte, als ein solches Muster noch aus keiner einzigen Gegend der Welt bekannt war. Viele von Watkins' Zeitgenossen, die von der Qualität seines Beweismaterials und der Vision dahinter beeindruckt waren, ließen sich später entmutigen und verloren das Vertrauen in ihn und seine Theorie wegen der Vehemenz, mit der die Archäologieprofessoren auf der Unmöglichkeit der *ley*-Hypothese bestanden. Doch hielt Watkins selbst bis zum Tag seines Todes an der Wahrheit seiner Vision fest, und die jüngsten Entdeckungen in Amerika haben ihm recht gegeben – bis in Einzelheiten.

Die wachsende moderne Erkenntnis, daß die *alignment*-Muster von »Tracks« und Bauwerken rund um die Welt zu einem vergessenen wissenschaftlichen und religiösen Code gehörten, der einst universell war, ist zusammen mit der Entwicklung des Flugwesens, von Satelliten-Vermessung und neuen Techniken der Kartographie gekommen. Diese Technologen haben sich als genauso elevant für die Vergangenheit wie für die Zukunft erwiesen und neue Ausblicke auf alte Landschaften eröffnet, die bisher für die lokalisierte, ortsgebundene Menschheit nicht sichtbar waren. Es wurde evident, daß das *ley*-System jedes Landes tief in die Landschaft eingeätzt ist, denn es ist die früheste und ausgedehnteste der Schichten von Markierungen, die die menschliche Rasse in die Oberfläche der Erde eingegraben hat. Es weiter zu erforschen und seine Bedeutung zu ergründen, ist die erregendste Aufgabe der Zukunft.

LEY-BEWUSSTSEIN

Eine eigenartige Beobachtung, die von Leuten, die heute den »Old Straigth Track« studieren und ihm folgen, immer wieder gemacht wird, ist die, daß in den Werken oder Ideen von Künstlern, Dichtern, Landschaftsgestaltern und gewöhnlichen Leuten, die vielleicht nie von Alfred Watkins und seinen Entdeckungen gehört haben, offensichtlich eine Art spontanes Erkennen, eine Erb-Erinnerung oder vielleicht eine untergründig weiterwirkende Überlieferung des *ley*-Prinzips sichtbar wird.

Von einem besonders frappanten Beispiel für diese Tatsache berichtet Allen Watkins in einem Artikel einer früheren Nummer der Zeitschrift *The Ley Hunter* (zitiert in Paul Screetons Buch *Quicksilver Heritage*). Er hielt sich 1941 während der Zeit, als sein Vater für das Buch *Archaic Tracks Around Cambridge ley*-Linien der Gegend erforschte, in Cambridge auf. Der Vater schrieb Allen und bat ihn, ein *alignment* zu erforschen, das er auf der Karte gefunden hatte und das im »Cambridge-Castle mond« endet. Allen machte sich zur Kirche von Streethall, einem der Punkte auf der Linie, auf. Als er nun über die Felder ging, sah er einen Bauern auf sich zukommen. Sie begegneten sich und wechselten ein paar Worte – *ley*-Linien oder alte Wege wurden nicht erwähnt – und da erzählte ihm der Mann, ohne daß er ihn danach gefragt hätte, von einer ehemaligen Straße, von der nur noch die älteren Leute der Gegend etwas wüßten, die, wie er sagte, einmal von der Kirche von Streethall nach Cambridge geführt hatte. Sie befand sich genau auf der Linie, die Allen's Vater auf der Karte eingezeichnet hatte. Allen kommentierte den Vorfall wie folgt:

»Ich gehe auf die Suche nach bestätigendem Beweismaterial, und am ersten Ort, wo ich halt mache, inmitten eines Feldes und meilenweit von jedem Ort entfernt, kommt ein Mann auf mich zu und gibt mir, ohne daß ich ihn gefragt hätte, die Art von Beweis, die sich suche – eine Feldbeobachtung aus erster Hand. Man könnte so etwas Zufall nennen. Aber ist es ein Zufall? Im Notizbuch des Ley-Hunters beginnen sich diese Art von »Zufällen« zu häufen. Mein Vater hatte eine Unmenge solcher Erlebnisse.«

Alfred Watkins gibt Beispiele solcher Erfahrungen in seinem Buch *The Old Straight Track*. In einem Fall hatte er ein *alignment* von Kirchen und Erdbauten in der Nähe von Hereford bemerkt. Bald darauf kam auf dem Markt ein Bauer zu ihm und lud ihn ein, sich die Überreste einer alten Straße auf seinem Land anzusehen, die ihm aufgefallen waren. Es stellte sich heraus, daß die Straße genau auf der Linie lag, die er gerade auf seiner Karte eingezeichnet hatte.

In ganz England kann man sowohl auf dem Land wie auch in alten Städten Teilstücke von Alleen und Feldwegen sehen, die auf Kirchturmspitzen und andere Landmarken zu orientiert sind. Dieses Muster aus der Frühzeit wurde von den Landschaftsarchitekten immer wieder neu belebt, bis dann Capability Brown (Landelot

Brown, 1715-1783, berühmtester englischer Gartengestalter, und später auch Architekt. Er hat mehr Landschaften umgestaltet als irgendein anderer Engländer vor oder nach ihm; Anm. d. Übers.) und seine »naturalistische« Schule sich daran machten, gerade Linien aus der Landschaft zu verbannen. Ansichten und Umgebung von großen Landsitzen im 18. Jahrhundert, wie in der Abbildung S. 14 zeigen Wege und Alleen, die zwischen Hügeln und Monumenten durchführen und die prähistorischen *ley*-Muster wieder aufnehmen. Dorés Bild eines Ritters, der entlang einem »faintly shadowed track« auf die Türme eines Schlosses zureitet, drückt dieselbe Vorstellung aus, die in der Kunst und Literatur immer wieder vorkommt.

John Bunyan's Buch *The Pilgrim's Progress* (in England fast so populär wie die Bibel, Anm. d. Übers.), kann auf einer Ebene als ein genauer Bericht von einer Reise entlang dem »Old Straight Track« gelesen werden. Zuerst sieht der Reisende nur die Andeutung seines Ziels, das in der Ferne aufleuchtet. Dann muß er in die Täler hinunter steigen, wo das Ziel nicht mehr sichtbar ist, folgt dort den Merkpunkten, die durch Sümpfe und andere Hindernisse führen, bis er, schon dem Ziele nahe, das Licht des wegweisenden Höhenfeuers wieder erblickt. Auf seinem Weg macht er der Reihe nach die Erfahrung der vier Elemente Erde, Luft, Feuer und Wasser. Es handelt sich hier um eine Allegorie, die ihre Wurzeln im Urnomadentum und in der Lebensweise der Menschen hat, die die heiligen Wege der archaischen Landschaft angelegt haben.

Alfred Watkins erwähnt noch andere Beispiele von Dichtern und Schriftstellern, die für diese Dimension der Landschaft offen waren und in denen er *ley*-Bewußtsein entdeckte. Ein weiteres Beispiel aus jüngster Zeit kann man im englischen Dichter W. H. Auden sehen, in dessen Gedichten es mehrere offensichtliche Bezüge »Old Straight Track« gibt, besonders in »The Old Man's Road«, das in den frühen fünfziger Jahren geschrieben wurde – ein Gedicht, das seine Kommentatoren zu verwirren scheint. Es lautet wie folgt:

The Old Man's Road
W. H. Auden

Across the Great Schism,
through our whole landscape,
Ignoring God's
Vicar and God's
Ape,

Under their noses, unsuspected,
The Old Man's Road
runs as it did

When a light subsoil,
a simple ore
Were still in vogue:
true to His wherefore,

By stiles, gates, hedge-gaps
it goes
Over ploughland, woodland,
cow meadows,

Past shrines to a
cosmological myth
No heritec to-day would be
caught dead with,

Near hill-top rings that were so
safe then
Now stormed easily by small
children

(Shepherds use bits in the high
mountains,
Hamlets take streches for
Lovers' Lanes),

Des Alten Mannes Straße
W. H. Auden

Mitten durchs Große Schisma,
durch unsere ganze Landschaft,
nicht achtend auf Gottes
Stellvertreter und Gottes
Nachäffer,

unter ihrer Nase, unvermutet,
läuft des Alten Mannes Straße
wie schon damals,

als ein leichter Untergrund,
ein einfaches Erz
noch im Schwange waren:
seinem Zwecke treu,

geht sie über Zauntritte, Tore,
Heckenlücken, über Äcker,
Wälder, Kuhweiden,

vorbei an Schreinen eines
kosmologischen Mythos,
mit dem sich heute kein Ketzer
mehr erwischen lassen würde;

nicht weit von wallgekrönten
Hügeln,
so sichere Zuflucht einst, heute
im Spiel von Kindern gestürmt.

(Schäfer benützen Stücke von ihr
im Bergland,
in Weilern wird sie ein Stückweit
zur Promenade der Liebenden),

Then through cities threads its odd way,
Now without gutters, a Thieves' Alley,

Now with green lamp-posts and white curb,
The smart Crescent of a high-toned suburb,

Giving wide berth to an old Cathedral,
Running smack through a new Town Hall,

Unlookable for, by logic, by guess:
Yet some strike it, and are struck fearless.

No life can know it, but no life

That sticks to this course can be made captive,

And who wander with it are not stopped at
Borders by guards of some Theocrat,

Crossing the pass to almost where
His searchlight squints but no closer

(And no futher where it might by chance):
So in summer sometimes, without hindrance,

Dann führt ihr seltsamer Weg sie durch Städte;
hier, ohne Rinnstein, die Gasse der Diebe,

jetzt, mit grünen Laternen und weißem Randstein,
die Vorstadtstraße der »besseren« Leute;

einer alten Kathedrale macht sie weit Platz,
läuft klatsch durch ein neues Rathaus,

Durch Logik und Vermutung findet sie keiner:
und doch stoßen manche auf sie,
und werden ergriffen von ihr ohne Angst.

Kein lebendes Wesen kann sie sehen, aber auch kein Leben,
das diesem Weg treu folgt, seine Freiheit verlieren.

Und wer mit ihr wandert, wird an der Grenze
von Wachen irgendeines Theokraten gestoppt,

wenn er den Durchgang passiert, bis fast dahin,
wo der Suchscheinwerfer herüberschielt, aber nicht näher

(und auch da nicht weiter, wo er vielleicht auch hinreicht):
So schlurft manchmal im Sommer

Apotropaically scowling,
a tinker
Shuffles past, in the waning year

Potters a coleopterist, poking

Through yellow leaves, and a
youth in spring

Trots by after a new
excitement,
His true self, hot on the scent.

The Old Man leaves his Road
to those,
Who love it no less since it
lost purpose,

Who never ask what History
is up to,
So cannot act as if they knew:

Assuming a freedom its
Powers deny,

Denying it's Powers, they
pass freely.

Ungehindert ein
Landstreicher vorbei,
mit finsterem Abwehrblick,

Mit dem zur Neige gehenden
Jahr lungert
ein Käfersammler herum,
stochert in gelbem Laub,

und im Frühling trottet nach
einem starken Erlebnis
ein Jüngling vorbei, heiß auf der
Spur seines wahren Selbst.

Der Alte Mann überläßt seine
Straße denen,
die sie nicht weniger lieben,
seit sie ihren alten Zweck verlor.

Die nie fragen, was die Geschichte im Sinn hat und sich darum auch nicht so verhalten können, wie wenn sie ihn kennten:

Sie nehmen sich eine Freiheit heraus, die ihre Mächte der Geschichte verwehren,
und weil sie ihre Mächte verleug-
nen, verwehrt ihnen keiner den
Weg.

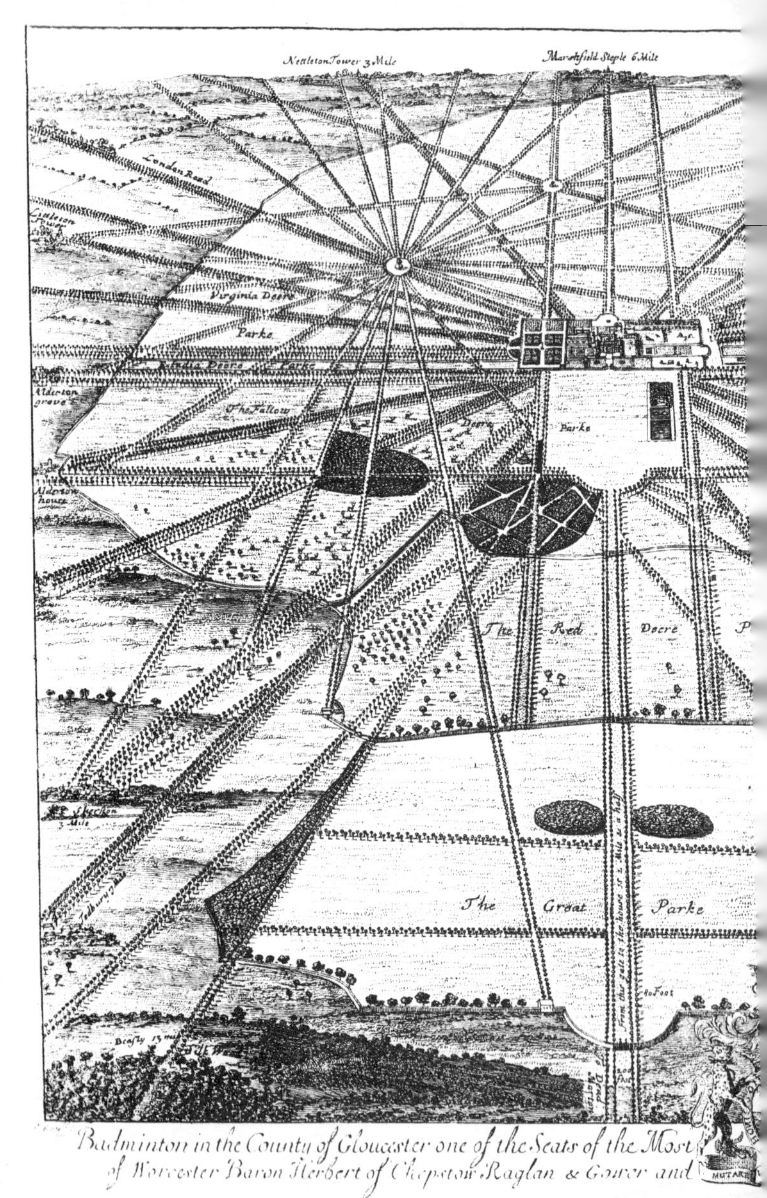

Abb. 30 Eine »ley«-Landschaft mit Alleen, die auf entfernte Kirchturmspitzen zulaufen, angelegt in Badminton, dem Anwesen des Herzogs

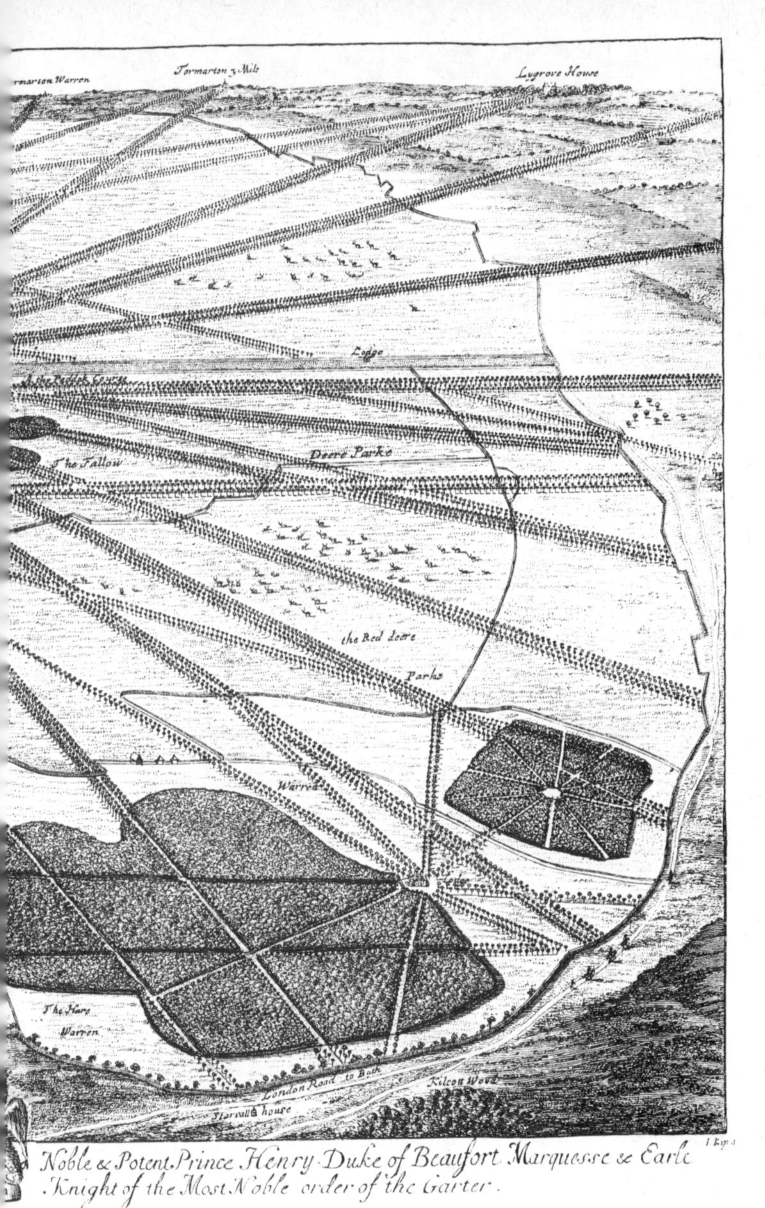

von Beaufort, durch den Landschaftsgestalter und Druidenforscher Wright.

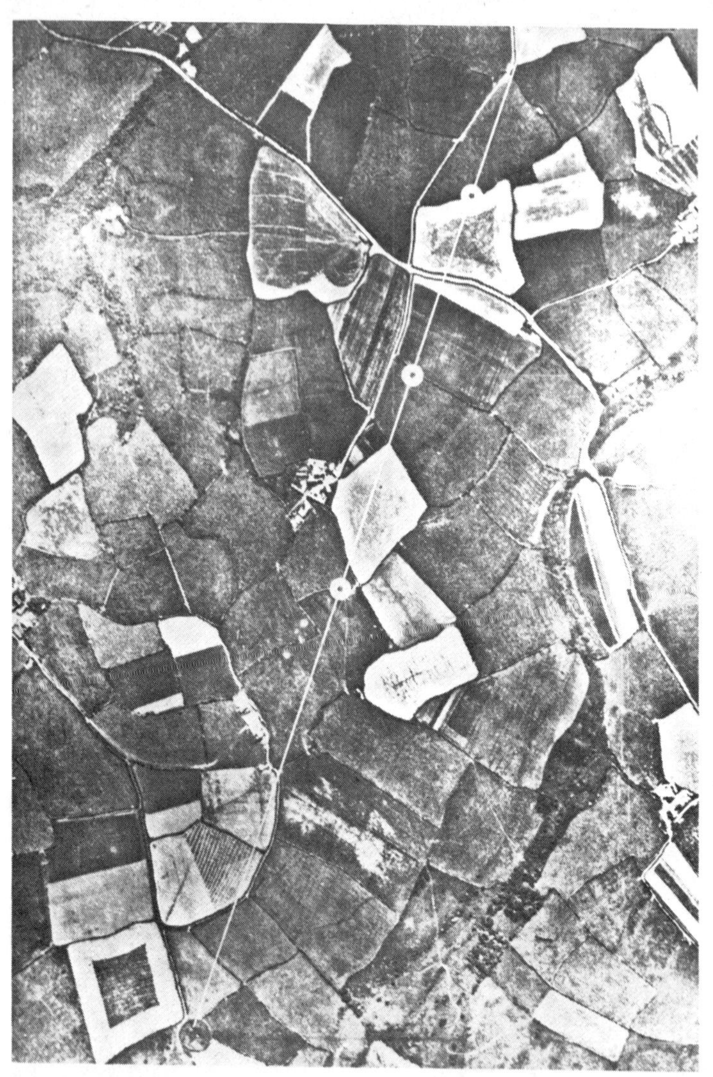

Abb. 31 Luftbilder zeigen, wie präzise die »alignments« von megalithischen Stätten angelegt worden sind. Hier ein Teil einer Linie von fünf Menhiren, mit einem sechsten Steinkreis von Boscawen-un in West-Cornwall. Einer der Steine in dieser Linie wurde vor kurzem entfernt und ein weiterer umgestürzt.

Abb. 32 Menhir, das Zentrum der prähistorischen Siedlung von Chysauster.

Porta S
Porta Nova
Alta Crux
Porta. S Leonardi
Porta S Nichi

Abb. 33 Alte Städte, deren Straßenmuster im wesentlichen unverändert geblieben ist, sind dankbare Objekte für die Jagd nach »ley«-Linien. Eine ganze Anzahl von »leys« gehen von den Stadttoren und Kirchen Bristols aus durch den ehemaligen Standort des Hochkreuzes, das sich heute in den Gartenanlagen von Stourhead in Wiltshire befindet. Das alte Kreuz in Axbridge, Somerset (oben) markiert ebenfalls ein »ley«-Zentrum.

Teil 2

ZAHLEN

Abb. 34 Eine Rekonstruktion von Stonehenge.

Kapitel 4

Zahl und Maß

MAN KANN DEN ZWECK, für den die großen Stein-Monumente der alten Welt so sorgfältig geplant und plaziert wurden, nur verstehen, wenn man sich mit den wissenschaftlichen Idealen ihrer Erbauer beschäftigt, die sehr verschieden von den Idealen der modernen Wissenschaft waren. Sie basierten nicht, wie die heutigen, auf einer hohen Wertschätzung von Erfindergeist und Fortschritt, sondern hatten ihre Wurzeln in dem traditionellen Weltbild von der Erde als einem lebendigen Wesen in einem lebenden Universum und in der Überzeugung, daß deren Gesundheit und Wohlergehen untrennbar mit demjenigen seiner Bewohner verknüpft ist.

Die Grundlage der alten Wissenschaft waren Zahl und Maß, wie es auch diejenige der heutigen ist; aber die moderne Arithmetik stößt kaum zu jenem Aspekt der Zahl vor, welchen die Menschen des Altertums ganz besonders betonen – nämlich ihre Struktur und ihre Symbolik.

Alle traditionellen Schöpfungsmythen sind sich darin einig, daß der Schöpfer der Welt als erstes ein Zahlenmuster niederlegte, aus dem alles Weitere entstand. Die Zahl wurde also als der erste Archetyp oder das erste Paradigma der Natur angesehen. Dies schien sowohl aus der Überlegung wie auch aus Beobachtung klar hervorzugehen. Erstens einmal überdauert nämlich die Zahl alle die Erscheinungen, die sie zählt, und muß deshalb älter als diese sein. Dazu kommt, daß jeder natürlichen Form von Wachstum und Bewegung ganz klar gewisse Zyklen und Muster zugrunde liegen, die sich ihrerseits auf gewisse Kombinationen von numerischen Typen beziehen. Diese Voraussetzungen standen hinter der Tatsache, daß das Bemühen der alten Philosophen sich vor allem darauf richtete, in den Zahlen jene Muster zu finden, die denjenigen in der Natur entsprechen, und diese Muster auch als Modelle für die Regeln der menschlichen Angelegenheiten auszulegen.

Die angesehensten Studien in der Alten Welt waren diejenigen, die als besonders numerisch und deshalb dem Wesen der Dinge am nächsten betrachtet wurden. Dies waren Arithmetik, Musik, Astronomie, Geometrie und Stereometrie (das Studium der geometrischen Körper und der Struktur des Universums). Für die moderne Denkweise mag es seltsam erscheinen, daß ein einziger Code oder Kanon von Zahlen auf alle diese Gebiete angewendet wurde, aber so war es. Derselbe numerische Kanon wurde auf Aktivitäten angewendet, die nach heutiger Auffassung überhaupt keine Beziehung zu Zahlenprinzipien haben, wie zum Beispiel die Staatskunst. Nach Platons *»Gesetzen«* sorgten die ägyptischen Priester, die die Erziehung kontrollierten, dafür, daß alle, die im Leben weiterkommen wollten, ihr Studium und ihre Arbeit nach dem heiligen Kanon von Zahl und Proportion einrichteten. Dies, schreibt Platon, hatte die Wirkung, daß das Niveau ihrer Kultur während mindestens zehntausend Jahren aufrechterhalten werden konnte. Das Hauptanliegen des Pythagoras und seiner Schule war, den alten numerischen Code und die Philosophie, die damit verbunden war, zu rekonstruieren und wieder in Kraft zu setzen. Ähnliche Versuche wurden auch später wieder gemacht, zum Beispiel in der Renaissance. Dieses Studium wird um so faszinierender für Gelehrte der heutigen Zeit, als durch Ergebnisse der derzeitigen Forschung zutage tritt, daß derselbe numerische Code Gemeingut von Zivilisationen auf der ganzen Erde gewesen sein muß.

Die Wertschätzung, die man früher dem Studium von Zahlen zollte, hat ihren Ursprung im Wissen, daß nicht nur die Intervalle der Musik, die Zahlenverhältnisse in der Geometrie, astronomische Perioden und Zeitzyklen nach denselben Zahlen-Normen gemessen werden können, sondern daß die numerischen Muster, denen sie unterworfen sind, auch irgendwie der Struktur des menschlichen Bewußtseins inhärent sind. Platon glaubte, daß die menschliche Natur wie die Natur des ganzen Universums in ihrem Wesen von Anbeginn an eine Schöpfung der Zahl war. In *»Timäus«* vertrat er auch eine mehr evolutionäre Auffassung mit seinem Vorschlag, »die Anschauung von Tag und Nacht, von den Monaten und dem Kommen und Gehen der Jahre, der Tagundnachtgleiche und des Sonnenuntergangs hat die Erfindung der Zahl verursacht ... und aus ihr haben wir alle Philosophie abgeleitet.«

Was auch immer ihre Ursache sein mag, die numerische Strukturierung von Denken und Fühlen war jedenfalls allgemein anerkannt und als Folge davon auch die Macht der Musik. Die musikalischen Intervalle drücken ganz eindeutig numerische Verhältnisse aus, und die Musik hat von allen Künsten die direkteste Wirkung auf die menschlichen Gefühle. Aus diesem Grund kann sie sowohl für positive wie für negative Manipulation von Individuen und Menschenmassen verwendet werden. Die frühesten Herrscher der Sage, die orphischen Barden, sollen nur durch Musik geherrscht haben, und die Priester späterer Zeiten schauten sehr darauf, daß die überlieferten musikalischen Skalen aufrechterhalten wurden, deren Intervalle diejenigen der klassischen Geometrie waren, weil diese durch das Prinzip der Resonanz entsprechende Harmonien in der menschlichen Seele hervorrufen konnten. Aus demselben Grund waren auch Neuerungen in den musikalischen Formen wegen ihrer zersetzenden Tendenzen verboten. Wie Platon bemerkte, werden Wechsel in der Regierung durch Veränderungen in der Musik hervorgerufen.

In den traditionellen Kosmologien wurde das Universum als ein lebendiger Organismus betrachtet, in dem jeder Teil auf subtile Weise mit jedem anderen in Beziehung steht. Es wurde als die höchst manifestierte Abbildung der Zahl Eins angesehen, die unter den ganzen Zahlen eine einzigartige Stellung einnimmt, weil sie unteilbar ist und alle anderen Zahlen einerseits enthält und andererseits auch hervorbringt. Das Individuum wurde als ein Mikrokosmos oder kleineres Abbild der universellen Monade betrachtet, weil es mit dem größeren Körper durch die Jahreszeiten und Zyklen, die beiden gemeinsam sind, und durch die natürliche Sympathie zwischen ihren entsprechenden Teilen verbunden war. Durch das Studium dieser Korrespondenzen entwickelten die Alten eine Form von Wissenschaft, die man heute Magie nennen würde, weil sie mit gewissen Naturprinzipien operierte, die in der modernen Welt nicht mehr offen anerkannt werden und die man als esoterisch bezeichnet. Darunter befinden sich die Prinzipien des dynamischen Gleichgewichts und der Fusion, durch welche gegensätzliche Tendenzen versöhnt werden, und das Ordnungsprinzip *»Gleiches zieht Gleiches an«*, das dem Phänomen der Koinzidenzen zugrunde liegt. Diese Prinzipien sind bis vor kurzem der alleinigen Aufmerksamkeit von Mystikern und Metaphysikern überlassen worden. Doch der Fortschritt der modernen Atomphypysiker in Bereiche hinein, wo Rationalismus und solide Materie sie im Stiche lassen, hat ihre Avantgarde mit dem komplementären und intelligenten Wesen des Universums konfrontiert, das für die alte Philosophie selbstverständlich war. Er hat sie auch veranlaßt, das traditionelle Weltbild, in dem die Welt im wesentlichen als eine Zahlenstruktur betrachtet wird, wieder in Erwägung zu ziehen, und die alte pythagoreische Suche nach den numerischen Mustern, den Mustern, die gleichermaßen die Dynamik von atomaren, solaren und galaktischen Systemen symbolisieren, wiederaufzunehmen.

In allen alten Kunst- und Wissenschaftscodes kann man feststellen, daß bestimmte ganze Zahlen und Zahlenserien immer wieder vorkommen, denen man auch in den Prozessen der Arithmetik häufig begegnet. Ein Beispiel für eine solche kanonische Zahl ist 5040, das mehr Faktoren als jede andere Zahl seiner Dimension besitzt, das Produkt der ersten sieben Zahlen darstellt und durch jede Zahl von eins bis zehn teilbar ist. ($1 \times 2 \times 3 \times 4 \times 5 \times 6 \times 7 = 5040 = 7 \times 8 \times 9 \times 10$). Platon gab in den »*Gesetzen*« 5040 als Zahl der Bürger und Landparzellen in der Stadt Magnesia an, und tatsächlich beträgt der Radius dieser Stadt soviel. Wir finden auch 5040 ft. als Wert der kürzeren griechischen Meile. Dr. Ernest McClain, ein Experte für pythagoreische Musikwissenschaft, zeigt im ersten seiner zwei Werke, die in der Bibliographie dieses Buches aufge-

Saturn

4	9	2
3	5	7
8	1	6

Jupiter

4	14	15	1
9	7	6	12
5	11	10	8
16	2	3	13

Mars

11	24	7	20	3
4	12	25	8	16
17	5	13	21	9
10	18	1	14	22
23	6	19	2	15

Sonne

6	32	3	34	35	1
7	11	27	28	8	30
19	14	16	15	23	24
18	20	22	21	17	13
25	29	10	9	26	12
36	5	33	4	2	31

Venus

22	47	16	41	10	35	4
5	23	48	17	42	11	29
30	6	24	49	18	36	12
13	31	7	25	43	19	37
38	14	32	1	26	44	20
21	39	8	33	2	27	45
46	15	40	9	34	3	28

Merkur

8	58	59	5	4	62	63	1
49	15	14	52	53	11	10	56
41	23	22	44	45	19	18	48
32	34	35	29	28	38	39	25
40	26	27	37	36	30	31	33
17	47	46	20	21	43	42	24
9	55	54	12	13	51	50	10
64	2	3	61	60	6	7	57

Mond

37	78	29	70	21	62	13	54	5
6	38	79	30	71	22	63	14	46
47	7	39	80	31	72	23	55	15
16	48	8	40	81	32	64	24	56
57	17	49	9	41	73	33	65	25
26	58	18	50	1	42	74	34	66
67	27	59	10	51	2	43	75	35
36	68	19	60	11	52	3	44	76
77	28	69	20	61	12	53	4	45

Abb. 35 Sieben Typen von magischen Quadraten und ihre traditionellen planetarischen Zuordnungen. Der kleinste von ihnen besteht aus den Zahlen 1 bis 9 und der größte aus 1 bis 81, die so angeordnet sind, daß die Summe der Zahlen in jeder waagrechten, jeder senkrechten Reihe und in jeder Diagonale dieselbe ist. Jedes Quadrat hat seine charakteristischen Zahlen, die im Quadrat der Sonne 111 (Summe jeder Linie) und 666 (Summe der in ihm enthaltenen Zahlen von 1 bis 36) sind. Die Quadrate können auch in geometrischen Formen ausgedrückt werden. (Siehe S. 235).

führt sind (und die in der Bibliothek keines ernsthaften Studenten dieses Gebietes fehlen sollten), daß in jener musikalischen Skala, die Platon in der Struktur seines Buches verborgen hat, 5040 die höchste Note der Oktave sein muß. Doch Platons numerischer Kanon war nicht seine eigene Erfindung, denn der hundertste Teil der Zahl 5040, nämlich 50,4 ft. ist das Maß des mittleren Durchmessers des Oberschwellen-Ringes von Stonehenge, was auch der Umfang 316,8 ft. oder der hundertste Teil von 6 Meilen ist.

Unter den anderen Zahlen und Zahlenserien, die in diesem alten Kanon eine besondere Rolle spielen, befinden sich auch die Potenzen und Vielfachen von 6 (36, 216, 864, 1296 etc.) und von 12 (114, 1728, 20 736, 248 832 etc.), die Vielfachen von 37 (111, 222 etc., einschließlich der berühmten »Zahl des Tiers«, 666) und auch gewisse nodale Zahlen (Knoten-Zahlen), die in geometrischen Verhältnissen zu den hauptsächlichen kanonischen Zahlen stehen und die verschiedenen Numerierungssysteme miteinander verknüpfen.

Viele dieser Zahlen entstehen auf natürliche Art, wie McClain gezeigt hat, wenn man die Noten der traditionellen musikalischen Skalen in den kleinsten möglichen ganzen Zahlen ausdrückt. In der Alten Welt stand Musik in einem engen Verhältnis zu den Maßen, zu den Längen von Saiten und von Blasinstrumenten, die bestimmte Maßeinheiten repräsentieren. Die gleichen Einheiten wurden von den Architekten verwendet, die die Proportionen ihrer Gebäude aufgrund der Zahlenverhältnisse der kanonischen Musik planten. Es ist nicht leicht zu verstehen, warum sie auf diese Entsprechung bestanden. Eine ästhetische Interpretation gab der Renaissance-Architekt Leon Battista Alberti, der schrieb, »die Zahlen, durch die der Einklang von Klängen unser Ohr angenehm berührt, sind dieselben, die unseren Augen und unserem Geist gefallen«. Mit anderen Worten, Proportionen in der Architektur haben dieselben angenehmen Wirkungen wie diejenigen in der Musik.

Doch die Sache geht tiefer. Beim Entwurf von Tempeln war es nur ein Teil der Absicht des Architekten, menschliche Befriedigung zu erzeugen. Der Hauptzweck, für den ein Tempel gebaut wurde, war es, die Götter oder Kräfte in der Natur anzuziehen, denen er geweiht war. Das geschah durch die Anwendung des Prinzips der sympathetischen Resonanz oder der Anziehung des Gleichartigen. Jeder Tempel wurde so eingerichtet, daß er symbolische Bezüge zu der entsprechenden Gottheit einschloß. Er wurde entsprechend der Jahreszeit und dem Himmelskörper ausgerichtet, die mit dieser Gottheit korrespondierten, und ihre charakteristischen Zahlen wurden auch in den Dimensionen des Gebäudes ausgedrückt. Bestimmte Zahlenmuster, jedes mit seinen entsprechenden musikalischen und geometrischen Typen, repräsentieren gewisse Aspekte der universellen Energie. Deshalb waren sie auch, nach der Theorie der rituellen Magie, in der Anrufung dieser Energie wirksam. Beispiele von solchen Zahlenmustern, die nach der Überlieferung für magische Anrufungen verwendet wurden, kommen in den eigentümlichen Figuren vor, die als »magische Quadrate« bekannt sind, wie in den vorherigen Illustrationen, in denen bestimmte Zahlen kodifiziert sind, die als magisch wirksam gelten. Unter ihnen finden wir auch die Zahlen, die in den Plänen der alten Tempel eine besondere Rolle spielen.

Das Studium des alten Zahlencodes ist jedoch mehr als ein akademischer Zeitvertreib für den Altertumsforscher. Zahlen auf die pythagoreische Art zu untersuchen, heißt, spezieller Zahlen gewahr zu werden, die in verschiedensten Systemen sowohl des Zählens wie auch von Naturerscheinungen immer wieder vorkommen und subtile, unerwartete Zusammenhänge erschließen. Die Betonung, die in allen Instrumenten und Produkten der alten Wissenschaft auf diese Zahlen gelegt wird, und der Ruf als Zahlen von magischer Kraft, der ihnen heute noch nachgeht, deuten darauf hin, daß sie ursprünglich mehr als nur arithmetische Kuriositäten waren. Möglicherweise werden die fortgeschrittenen Physiker und Kosmologen der heutigen Zeit, die wieder die sehr pythagoreische Ansicht zu vertreten beginnen, die Grundmuster der Schöpfung würden aus einer begrenzten Gruppe von Zahlen bestehen, zur Einsicht kommen, daß sie in alten Fußstapfen auf Wegen schreiten, die von lange vergessenen Vorgängern gebahnt wurden.

MASS

Eine Überlieferung, auf die eine ganze Reihe Schriftsteller des Altertums hinweisen, besagt, daß ihre Vorgänger aus prähistorischen Zeiten ihr Wissen über die Welt in den Dimensionen ihrer Tempel kodifiziert hätten. Um diese Dimensionen zu deuten, muß man als erstes die genauen Längen ihrer Maßeinheiten bestimmen. Einige der größten Gelehrten fanden dieses Problem ihrer Aufmerksamkeit wert. So reiste zum Beispiel im Jahre 1639 John Greaves, Professor der Astronomie und der Geometrie an der Oxford University, nach Rom, um durch sorgfältige Messungen alter Bauwerke die Werte der beiden Versionen des römischen Fuß zu entdecken. Er ging auch nach Ägypten, wo er Teile der Großen Pyramide vermaß, einschließlich der Steintruhe in der Königskammer. Seine Forschungen wurden später von Sir Isaac Newton weitergeführt. Um nämlich seine Gravitationstheorie zu testen, mußte Newton die wahren Dimensionen der Erde kennen. Diese waren zu seiner Zeit nicht mehr bekannt, aber Newton war klar, daß die Maßeinheiten im Tempel in Jerusalem und in den ägyptischen Pyramiden präzise Bruchteile der geodätischen Maße darstellen mußten. Insbesondere war er an der »heiligen Elle« der Juden interessiert, von der es hieß, daß sie den sechsmillionsten Teil des polaren Radius der Erde messe, und seine *Dissertatio* über das Thema wurde zehn Jahre nach seinem Tod in das Buch *Lexicon Propheticum* aufgenommen. Es ist eigenartig, daß Newton, der doch die Grundlagen für die moderne Kosmologie gelegt hat, zugleich einer der letzten Gelehrten der alten Tradition gewesen ist, der noch akzeptierte, daß das Niveau der alten Wissenschaft höher gewesen war als dasjenige der modernen, und sich wie Pythagoras bemühte, das Wissen der Alten wiederzuentdecken.

Neuzeitliche Forscher auf dem Gebiet der alten Metrologie, das heißt der Maßeinheiten des Altertums, sind in ihren Forschungen oft behindert worden durch die Verwendung des irrelevanten metrischen Systems. Der französische Meter ist eine moderne Erfindung des späten 18. Jahrhunderts und basiert auf einem ungenau gemessenen Viertel des Erdumfanges an den Polen, von dem der Meter der zehnmillionste Teil sein soll. Diese neu ausgetüftelte Einheit hat keinerlei Beziehung zu irgendeiner der alten Einheiten, und indem die modernen Gelehrten sie für die Altertumsforschung verwendeten, haben sie sich den Zugang zur Erhellung der alten Metrologie verbaut. Der Schlüssel dazu steckt in der Zahl. Alle alten Einheiten stehen durch denselben Zahlencode, den man in jeder anderen alten Form von Kunst und Wissenschaft auch findet, in Beziehung zueinander und zu den Dimensionen der Erde.

Mit Glück und Freude gelang es dem Autor im Jahre 1980, den Schlüssel zur exakten Bestimmung der genauen Werte der alten Maßeinheiten zu finden und damit auch der Dimensionen der Erde, wie sie früher galten. Diese Werte und Dimensionen stellte er dann ein Jahr später in einem Buch mit dem Namen *»Ancient Metrology«* (dt.: *»Alte Maßsysteme«*; Der grüne Zweig '79) dar. Diese Entdeckung bestätigte die Äußerungen vieler der alten Autoren und die Vermutung vieler heutigen, daß das Niveau der Wissenschaft jener entfernten prähistorischen Zeit mindestens so hoch war wie das in diesem Jahrhundert erreichte. Es gibt außerdem Hinweise darauf, daß hinter jener Wissenschaft subtile Methoden und Ziele standen, die die Verständnismöglichkeiten der modernen Zeit übersteigen.

Ob man sie nun römisch, griechisch, ägyptisch, jüdisch, chinesisch, indisch oder mexikanisch nennt, alle die alten Maße, deren Gebrauch bis in unsere Zeit überlebt hat oder die in prähistorischen Monumenten vorkommen, beziehen sich auf dieselben grundlegenden Dimensionen der Erde, die offensichtlich weitherum bekannt waren. Man weiß aus der Zeit des klassischen Altertums, daß das Verständnis zwischen den römischen und den griechischen Einheiten 24 zu 25 betrug. 25 römische Fuß waren also gleich 24 griechische Fuß, 25 römische Meilen entsprachen 24 griechischen Meilen, und all die anderen Einheiten in den beiden Systemen – die Elle (1 ½ Fuß), der Schritt (2 ½ Fuß), die Stadie (500 oder 600 Fuß), die Achtelmille (engl. »furlong«; 625 Fuß) usw. – standen auf ähnliche Weise in Beziehung zueinander.

Aus dem Beweismaterial, das seit Greaves' Zeit bedeutend angewachsen ist, kann man die Längen dieser Einheiten bis auf ziemlich kleine Bruchteile eines *inch* (Zoll) definieren; mit absoluter Präzision kann man sie aber bestimmen, sobald man begreift, daß die heutige englische Meile von 5280 ft. sich zu der alten griechischen Meile, die 5000 griechische Fuß enthält, ebenso verhält wie die griechische Meile zu der römischen.

24 englische Meilen á 5280 ft.	= 25 griechische Meilen a 5068,8 ft.
24 griechische Meilen	= 25 römische Meilen á 4866,048 ft.

Wenn man nun die griechischen und römischen Meilen durch 5000 dividiert, erhält man die Werte des griechischen und des römischen Fuß:

griechischer Fuß	= 1,01376 ft.
römischer Fuß	= 0,9732096 ft.

Aus früheren Messungen über diese Einheiten scheint hervorzugehen, daß 6000 griechische oder 6250 römische Fuß eine Minute geographischer Breite, oder $\frac{1}{60 \times 360}$ des Erdumfangs über die Pole betrugen. Die Seemeile (nautische oder »geographische« Meile; 1853 m), die heute von Navigatoren verwendet wird, repräsentiert dieselbe Strecke. Ihre Länge, nach den obigen Einheitswerten berechnet, beträgt 6082,56 ft. Um den alten Wert für den Erdumfang zu finden, muß man diese Zahl mit 21 600, der Zahl der Minuten in einem Kreis, multiplizieren, und das Ergebnis ist wiederum eine im höchsten Maße kanonische Zahl, nämlich der zehnte Teil von 12^5 oder 24 883,2 englische Meilen.

Im Umfang der Erde über die Pole finden sich eine ganze Reihe von Vielfachen der griechischen und römischen Maße:

24 883,2 Meilen	=	131 383 296	ft. oder $12^6 \times 44$ ft.
(40 044,534 km)	=	135 000 000	römische Fuß á 0,9732096 ft.
	=	90 000 000	römische Ellen á 1,4598144 ft.
	=	216 000	römische Achtelmeilen á 608,256 ft.
	=	27 000	römische Meilen á 4866,048 ft.
	=	129 600 000	griechische Fuß á 1,01376 ft.
	=	86 400 000	griechische Ellen á 1,152064 ft.
	=	207 360	griechische Achtelmeilen á 633,6 ft.
	=	25 920	griechische Meilen á 5068,8 ft.

Alle diese vielfachen sind kanonische Zahlen, die Potenzen und Vielfache der Zahl Zwölf darstellen. Wenn man nun diese Einheitswerte erarbeitet hat, kann man daran gehen, den anderen Grundeinheiten im alten Kanon der Maße nachzugehen, den ägyptischen und jüdischen. Für die letzteren haben wir einen nützlichen Yardstock in einem Bauwerk, das auch nach ungefähr 4000 Jahren – obwohl es heute eine traurige Ruine ist – immer noch eine seiner vielen ursprünglichen Funktionen erfüllt, denn in ihm sind die heiligen Maßeinheiten der alten Welt niedergelegt. Dieses Bauwerk ist Stonehenge, und der Grund, warum die Maße seines Plans als heilig betrachtet worden sind, wird klar, wenn man sie näher untersucht.

DIE MASSE VON STONEHENGE

Das auffallendste Merkmal der Ruinen von Stonehenge sind die siebzehn 13 ½ Fuß (4,1175 m) hohen Pfeiler aus Sandstein (die »*Sarsen*-Steine«), die heute noch sechs gebogene steinerne Oberschwellen tragen und den letzten Rest des ursprünglichen ungebrochenen Kreises von dreißig Oberschwellen auf dreißig aufrechtstehenden Steinen darstellen. Als die Bauleute ihn fertiggestellt hatten, mußte der Kreis der Sarsen-Oberschwellen eines der exaktesten und symmetrischsten Bauwerke gewesen sein, das je von der Architektur geschaffen worden ist, und ihre Absicht, ihn so zu schaffen, geht aus den Einzelheiten der Konstruktion klar hervor. Jede Oberschwelle ist auf ihrer inneren und der äußeren Seite so gebogen, daß diese Seiten die Bögen von zwei Kreisen bilden, deren Radien um die Breite einer Schwelle differieren. Die Schwellen sind miteinander durch Wülste und Rillen und mit den aufrechten Steinen durch Löcher verbunden, die in ihre Unterseiten gemeißelt sind, um vorstehende Zapfen aufzunehmen. Auf diese Weise wird der Ring genau waagrecht gehalten und mußte nach allen Erwartungen in seiner erhöhten Lage außerhalb der Reichweite des Volkes seine ursprüngliche Form unbeschädigt beibehalten können, so lange zukünftige Generationen dies zuließen.

Eine solche Genauigkeit bedeutet, daß der steinerne Oberschwellenring sich ausgezeichnet als bleibender Aufbewahrungsort für Norm-Maße eignete, und selbst heute ist genügend von ihm übrig, daß er diese Funktion noch erfüllen kann. Die gebogenen inneren Flächen der Oberschwellen bildeten einen Kreis, genau wie die polierten inneren Flächen der aufrechtstehenden Steine, auf denen sie ruhten.

Äußerst genaue Vermessungen moderner Geometer bestätigen, bis auf einen Irrtum von 0,06 ft., die Zahl, die schon W. M. Flinders Petrie im Jahre 1880 für den Durchmesser dieses Kreises erhalten hatte, nämlich 97,325 ft. Man nimmt allgemein an, daß diese Länge römische Fuß repräsentieren sollte, was 96 griechischen Fuß entspricht. Aus den Werten dieser Einheiten, wie sie weiter oben

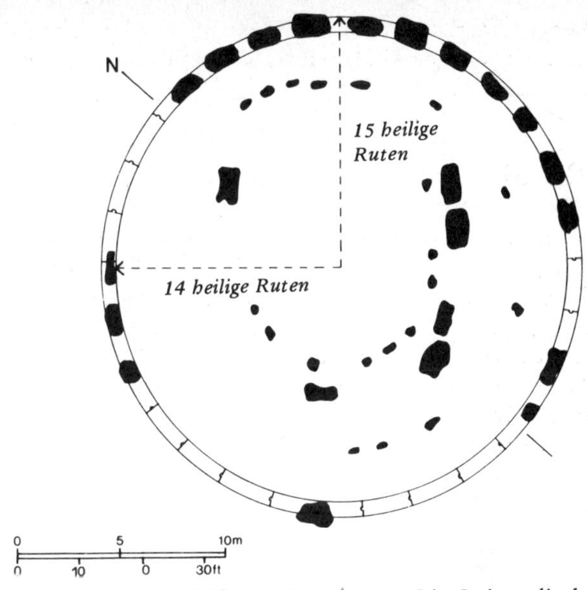

Abb. 36 Der Grundriß von Stonehenge. Die Steine, die heute noch aufrecht stehen, sind hier schwarz eingezeichnet, und der Oberschwellenring ist rekonstruiert. Die Breite der steinernen Oberschwellen beträgt 1 heilige Rute à 3,4757585 ft., den sechsmillionsten Teil des polaren Erdradius. Der innere Radius des Oberschwellenkreises mißt 14 und der äußere 15 heilige Ruten.

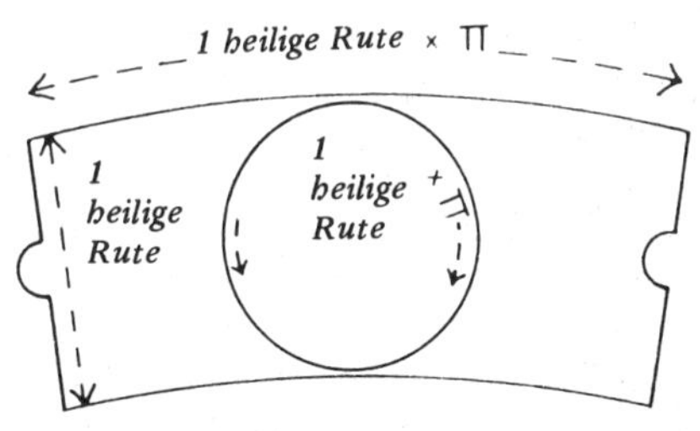

Abb. 37 Jeder der dreißig Oberschwellensteine ist an seinen inneren und äußeren Rändern gebogen, die dadurch Bogensegmente der beiden Kreise darstellen, die von diesen inneren und äußeren Rändern der Oberschwellen gebildet werden. Die Länge des äußeren Kreises hat die Breite des Steines als Durchmesser.

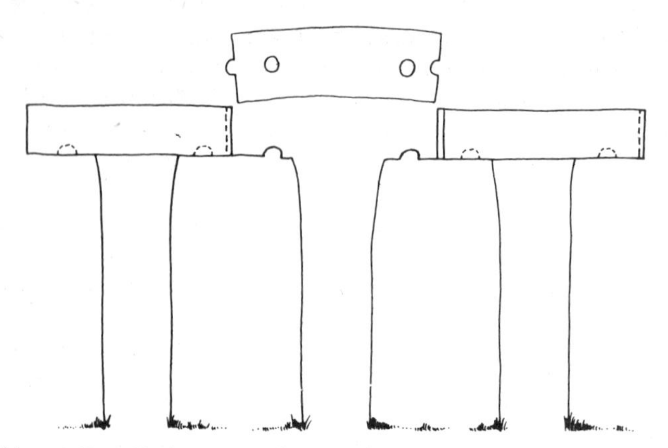

Abb. 38 Der Kreis, von außen gesehen. Eine der Oberschwellen ist abgebrochen, um die Unterseite und die Verbindungsmethoden zu zeigen.

aufgelistet sind, ergibt sich ein innerer Durchmesser für den Stonehenge-Kreis von 97,32096 ft.

Die Außenflächen der aufrechten Steine sind anders als der reguläre Kreis der inneren, die geglättet und poliert wurden. Sie sind rauh und uneben. Offensichtlich sollten sie keinerlei präzise Maße zum Ausdruck bringen. Die Außenflächen der Oberschwellen hingegen, die auf ihnen ruhen, sind so sorgfältig bearbeitet wie die inneren und offensichtlich dazu bestimmt, den äußeren der zwei Kreise zu definieren. Die Breite der Oberschwellen beträgt nach Atkinsons *»Stonehenge«* und anderen Autoritäten etwa 3,5 ft. Wenn wir nun zwei solche Breiten zum inneren Durchmesser des Kreises, den wir bereits ermittelt haben, hinzuzählen, erhalten wir die ungefähre Länge des äußeren Durchmessers, der aufgrund dieser Zahlen etwa 104,32 ft. beträgt. Falls dieses Maß ursprünglich 104,272455 ft. betragen sollte, eine nur unbedeutende Differenz, würde das heißen, daß die Breite der Oberschwellen ein Vierzehntel des Radius des inneren Kreises und ein Fünfzehntel des äußeren Radius messen würde. In diesem Fall wäre dann die Breite der Oberschwellen 3,4757485 ft.

Das scheint eine lange und nichtssagende Zahl für ein so wichtiges Maß zu sein. Falls aber Stonehenge irgendeine Bedeutung als Aufbewahrungsort von Maßeinheiten hat, muß sie bestimmt in den mit großer Sorgfalt bearbeiteten erhöhten Oberschwellen liegen. Der innere Durchmesser des Ringes kann so präzis in die griechischen und römischen Fuß-Einheiten eingeteilt werden, daß man erwarten würde, daß auch der äußere Durchmesser und die Breite der Oberschwellen solche Maßnormen repäsentieren.

In der Tat sind die Bedeutungen, die diese Maße enthalten, klar und bemerkenswert. Wenn Newton auf seiner Suche nach der heiligen Elle der Juden die Dimensionen von Stonehenge in Betracht gezogen hätte, hätte er vielleicht in der Breite der Oberschwellen-Steine die verlorene Norm erkannt, die er suchte, nämlich das Ruten-Maß, das den sechsmillionsten Teil des polaren Erdradius repräsentiert. Wenn man das Maß von 3,4757485 ft. mit 6 000 000 multipliziert, erhält man 20 854 491 ft. oder 3949,7142 Meilen. Das ist bis auf ein paar wenige Fuß Differenz das Maß des polaren Erdradius, wie es durch moderne Satellitenvermessungen ermittelt wurde.

Wenn man den polaren Radius durch 200 000 dividiert, erhält man als Resultat die Zahl von 104,272455 ft., den äußeren Durchmesser des Oberschwellenringes.

Im Folgenden werden noch einmal die Dimensionen und hauptsächlichen Maßeinheiten des Oberschwellen-Sarsen-Kreises von Stonehenge zusammengefaßt:

Innerer Durchmesser:	=	97,32096 ft.
	=	100 römische Fuß á 0,9732096 ft.
	=	96 griechische Fuß á 1,01376 ft.
	=	64 griechische Ellen á 1,52064 ft.
	=	46 2/3 jüdische Ellen á 2,0854491 ft.
Äußerer Durchmesser	=	104,272455 ft.
	=	50 jüdische Ellen
	=	30 jüdische Ruten
Breite Oberschwellen	=	3,4757485 ft.
	=	1 jüdische Rute

Das Verhältnis des polaren Erdradius, der kürzesten Entfernung vom Zentrum der Erde zu ihrer Oberfläche, zu ihrem mittleren Umfang beträgt nicht 2 , sondern etwas mehr. Ein Vergleich der beiden bereits erhaltenen Werte für den polaren Radius und den Umfang über die Pole (3949,7142 und 24 883,2 Meilen) zeigt, daß das Verhältnis, auf das man im Altertum gekommen war, genau 10:63 betrug. Das bedeutet, daß alle hauptsächlichen Dimensionen des Stonehenge-Kreises einfache Bruchteile der Erddimensionen darstellen.

polarer Erdradius = 20 854 491 ft.
= 400 000 x äußerer Radius von Stonehenge
= 6 000 000 x Oberschwellenbreite von Stonehenge

mittlerer Erdumfang = 131 383 296 ft.
= 2 520 000 x äußerer Radius von Stonehenge
= 2 700 000 x innerer Radius von Stonehenge
= 37 800 000 x Oberschwellenbreite von Stonehenge

In einem späteren Kapitel (S. 218) figurieren die mittleren Dimensionen des Kreises folgendermaßen: Durchmesser 100,8 ft. (= 100 kurze griechische Fuß); Umfang 316,8 ft. (= der hundertste Teil von 6 Meilen). Die geodätische Bedeutung dieser Maße ist folgende:

100,8 x 207 360 ft. = 12^6 x 7 ft. = 20 901 888 ft.
= mittlerer Erdradius
316,8 x 207 360 ft. = 12^6 x 44 ft. = 131 383 296 ft.
= Umfang der Erde

Die Maße, die oben »jüdische« genannt werden, heißen so, weil Newton sie im Plan des Tempels von Jerusalem gefunden hat; keine der alten Einheiten gehörte aber zu irgendeiner speziellen Rasse oder einem Land. Wie ihr gleichzeitiges Vorkommen im Plan von Stonehenge zeigt, standen sie durch einfache festgelegte Proportionen in Beziehung zueinander. Die Elle zum Beispiel war in sieben Teile unterteilt, die »Handbreiten« genannt wurden, und wenn man die griechische Elle um ein Siebtel auf acht Handbreiten vergrößert, wird ihre Länge 1,7378742 ft., was die Hälfte jener Einheit ist, die hier die jüdische heilige Rute genannt wird und die offensichtlich das ist, was das Alte Testament als »eine Elle und eine Handbreit« erwähnt. Es herrscht ein schreckliches Durcheinander unter den verschiedenen Namen, die Autoren und moderne Gelehrte den gleichen Einheiten gegeben haben. Jene Namen, die aus historischen Gründen hier verwendet werden, sind nicht ideal, und ihre Unzulänglichkeit wird noch durch die Entdekkung unterstrichen, daß die sogenannte jüdische Rute nicht nur in Stonehenge und im Tempel von Jerusalem, sondern auch in Mexiko vorkommt.

Während der siebziger Jahre führte Hugh Harleston Jr. eine Vermessung der Zeremonialstadt Teotihuácan in Mexiko durch. Ihre große Zitadelle, die Sonnen- und Mondpyramide, ihre Höfe, Alleen und anderen Strukturen bilden eine einheitliche geometrische Komposition, deren Intervalle klar definiert sind, und Harleston war bald in der Lage, die grundlegende Maßeinheit in ihren Abmessungen zu bestimmen. Diese stellte sich als eine Einheit von 1,0594 Metern heraus, die Harleston den »Standard Teotihuácan Unit« (STU; Normaleinheit von Teotihuácan) oder *»Hunab«* nannte, nach dem Wort der Mayas für Maß, das auch die Azteken übernommen hatten. Er erkannte auch die geodätische Bedeutung dieser Einheit: 1,0594063 Meter entsprechen der »jüdischen Rute« von 3,4757485 ft., jener Einheit, die die Breite der Oberschwellen in Stonehenge, einen sechsmillionsten Teil des polaren Erdradius und einen 37 800 000sten Teil des mittleren Erdumfangs repräsentiert.

Wenn man sie an dieser Einheit mißt, zeigen die Dimensionen von Teotihuácan dieselben kanonischen Zahlen (das heißt 108, 216, 432, 1296 usw.), wie sie auch in der Wissenschaft und den Artefakten der ganzen Alten Welt vorkommen. Da darüber keine Aufzeichnungen existieren, kann niemand erklären, wie es dazu kam, daß sich die Architekten des Tempels von Jerusalem, von Stonehenge und von Teotihuácan an denselben Zahlen- und Maßcode hielten. Als 1882 jener große Pionier von Minnesota, Ignatius J. Donnelly (seine Werke umfassen die Gründung einer idealen Stadt und eine zweibändige Streitschrift gegen die Meinung, ein Schauspieler aus Stratford habe die Stücke von Shakespeare geschrieben) sein Buch *»Atlantis: the Antediluvian World«* publizierte, bestand die Taktik seiner akademischen Verleumder darin, die kulturellen Ähnlichkeiten zwischen der Alten und der Neuen Welt, die er aufgezeigt hatte, eine nach der anderen als bloße Zufälle abzutun. Auf diese Weise konnte der kumulative Effekt seiner unzähligen Beweise für eine frühere Weltzivilisation mißachtet werden. Die soliden Beweise identischer Zahlen- und Maßsysteme an Ritualorten der ganzen Welt kann man nicht so leicht ignorieren, und es ist auch nicht einfach, der Schlußfolgerung zu entgehen, die durch sie offensichtlich notwendig wird: daß nämlich einst ein einziger

Code von philosophischem, religiösem und wissenschaftlichem Wissen auf der ganzen Erde gültig gewesen sein muß.

DIE KÜRZEREN EINHEITEN DER ALTEN METROLOGIE

Jede der alten Maßeinheiten hatte zwei verschiedene Werte. Diejenigen, die wir bereits definiert haben, sind die längeren Versionen, die zu den kürzeren Versionen jeder Einheit im Verhältnis von 176 zu 175 stehen. Bei den Einheiten, die wir bereits behandelt haben, kommt das 175:176-Verhältnis zwischen der ägyptischen Elle à 1,732 ft. und der heiligen Halb-Rute à 1,7378742 ft. vor. An der Großen Pyramide sind im 3024 ft. (922,32 m) betragenden Umkreis der Basis 1750 ägyptische Ellen enthalten; die traditionelle Zahl ist aber 1760 Ellen, was auf den Gebrauch einer kürzeren Version der Elle hinweist, die sich wie 175:176 zur längeren Version verhält. Damit ist die kürzere Version der ägyptischen Elle gleich 1,71818 ft. (0,5240449 m). Die Existenz dieser kürzeren Einheiten ist schon lange bekannt, und das Verhältnis zwischen ihnen und den längeren Einheiten wird von den antiken Schriftstellern Epiphanius und Hesychius bestätigt, die schreiben, daß sieben Stadien des ägyptischen Fußes gleich einer römischen Meile seien. Das bedeutet, daß die Länge der römischen Meile 4838,4 ft. betrug (gleich sieben 600-Fuß-Stadien auf der Basis des ägyptischen Fuß à 1,152 ft. Diese Meile verhält sich zur längeren römischen à 4866,048 ft. genau wie 175:176.

Kürzere und längere Versionen der gleichen Längeneinheiten werden durch die Form der Erde notwendig. Newton war der erste in der Neuzeit, der zeigte, daß die Erde keine perfekte Kugel ist, sondern am Äquator ausgebuchtet und an den Polen abgeflacht ist. Zwischen Pol und Äquator zählt man nach alter Übereinkunft 90 Grade oder 5400 Minuten geographischer Breite. Wenn die Erde tatsächlich sphärisch wäre, wäre die Strecke, die jeder Grad bezeichnet, überall dieselbe. Wegen der äquatorialen Ausbuchtung und der polaren Abflachung liegen die Linien der Breitengrade aber immer ein wenig weiter auseinander, je mehr sie vom Äquator entfernt sind. Die durchschnittliche Seemeile, die eine Minute geographischer Breite bei 50° darstellt, ist deshalb zu lang, um in Gebieten näher am Äquator eine Minute geographischer Breite zu repräsentieren. Für diese Gebiete verwendeten die Navigatoren eine kürzere Seemeile, die sich zur längeren Version wie 175 zu 176 verhält, und so 6048 ft. mißt, was nach modernen Tabellen der Länge einer Minute geographischer Breite bei 10° entspricht. Der entsprechende Breitengrad hat die numerisch passende Länge von $1 \times 2 \times 3 \times 4 \times 5 \times 6 \times 7 \times 8 \times 9 = 362\,880$ ft. Von dieser Norm sind die Maßeinheiten in der Basis der Pyramide abgeleitet, deren Umkreis 3024 ft., gleich der Hälfte der kürzeren Seemeile ist.

Alle alten Einheiten stehen in Beziehung zueinander, da sie Unterteilungen der Normgrößen der alten Metrologie, nämlich der Polachse der Erde und ihres Umfanges, sind. Im folgenden einige der bekannteren Unterteilungen. Die Werte der längeren Einheiten stehen zu den kürzeren im Verhältnis von 176 zu 175.

Liste der alten Maßeinheiten mit ihren zwei Werten:

		langer Wert	kurzer Wert
Seemeile	(= 1 Minute geographischer Breite)	6082.56 ft. (bei 50°)	6048 ft. (bei 10°)
römische(r)	Fingerbreite (*digit*)	0.0608256	0,06048
	Fuß (= 16 Fingerbreit)	0,9732096	0,96768
	Elle (= 1 1/2 Fuß)	1,4598144	1,45152
	Schritt (= 2 1/2 Fuß)	2,433024	2,4192
	Stadie (= 500 Fuß)	486,6048	483,84
	Stadie (= 600 Fuß)	583,92576	580,608
	Achtelmeile (*furlong*) (= 625 Fuß)	608,256	604,8
	Meile (= 8 Achtelmeilen)	4866,048	4838,4
griechische(r)	Fuß	1,01376	1,008
	Elle	1,52064	1,512
	Stadie (= 500 Fuß)	506,88	504
	Stadie (= 600 Fuß)	608,256	604,8
	Achtelmeile	633,6	630
	Meile	5068,8	5040
ägyptische(r)	Fuß	1,152	$1{,}1\overline{45}$
	Elle	1,728	$1{,}7\overline{18}$
	Stadie (= 600 Fuß)	6912	$687{,}\overline{27}$
	Achtelmeile	720	$715{,}\overline{90}$
	Meile	5760	$5727{,}\overline{27}$
jüdische(r)	Fingerbreite	0,086893714	0,0864
oder	Fuß	1,3902994	1,3824
heilige(r)	Elle	2,0854491	2,0736
	Schritt oder Rute	3,475785	3,456

DIE DIMENSION DER ERDE

Die Hauptnorm der alten Geodäsie war die Polachse der Erde, eine mikrokosmische Entsprechung des ewig gleichbleibenden Pols des Universums, der die fixierte Norm der alten Kosmologie bildete. Vor vielen Tausenden von Jahren war die Länge der Erdachse genau bekannt, ebenso die anderen Dimensionen der Erde. Noch erstaunlicher für die heutige Mentalität ist die Tatsache, daß die Menschen der Frühzeit fähig waren, diese verschiedenen Dimensionen zu kodifizieren und sie durch eine Reihe einfacher Proportionen zueinander in Beziehung zu setzen.

Die alte Schätzung der Länge des polaren Radius war, wie schon oben erwähnt:

$$20{,}854\,491 \text{ ft.} = \frac{12^4 \times 10^3 \times 176 \text{ ft.}}{175}$$

= 3949,7142 englische Meilen

$$= \frac{12^3 \times 2^4}{7} \text{ Meilen}$$

= 6,000 000 heilige Ruten à 3,4757485 ft.

$$= \frac{\text{mittleren Umfang} \times 10}{63}$$

Der mittlere Radius der Erde wurde in Proportionen zur Polarachse, zum Erdumfang und zu den Einheiten der alten Metrologie definiert als:

$$20{,}901\,888 \text{ ft.} = \frac{\text{Polarradius} \times 441}{440}$$

= 3958,6909 Meilen

$$= \frac{\text{mittlerer Umfang} \times 7}{44}$$

= $12^6 \times 7$ ft.

= 20, 736 000 kürzere griechische Fuß a 1,008 ft.

= 21, 600 000 kürzere römische Fuß a 0,96768 ft.

Es ergab sich, daß auch der äquatoriale Radius durch eine einfache Proportion zur Polachse in Beziehung stand. Seine Länge ist:

$$20{,}926\,902 \text{ ft.} = \frac{\text{Polradius} \times 289}{288}$$

= 3963,4284 Meilen

Um die Länge des Äquators zu erhalten, multipliziert man den äquatorialen Radius mit 2π. Im Altertum verwendete man $\frac{22}{7}$ und andere Näherungen für π in Brüchen, von denen $\frac{22698}{7225}$ oder 3,1415916 die eleganteste ist. Das ergibt den Wert von 131,487 560 ft. oder 24,902,948 Meilen für die Strecke um den Äquator. Wiederum gibt es hier eine einfache numerische Beziehung zwischen dieser Zahl und der Länge des mittleren oder meridionalen (mittäglichen) Erdumfanges:

meridionaler Umfang	= 24,883,2 Meilen
$\frac{24,883,2 \times 1261}{1260}$	= 24,902,948
24,902,948 Meilen	= Umfang am Äquator

Diese alte Schätzung der Länge des Äquators bedeutet, daß ein 360stel davon, das heißt ein Grad äquatorialer Länge, 365 243,22 ft. mißt. Diese Zahl enthält einen klaren Bezug auf die 365,242 Tage des Jahres, ein typisches Beispiel für die Art und Weise, wie astronomische Distanzen und Zeitzyklen gleichzeitig in denselben kosmologischen Diagrammen und durch dieselben kosmologischen Zahlen ausgedrückt wurden. Dieser Punkt soll unten kurz durch einen Vergleich zwischen den Zahlen illustriert werden, die sich aus den alten Maßeinheiten ergeben, wenn sie auf den Erdumfang angewendet werden, und solchen, die traditionellerweise Zeitzyklen bezeichnen.

meridionaler Erdumfang	= 131 383 396 ft. oder $\frac{12^5}{10}$ Meilen
	= 25 920 längere griechische Meilen
	= 129 600 000 längere griechische Fuß
	= 86 400 000 längere griechische Ellen

Die entsprechenden Zahlen in den Zyklen der traditionellen Chronologie sind:

25 920 Jahre	=	das „Große Jahr", in dem die Sonne ihren Lauf durch den Tierkreis vollendet
1 296 000 Jahre	=	Tretâ-Yuga, einer der Hindu-Zyklen
8 640 000 000 Jahre	=	ein Tag und eine Nacht von Brahma in der Hindu-Chronologie

Die Strecke um den Äquator, in der ein Grad die gleiche Anzahl Fuß enthält, wie es in tausend Jahren Tage gibt, offenbart uns, wie es kam, daß der englische Fuß (dessen Ursprung bis auf die sumerische Metrologie zurückverfolgt werden kann) zur grundlegenden Einheit im Kanon der Erdmaße geworden ist. Anders als die übrigen Einheiten der alten Metrologie, die sich auf Breitengrade bezogen und aus diesem Grund an verschiedenen Orten der Erde verschiedene Werte hatten, bezeichnete die englische Fuß-Einheit eine konstante Strecke, nämlich ein Grad im Umkreis des Äquators. Sie hatte deshalb nur einen Wert, dieselbe konstante Länge, die sie bis zum heutigen Tag bewahrt hat. Wieviel würdiger ist dieses ehrwürdige Kulturgut der Pflege und des Studiums als der anmaßende, pseudowissenschaftliche Meter! Wie gut eignet sich auf der anderen Seite doch der Meter, mit der ihm eigenen Banalität und Bedeutungslosigkeit, die Werte der modernen Prozesse zu repräsentieren, für die er erfunden worden ist!

Die Analyse der obigen Zahlen für die Dimensionen der Erde zeigt, daß die grundlegende kleine Einheit der Geodäsie die jüdische Halb-Elle (sie sollte eigentlich ein Fuß genannt werden) à 1,04272455 ft. war, von der der äußere Durchmesser des Oberschwellenrings von Stonehenge hundert Einheiten mißt und die Stadie à 521,36227 ft. fünfhundert. Durch diese Stadie können die relativen Erddimensionen sehr gut ausgedrückt werden.

521,36277 x 40 000	=	20 854 491 ft. oder polarer Radius
$\frac{521{,}36277 \times 441\,000}{11}$	=	20 901 888 ft. oder mittlerer Radius
$\frac{521{,}36277 \times 722\,500}{18}$	=	20 926 902 ft. oder äquatorialer Radius
521,36277 x 252 000	=	131 383 296 ft. oder mittlerer Erdumfang
521,35277 x 252 200	=	131 487 560 ft. oder äquatorialer Umfang

Das Erscheinen der Zahl von 252 000 Stadien als Maß für den Erdumfang bringt Licht in ein altes Geheimnis, das in der Gelehrtenwelt lange diskutiert wurde und die Dimensionen der Erde betrifft, wie sie von Eratosthenes Ende des 3. Jahrhunderts v. Chr. verkündet wurden. Dieser gelehrte Grieche war Direktor der Bibliothek von Alexandria, und er widmete sich mit solcher Hingabe seinen Studien, daß er, als sein Augenlicht versagte, einfach an seinem Pult sitzen blieb, bis er verhungert war. Von vielen klassischen Autoren wird die Geschichte wiedergegeben, er habe den Umfang des Globus gemessen und als Resultat 252 000 Stadien erhalten. In diesem Fall muß er die jüdische Stadie à 521,36277 ft. verwendet haben, die die oben angeführten geodätischen Eigenschaften hat. Die Überlieferung berichtet, daß Eratosthenes von einem Brunnen in Syene, dem heutigen Assuan am südlichen Rand von Unterägypten, erfuhr, wo die Sonne am Mittag der Sommersonnwende genau im Zenit stand und deshalb keinen Schatten warf. Zur gleichen Zeit maß er den Winkel des Sonnenschattens bei einem anderen Brunnen in Alexandria, stellte fest, daß dieser 7° 12' oder den fünfzigsten Teil eines 360°-Kreises betrug, und schloß daraus, daß Alexandria 7° 12' geographischer Breite nördlich von Syene liegen mußte. Anschließend wurde die Distanz zwischen den zwei Orten gemessen, und durch die Multiplikation der erhaltenen 5040 Stadien mit 50 erhielt man für den Erdumfang die besagten 252 000 Stadien.

Diese Erklärung ist nicht so gut wie die Zahlen, die sie vernunftmäßig zu erklären versucht: 252 000 jüdische Stadien oder 131 383 296 ft. ist tatsächlich die Länge des Erdumfanges, aber Eratosthenes konnte diese Tatsache unmöglich mit den Methoden entdeckt haben, die ihm hier zugeschrieben werden. Syene befindet sich gar nicht auf dem Wendekreis des Krebses, wo die Mittsommer-Sonne am Mittag im Zenit steht, und es liegt auch nicht auf demselben Meridian wie Alexandria, das sich drei Längsgrade weiter westlich befindet, so daß die Distanz zwischen den Orten keinen direkten Bezug zum Problem der Messung des Erdumfangs hat. Da Eratosthenes zwar die richtige Antwort auf das Problem gegeben hat, aber mit den falschen Beweisen belegte, muß man annehmen, daß seine Information nicht aus der wissenschaftlichen Forschung stammt, sondern aus irgendeiner anderen Quelle. In der Bibliothek von Alexandrien wurden zu dieser Zeit viele alte Schriften und Aufzeichnungen über wissenschaftliche Gebiete wie der Geodäsie gesammelt. Unter diesen konnte Eratosthenes wohl die traditionellen und korrekten Zahlen für die Dimensionen der Erde gefunden haben. Als er diese jedoch zu begründen suchte, entstellte er die Berichte, die von den alten ägyptischen Geometern stammten. Die gemessene Strecke war nicht die von Syene nach Alexandria, sondern diejenige von Syene in Nordrichtung entlang dem Meridian bis zu dem Punkt, wo dieser auf die ägyptische Küste an der östlichen Seite des Nildeltas trifft, genau symmetrisch gegenüber von Alexandria und auf derselben Breite. Diese Strecke mißt tatsächlich 5040 Stadien oder 497,664 $\frac{(=12^5 \text{ Meilen})}{500}$, ein Fünfzigstel des Erdumfangs.

Die Dimensionen der Erde nach alten und modernen Schätzungen

Erdradien in Meilen	polare	mittlere	äquatoriale
alte Geodäsie	3949,7142	3958,6909	3963,4284
Encyclopedia Americana, 1977	3949,887	–––	3963,338
Encyclopedia Britannica, 1971	3949,921	3958,7	3963,221
Clark, 1866	3949,573	–––	3962,117 bis 3963,42

PYRAMIDEN-VERMESSER

Die Cheops-Pyramide, in jeder Beziehung die größte der ägyptischen Pyramiden, ist schon seit langem der bevorzugte Jagdgrund für Forscher auf dem Gebiet von prähistorischer Wissenschaft und Maßeinheiten. Verschiedene Autoren des Altertums haben darauf hingewiesen, daß ihre Dimensionen eine besondere Bedeutung haben, und es heißt, die weißen Marmorsteine ihrer Verkleidung, die schon längst entfernt worden sind, um beim Bau der Moscheen und Paläste von Kairo zu dienen, hätten Buchstaben und Symbole getragen, die das gesamte Wissen des Altertums enthielten.

Die Große Pyramide hat Gelehrte aus jeder Generation angezogen, seit Greaves 1638 seine gefährliche Reise nach Ägypten machte, ausgerüstet mit eigens dafür konstruierten Meßinstrumenten und in der Hoffnung, durch die Analyse ihrer Maßeinheiten die wahren Dimensionen der Erde feststellen zu können. Die französischen Wissenschaftler, die 1798 Napoleon auf seinem ägyptischen Feldzug begleiteten, gehörten zu den ersten auf diesem Gebiet. Einer von ihnen, E.-F. Jomard, machte nach einer sorgfältigen Vermessung der Pyramide eine Reihe von erstaunlichen Feststellungen: Ihre Dimensionen zeigten, daß ihr Erbauer ein genaues Wissen über die Erde und das Sonnensystem besessen hätten, und daß ihre innere Königskammer durch Lüftungsöffnungen klimatisiert war, die dafür sorgten, daß in ihr eine ständig gleichbleibende Temperatur herrscht, was sie zu einem idealen Aufbewahrungsort für Maß- und Gewichtsnormen machte. Das entsprach Überlieferungen, die man bei gewissen klassischen Autoren finden kann, aber es vertrug sich nicht mit der wissenschaftlichen Orthodoxie der Zeit. Die Franzosen hatten eben ihren Meter erfunden, der angeblich auf einem Bruchteil des Erdumfangs basierte, und die Idee, daß dieser wissenschaftliche Triumph vom Altertum vorweggenommen und gar übertroffen worden sein könnte, erschien unerträglich. Seit jener Zeit hat der bittere Streit zwischen jenen, die die Große Pyramide als einen Aufbewahrungsort hohen Wissens des Altertums sehen, und jenen, deren akademisches Training in Ägyptologie und Alter Geschichte es ihnen verbietet, die Sache ernst zu nehmen, nicht aufgehört.

Das 19. Jahrhundert sah eine erste Hochblüte der Pyramidenforschung, und die zweite erleben wir heute. Unter den ersten der auffallenden Eigenschaften der Pyramide, auf die man aufmerksam wurde, war ihre geographische Lage. Man stellte nämlich fest, daß nicht nur ihre vier Seiten präzise nach den vier Hauptrichtungen des Kompasses orientiert waren. Sie standen auch beinahe auf dem dreißigsten nördlichen Breitengrad, genau auf der Verbindungslinie zwischen den zwei Polen der Erde, die über mehr Land und weniger Wasser verläuft als jede andere, und exakt am Scheitelpunkt eines Kreisquadranten, der die Kurve des Nildeltas umschließt. Ihre Lage machte sie also zu einem perfekten Bezugspunkt für eine Vermessung der Erde.

Der scharfsinnigste der frühen Pyramidenforscher war John Taylor, dessen Buch *The Great Pyramid* 1859 erschienen ist. Er selbst hat nie den Boden Ägyptens betreten, doch die Schlußfolgerungen, die er aus den Messungen anderer gezogen hat, inspirierten viele, die später das Bauwerk untersuchten.

Der Neigungswinkel der Pyramide ist durch ein paar überlebende Umfassungssteine an der Basis bewahrt worden und stellte sich als 51° 51' heraus.

Dieser Winkel ist, wie Taylor erkannte, der π-Winkel, was bedeutet, daß die ursprüngliche Höhe der Pyramide den Radius eines Kreises darstellte, dessen Umfang der Umkreis ihrer Basis repräsentierte. Er entdeckte noch weitere mathematische Subtilitäten in den Proportionen der Pyramide, und kam so annähernd zu den selben Schlußfolgerungen wie Jomard, daß das Bauwerk eine Aufzeichnung des Wissens der Menschen des Altertums über die Dimensionen der Erde darstellte. Er schätzte das Alter der Pyramide auf etwa 4000 Jahre und glaubte, sie sei nicht lange nach der Sintflut gebaut worden. Da die Erde nach biblischer Chronologie im Jahre 4004 v. Chr. geschaffen worden ist, blieb in den Jahren dazwischen kaum genug Zeit, daß sich die menschliche Wissenschaft ohne Hilfe so weit entwickelt haben konnte, und deshalb schlug Taylor vor, daß die Nachkommen Noahs die Pyramide unter Anleitung Gottes erbaut hätten. Diese Idee zieht sich denn auch durch die gesamte Pyramiden-Literatur bis zum heutigen Tag.

Taylors Schwerpunkt war die Metrologie. Er bestimmte die Längen von mehreren der alten Maßeinheiten korrekt, einschließlich der ägyptischen königlichen Elle à 1,728 ft. $(\frac{12^3}{1000})$, von der in den vier Seiten der Pyramidenbasis 1750 enthalten sind. Ihm fiel auch auf, daß der polare Durchmesser der Erde ungefähr 500 Millionen britische *inches* (Zoll) mißt. Auf diese Tatsache machte später auch der Astronom Sir John Herschel in einem Brief an die Londoner *Times* (vom 30. April 1869) aufmerksam, der dort anregte, daß der *inch* um einen Tausendstel verlängert werden sollte, damit er mit der Polarachse kommensurabel sei, und daß die Franzosen diese echte geodätische Einheit anstatt dem metrischen System übernehmen sollten.

Dieser Vorschlag fand einen leidenschaftlichen Verfechter in dem berühmtesten aller Pyramidenforscher, Professor Piazzi Smyth, dem *Astronomer Royal* für Schottland. Er war begeistert von Taylors Buch, und im Jahr von Taylors Tod, 1864, schifften sich er und seine Frau nach Kairo ein, in ihrem Gepäck einen Stapel Mahagoni-Kisten, die einige der besten Vermessungsinstrumente jener Zeit enthielten. Ganz der Gewohnheit der Pyramidenforscher vor ihnen folgend, bezogen die Smyths Unterkunft in einem nahe gelegenen Felsengrab.

Die Wirkung, die der Besuch der Großen Pyramide auf Piazzi Smyth hatte, war die eines mystischen Trips in den Osten. Er wurde besessen von ihren Wundern. In den zwei Büchern *Life and Work at the Great Pyramid* und *Our Inheritance in the Great Pyramid* verkündete er diese in großer Ausführlichkeit und in einem Ton ehrfürchtigen Staunens. Zwischen den Seiten voller

Abb. 39 Die Steinkiste in der Königskammer der Großen Pyramide in dem Zustand, in dem sie sich im frühen 19. Jahrhundert befand, bevor Souvenierjäger Stücke von ihr abschlugen und dadurch genaue Messungen unmöglich wurden. Man nahm an, daß ihre Dimensionen verschiedene Maßeinheiten und andere wissenschaftliche Informationen ausdrückten.

Messungen und Berechnungen schrieb er lange Passagen, in denen er die Göttliche Intelligenz lobte, die die Erbauer der Pyramide inspiriert hatte, ihre Dimensionen in Proportion zu Größe, Form und Gewicht der Erde und den Distanzen zwischen den Planeten zu gestalten. Er fand außerdem in der Pyramide Hinweise auf eine Zeitmessung sowie ausgedrückt in Distanzen, Anzeichen dafür, daß die verschiedenen Längen ihrer inneren Passagen so angelegt waren, daß sie eine Aufzeichnung von Episoden der »heiligen Geschichte« und Prophezeiungen für künftige Zeiten darstellten. Die Einheit, die zur Interpretation dieser in der Pyramide kodifizierten Informationen verwendet werden mußte, war der Pyramiden-Zoll, derselbe, den Herschel den Franzosen zur modernen Anwendung vorgeschlagen hatte und der 1,001 des heute in Großbritannien verwendeten *inch* mißt.

Piazzi Smyth hatte den Mut, seine Überzeugung zu vertreten und war kühn genug, den Versuch zu machen, seine wissenschaftlichen Kollegen zu dem Glauben zu bekehren, den er selbst durch die Pyramiden-Messungen erlangt hatte; aber er war, wie man sich denken kann, nicht erfolgreich. Die meisten gingen seinem Werk völlig aus dem Weg, während andere sich offen darüber lustig machten. Der langatmig gewundene, religiös-ernste Stil, in dem die Bücher geschrieben waren, machten sie zu einem leichten Ziel für den Spott der Rezensenten. Ein typisches Beispiel dafür ist jener Journalist, der als Parodie auf *Our Inheritance* berichtete, er habe eine Seite des Buches gemessen und herausgefunden, daß sie einem hundertmillionsten Teil des Erddurchmessers entspreche. Smyth hätte wahrscheinlich antworten können, daß das tatsächlich der Fall sei, weil das Buch in Einheiten des Pyramidenzolls gestaltet worden sei.

Unter den Pyramidologen seiner und späterer Zeiten, die religiöse Tendenzen hatten, wurden Piazzi Smyths Bücher zu Klassikern. Die Gelehrtenwelt hat aber nie einen guten Faden an ihnen gelassen, und der Widerwille, den Archäologieprofessoren heute noch für die ganze Frage der Pyramidenmessungen hegen, ist zum größten Teil auf sie zurückzuführen. Um die Angelegenheit im positiven oder negativen Sinne zu entscheiden, bedarf es offensichtlich in erster Linie einer genauen, unparteiischen Pyramiden-Vermessung. Eine solche ist von W. M. Flinders Petrie, der auch Stonehenge vermessen hat, unternommen worden, der an der Pyramide von 1880 an viele Jahre lang arbeitete, sowie von einem

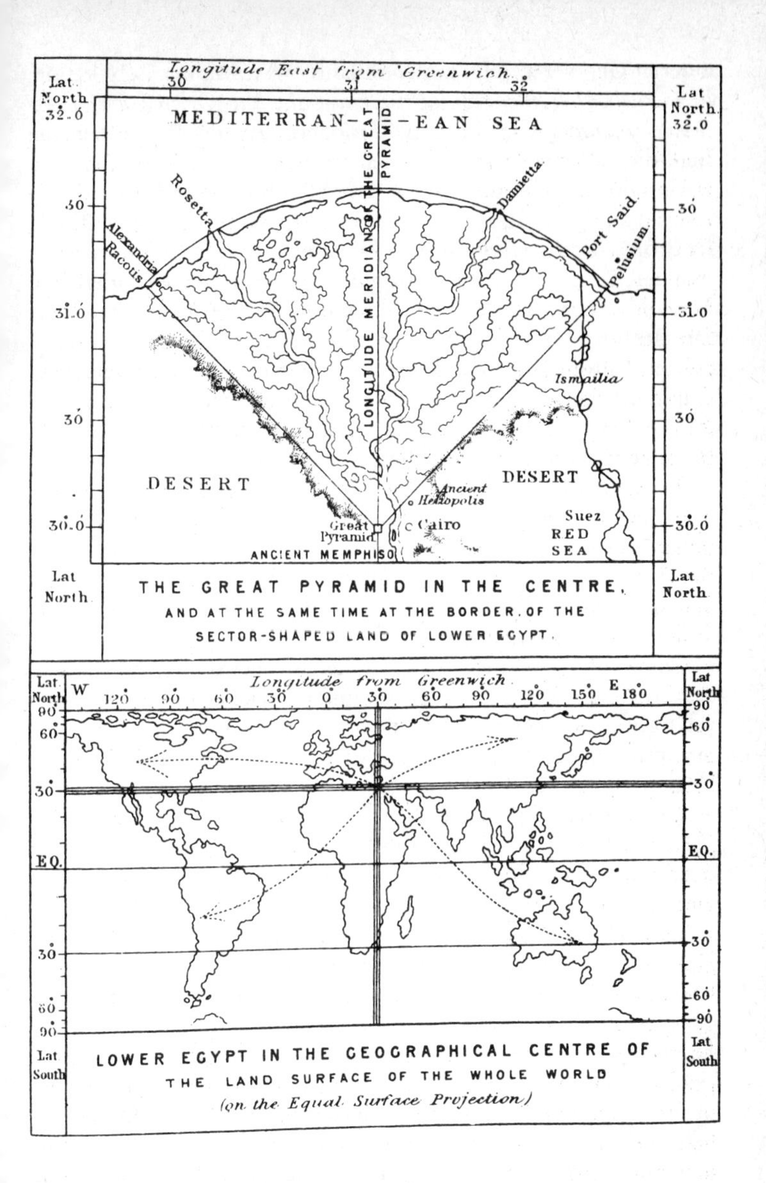

Abb. 40 Piazzi Smyths Demonstration der Position der Großen Pyramide in Relation zum Nildelta und zu den Landflächen des Globus.

anderen Geometer, J. H. Cole, im Jahre 1925. Mit der Publikation von Cole's *Determination of the Exact Site and Orientarion of the Great Pyramid of Giza* begann die moderne Ära der Pyramidenstudien, die auf zuverlässigen Zahlen beruhte.

Als ein Resultat der langen Beschimpfungs- und Anschwärzungskampagne gegen Piazzi Smyth und seine Anhänger durch die Professoren der ägyptischen Archäologie begannen die meisten gebildeten Leute die Beschäftigung mit den Dimensionen der Pyramide mit verschrobenen Sekten oder der Bewegung der »British Isrealites« in Verbindung zu bringen. (Die »British Israelites« sind eine protestantische Bewegung, die zur Zeit Cromwells entstand und überzeugt ist, daß die »verlorenen zehn Stämme Israels« die Ahnen der Stämme Großbritanniens seien. Anm. d. Übers.) Das Thema übt auch tatsächlich eine große Anziehungskraft auf leicht erregbare und zwanghafte Menschen aus, doch die Einsichten solcher Leute nehmen oft diejenigen ihrer nüchternen Zeitgenossen vorweg, und die Hingabe, mit der sich so viele von ihnen dem Studium der Großen Pyramide gewidmet haben, ist eher ein Zeugnis für die immerwährende Faszination des Themas, als daß sie es diskreditieren würde.

Genau die Faszination, die von diesem Thema ausgeht, machte es schließlich unmöglich, es zu unterdrücken. Zu Anfang der siebziger Jahre dieses Jahrhunderts schwemmte eine Flut von Büchern und anderen Schriften über die Mathematik und die Magie der Großen Pyramide die Hemmungen hinweg, die es so lange umgeben hatten. Der hauptsächliche Promotor dieser Flut war Peter Tompkins, dessen Buch *Secrets of the Great Pyramid* 1971 erschienen ist. (Dt.: *Cheops. Die Geheimnisse der Großen Pyramide,* München, 1979.) Tompkins war der erste, der eine Übersicht über die gesamte Geschichte der Pyramidenforschung publizierte. Viele der interessantesten Arbeiten und Beobachtungen der frühen Pyramiden-Vermesser sind an nur schwer zugänglichen Orten erschienen oder gar nur als Manuskript vorhanden, und einige von ihnen sind auch mehr überschwenglich als zusammenhängend. Doch Tompkins hat es geschafft, alle relevanten Dokumente aufzuspüren, zu deuten und die verschiedenen Ideen der außerordentlichen Folge von Gelehrten, die sich der Pyramidenforschung gewidmet haben, mit Sympathie und Klarheit darzustellen. Im weiteren zeigt er, wie viele der alten Theorien, die die Dimensionen der Pyramide mit denjenigen der Erde und des Kosmos in Verbindung bringen, durch die Ergebnisse der modernen Geodäsie gestützt werden. Diese Feststellung war dann auch der Anlaß zu seinen eigenen Nachforschungen auf dem Gebiet der Pyramidenwissenschaft, deren Resultate das Buch enthält, ergänzt durch einen gelehrten Essay über alte Maßeinheiten von Dr. Livio Stecchini.

Dieses attraktive, reich illustrierte Buch trug mehr dazu bei, die Pyramidenforschung im breiten Publikum populär zu machen, als irgendeines seiner Vorläufer, zu denen in diesem Jahrhundert u. a. das lange und ausführliche Werk *Great Pyramid* von D. Davidson und H. Aldersmith (1925) gehörte, außerdem die fünfbändige *Parymidology* von Adam Rutherford (1957) und das prophetische Buch *Great Pyramid Passages and Chambers* von J. und M. Edgar (1923). Wertvolle Beiträge zur Literatur aus der jüngsten Zeit sind Peter Lemesuries *The Great Pyramid Decoded* (1977; deutsche Übersetzung *Geheimcode Cheops*, München, 1982) und *Pyramid Odyssey* von William Fix (1978). Ebenfalls in die siebziger Jahre fiel das Erscheinen einer Reihe von populären Büchern über »Pyramiden-Energie«, die eine Fülle von anregenden Spekulationen über die frühere und heutige Verwendung der Pyramidenform im Zusammenhang mit Therapien, der Anregung des Pflanzenwachstums, der Konservierung von Leben und Materie und vielen anderen interessanten Gebieten enthalten. Die Pyramide ist der Gegenstand eines epidemischen Kultes geworden, der weit wilder blüht als alles, was Piazzi Smyth damals in Gang brachte, und der seriösen Forschung ebenso viel Schaden zufügt.

ZAHLEN UND TATSACHEN ZUR PYRAMIDE

Von den verschiedenen Arten von Dimensionen der Großen Pyramide ist die der Seitenlängen an der Basis für Messungen am einfachsten zugänglich. Wenn man die Zahlen für sie in den Publikationen des 19. Jahrhunderts verfolgt, kann man sehen, wie sie größer und größer werden, je mehr die Beseitigung der Trümmer vom Fuß der Pyramide deren untersten Teil allmählich sichtbar machte. Schließlich wurden die Reste der Steinverkleidung um die Basis herum freigelegt, und die Plattform, auf der das ganze Gebäude steht, die Pflasterung darum und die Rillen oder Fassungen darin, die vielleicht die Position von Stützplatten für die Ecksteine an den Winkeln der Pyramide anzeigen, wurden sichtbar. Diese Einzelheiten und andere kaum merkbare Eigenschaften wie das minimale Zurückweichen der Pyramidenseiten in Richtung auf das Apothem (die Linie von der Spitze zum Zentrum der Basis) erlauben mehrere verschiedene Interpretationen der ursprünglichen Länge der Basislinie.

Durch Messungen entlang des Fußes der Verkleidungssteine erhielten Petrie und Cole die folgenden Werte für die Längen der vier Basisseiten (die bei Cole in *inches*, hier aber in englischen Fuß angegeben sind):

Nordseite	755,783	755,425
Südseite	755,792	756,083
Ostseite	755,642	755,875
Westseite	755,717	755,766
im Durchschnitt	755,733	755,785

Die große Länge der Basis ermöglichte es beiden Geometern, nachzuweisen, daß die Ausrichtung der vier Pyramidenseiten auf die vier Kardinalpunkte bis zum Bruchteil eines Grades genau war, doch die Schwierigkeit, die ursprüngliche Länge der Basisseiten festzustellen, wird an den leichten Differenzen zwischen den obenstehenden Zahlen ersichtlich. Petrie ebenso wie auch Cole arbeiteten mit peinlichster Genauigkeit und verwendeten hochentwickelte Instrumente mit eingebauten Thermometern, um den Einfluß der Temperatur in die Berechnungen miteinbeziehen zu können. Doch die Dimension der Pyramide, wie sie ursprünglich beabsichtigt waren, können niemals durch Messungen allein genau bestimmt werden, denn es gibt immer Fehlerquellen, die nicht eliminiert werden können, wie zum Beispiel Fehler der Baumeister selbst, solche der modernen Geometer und nicht zuletzt der Zahn der Zeit. Die Daten der Geometer können schließlich nur durch die Kenntnis der präzisen Werte der Maßeinheiten interpretiert werden, die beim Bau verwendet worden sind. Wenn wir uns die Liste der alten Maße auf Seite 155 ansehen, liegt der Schluß nahe, daß der Umkreis der Basis 3024 ft. messen sollte, was für die durchschnittliche Länge jeder Seite 756 ft. ergibt. Die Gesamtlänge der vier Seiten der Pyramide ist dann:

3024 ft.	=	1750 längere ägyptische Ellen a 1,728 ft.
	=	1760 kürzere ägyptische Ellen a 1,71818 ft.
	=	2000 kürzere griechische Ellen a 1,512 ft.
	=	3000 kürzere griechische Fuß a 1,008 ft.
	=	3125 kürzere römische Fuß a 0,96768 ft.

Viele Autoren sind der Auffassung, daß die Strecke um die Außenseite der Fassungen, nicht diejenige um die Basis der Verkleidungssteine herum das vollständige Maß der Pyramide darstelle. Hier sind die Ergebnisse der Geometer keine große Hilfe. Die sogenannten Fassungen an den vier Ecken der Pyramide sind bloße vertiefte Linien in der Pflasterung, und ihre Bedeutung ist vielleicht eher symbolisch als strukturell. Der zerfallene Zustand der Pyramidenbasis, besonders an ihrer südwestlichen Ecke, hat genaue Messungen unmöglich gemacht, aber das Beweismaterial, das in Veröffentlichungen vorliegt, erlaubt die Hypothese, daß die Distanz um die Fassungen herum ursprünglich 3041,28 ft. sein sollte. In diesem Fall müßten die längeren Versionen der oben aufgelisteten Maßeinheiten zur Anwendung kommen.

3041,28 ft.	=	1760 längere ägyptische Ellen a 1,7280 ft.
	=	2000 längere griechische Ellen a 1,52064 ft.
	=	3000 längere griechische Fuß a 1,01736 ft.
	=	3125 längere römische Fuß a 0,9732096 ft.

Die schärfste Debatte unter Pyramidologen betrifft das wichtigste aller Pyramiden-Maße, ihre beabsichtigte Höhe. Jeder Experte gibt dafür leicht verschiedene Schätzungen an, denen unterschiedliche Bedeutungen zugeschrieben werden. Eine direkte Messung dieses Wertes ist heute unmöglich, denn die obersten paar Steinreihen an der Spitze der Pyramide befinden sich nicht mehr an ihrem Ort oder sind, wie einige annehmen, nie gebaut worden. Der einzige Weg, die Höhe der fertigen Pyramide zu ermitteln ist deshalb die Messung ihres Neigungswinkels. Dieser Winkel ist in den großen Einfassungssteinen an der Basis erhalten geblieben, die mit einer Genauigkeit zugehauen und poliert wurden, die normalerweise eher bei Juwelieren oder Optikern als bei Steinhauern vorkommt. Petrie kam für die nördliche Pyramidenseite auf einen Winkel von etwa 51° 51'. Dieses Resultat wurde von den Pyramidologen als Bestätigung der Behauptung von Taylor und Piazzi Smyth begrüßt, daß die Pyramide eine Verkörperung der

Formel für die Zahl π sei, was bedeuten würde, daß ihre Höhe (bei einem Basisumkreis von 3024 ft. und $\pi = \frac{22}{7}$) 280 kürzere ägyptische Ellen oder 481,0909 ft. betragen würde.

Die Grenzen der Messung lassen aber auch noch eine andere Interpretation der Beziehung zwischen der Basis und der Höhe zu. Falls der Neigungswinkel nur ganz minimal kleiner wäre, 51° 49' 38", um genau zu sein, würde er nämlich den φ-Winkel und nicht π repräsentieren.

Das Symbol φ wird von den Mathematikern benützt, um die Proportionen des »Goldenen Schnittes« darzustellen. Den Wert für φ, nämlich 1,61803399..., erhält man durch Addition von 1 und der Wurzel von 5 und die Division der erhaltenen Summe durch 2. Es kommt in der Mathematik als das Intervall zwischen den einzelnen Zahlen der *Fibonacci-Reihe* vor, deren erste Ziffern 1, 2, 3, 5, 8, 13, 21, ... lauten und in der jede nachfolgende Zahl gleich der Summe der zwei vorangehenden ist. Je weiter die Reihe fortschreitet, um so mehr nähert sich das Verhältnis zwischen zwei einander folgenden Zahlen der Zahl φ. Diese kommt auch in der Natur vor. Zum Beispiel in der Sonnenblume, deren Kerne auf ihrem Kopf in Spiralen angeordnet sind, wobei jede Spirale etwa φ mal mehr Kerne enthält als die weiter innen liegende.

Falls die Pyramide nach der π-Formel gebaut worden ist, wäre ihre Höhe gleich dem Umkreis ihrer Basis, dividiert durch 2π. Falls sie aber als Verkörperung von φ errichtet worden ist, wäre ihr Apothem gleich der halben Länge der Basis, multipliziert mit φ und ihre Höhe wäre gleich der halben Basis multipliziert mit $\sqrt{\varphi}$. Die untenstehenden Zahlen zeigen, wie minimal die Differenz zwischen den beiden Resultaten ist.

Die Länge der Basis wurde als 756 ft. angenommen.

in $\pi = \frac{22}{7}$ ausgedrückt:	Höhe	= 481,0909 ft.
	Apothem	= 611,8 ft.
in φ = 1,618 ausgedrückt:	Höhe	= 480,8 ft.
	Apothem	= 611,6 ft.

In der tatsächlichen Konstruktion der Pyramide wären diese Differenzen selbstverständlich nicht feststellbar. Es geht jedoch darum, die Ideen und Intentionen der Erbauer zu rekonstruieren.

Stecchini schlug vor, die Spitze sei so konstruiert worden, daß sie etwas neben das Zentrum zu liegen kam und daß jede Seite der Basis eine etwas andere Länge und jede Seitenfläche einen anderen Neigungswinkel erhielt, so daß sich vier verschiedene Basis-Höhe-Verhältnisse ergäben, von denen jedes eine bestimmte mathematische Formel darstellte. Auf diese Weise könnten die Funktionen sowohl von π wie auch von φ gleichzeitig im selben Bauwerk dargestellt werden.

Es gab noch eine weitere Einrichtung, durch die die Ägypter fähig waren, verschiedene mathematische Ausdrücke in einer einheitlichen Struktur auszudrücken. Diese Vorrichtung war das *Pyramidion*, eine Miniaturausgabe der Pyramide selbst, die als deren Spitze diente. Man weiß von anderen Pyramiden und Obelisken in Ägypten, daß sie von einem Pyramidion gekrönt waren, das aus Gold oder sonst einem Metall gefertigt war und in der Sonne glänzte. Tompkins und Stecchini zitieren eine Passage aus dem Werk des Agatharchides von Knidos, einem Schriftsteller des 2. Jahrhunderts v. Chr., in der ein Pyramidion an der Spitze der Großen Pyramide erwähnt ist, das man in die Berechnungen einbeziehen könne oder nicht, was eine Fülle von mathematischen Demonstrationen ergäbe.

In einer seiner Schriften, die nur in Fragmenten erhalten ist und in den Werken anderer früher Autoren zitiert wird, gibt uns Agatharchides das Maß des Pyramiden-Apothems bis hinauf zum

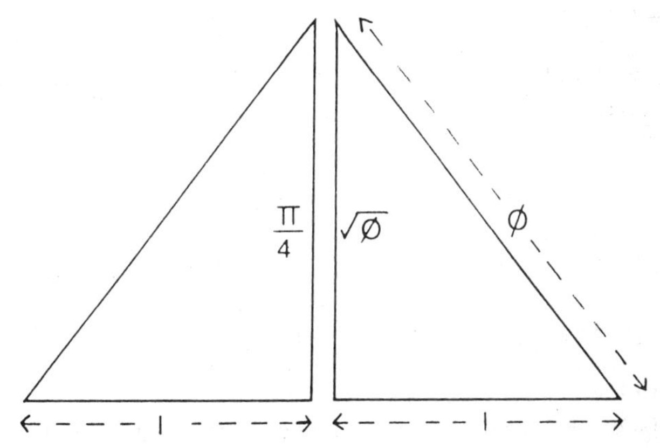

Abb. 41 Profil der Großen Pyramide, das in zwei Teile mit den Proportionen von π auf der einen und φ auf der anderen Seite geteilt ist.

Pyramidion, aber ohne dieses selbst, als 1 Stadie an. Er schreibt auch, die Länge der Basis sei gleich 1 ¼ Stadien. Das griechische Stadion oder die Stadie repräsentierte den zehnten Teil einer Minute geographischer Breite oder den sechshundertsten Teil eines Grades. Sie setzte sich entweder aus 600 griechischen, 625 römischen, 528 ägyptischen Fuß oder 175 heiligen Ruten zusammen, und entsprach deshalb entweder 608,256 ft. oder 604,8 f., je nach dem Breitengrad, den sie repäsentierte, und den entsprechenden längeren oder kürzeren Versionen der Einheiten.

Wenn Agatharchides davon spricht, daß die Seite der Pyramide 1 ¼ Stadien messe, ist es offensichtlich, daß er den kürzeren Wert der Stadie meinte, nämlich 604,8 ft. oder den zehnten Teil einer Minute geographischer Breite bei 10°.

Basislänge = 756 ft. = 1 1/4 x 604,8 ft.

Die Stadie, von der beim Maß des Apothems die Rede ist, ist die längere Version, die 608,256 ft. beträgt. Die Länge des ganzen Apothems der Pyramide war ungefähr 611,7 ft. Falls die Strecke bis hinauf zum Pyramidion die Stadie à 175 heilige Ruten, also 608,256 ft. war, dann würde sich mit einem Pyramidion, dessen Apothem eine heilige Rute mißt, eine volle Länge des Apothems der Pyramide von 176 heiligen Ruten oder 611,73175 ft. ergeben.

Länge des Apothems bis zum Pyramidion hinauf	= 608,256 ft.
	= 175 heilige Ruten
Länge des Apothems des Pyramidions	= 3,4757485 ft.
	= 1 heilige Rute
Länge des ganzen Apothems der Pyramide	= 611,73175 ft.
	= 176 heilige Ruten.

Ein weiteres Stück alter Überlieferung über die Proportionen der Pyramide stammt von Herodot, der erklärt, die Oberfläche der dreieckigen Pyramidenseiten sei gleich dem Quadrat über der Höhe. Das bedeutet, daß die Proportionen durch die Zahl bestimmt wurden. Herodot fügt hinzu, die Fläche der Seiten betrage 8 *acres* (Morgen; entspricht 0,40467 Hektaren). Wenn das Apothem 611,73175 ft. mißt, und die Basis 756 ft., dann wäre die Fläche einer der Seite 231 234,6 Quadrat-ft., was 100 000 griechischen Quadrat-Ellen à 1,52064 ft. entspricht. Der *acre* wäre also in diesem Fall eine Fläche von 50×250 Ellen. Dieselbe Fläche ergibt sich durch das Quadrat über einer Höhe von 480,86858 ft.

Seitenfläche	= 611,73175 x 378 ft.
	= 231 234,6 Quadratft.
Quadrat über der Höhe	= $480{,}86858^2$ Quadrat-ft.
	= 231 234,6 Quadrat-ft.
	= 100 000 griechsche Quadrat-Ellen.

Die Bestätigung dafür, daß diese Fläche von 231 234,6 Quadrat-ft. in der Antike eine besondere Bedeutung gehabt hat, finden wir in Veröffentlichungen über die Maße der Parthenon-Basis, deren Seiten 150×66 ²/₃ Ellen betragen, was eine Fläche von 10 000 Quadrat-Ellen oder 23 123,46 Quadrat-ft. ergibt, genau ein Zehntel der Seitenfläche der Pyramide.

Unglücklicherweise können die obigen Zahlen für diese Lösung nicht ganz richtig sein, denn nach dem Gesetz der Gleichheit von Quadraten über den Seiten eines rechtwinkligen Dreiecks wird, wenn das Apothem 611,73175 ft. und die halbe Basis 378 ft. messen, die Höhe 480,9699 ft., was mehr ist als die Zahl von 480,86858, die oben vorgeschlagen wurde, und zwar ein Zehntel eines griechischen Fußes mehr. Die Analyse der äußeren Proportionen der Pyramide auf der Grundlage der neu erarbeiteten Werte der alten Metrologie zeigt außerdem, daß es mehrere andere Sets von Dimensionen gibt, die ebenfalls bedeutungsvolle Zahlen ergeben. Je nach Interpretation könnte die Länge des Apothems mit einem Spielraum von ein paar wenigen *inches* auch jeden der folgenden Werte annehmen:

611,672 ft.	= 356 kürzere ägyptische Ellen à $1{,}7\overline{18}$ ft.
611,73175 ft.	= 176 heiligen Ruten à 3,4757485 ft.
671,712 ft.	= 354 längere ägyptische Ellen à 1,728 ft.
612,01454 ft.	= Seite eines Quadrates mit einer Fläche von 400 000 römischen Quadratfuß à 0,96768 ft.

Ebenso verhält es sich mit der Höhe, für die verschiedene alternative Schätzungen möglich sind, einschließlich der bereits erwähnten von 480,86858 ft. und 481,0909 ft. (= 280 kürzere ägyptische Ellen).

Man könnte nun zum Schluß kommen, daß die Erbauer der Pyramide bei ihren Zahlen »pfuschten«, und sich mit einer Reihe von angenäherten Fehltreffern zufriedengaben; die Dimensionen wären dann als eine Art Mittel zwischen verschiedenen bedeutungsvollen Maßen und Proportionen gedacht. Doch die extreme Präzision, die für ihr ganzes Werk so charakteristisch ist, spricht gegen diese Annahme. Höchstwahrscheinlich hat Stecchini recht mit seiner Meinung, daß es in der Seitenlänge und im Neigungswinkel von jeder der vier Seiten der Pyramide leichte Variationen gegeben hat. Dafür spricht Coles Bericht von einer Linie, die etwa in der Mitte der nördlichen Seite in die Pflasterung eingeschnitten ist und die die Nord-Süd-Achse der Pyramide markieren könnte. Cole bemerkte, daß sie in Wirklichkeit nicht gleich weit von den beiden Ecken der Nordseite entfernt ist, sondern etwa 2,7 *inches* näher an der nordwestlichen als an der nordöstlichen Ecke liegt. Diese geringfügige Unregelmäßigkeit bedeutet, daß jede Halb-Basis eine andere Länge hatte. Die vier Seiten der Pyramide waren also in acht ungleiche rechtwinklige Dreiecke aufgeteilt, womit sich acht verschiedene Sets von Dimensionen ergaben. Durch die zusätzliche Verwendung eines oder sogar einer ganzen Reihe von aufeinandergeschichteten Pyramidions konnte ein großes Spektrum von numerischen Beziehungen in der Geometrie der Pyramide ausgedrückt werden.

Einen Einblick in die numerischen Methoden der Pyramidenbaumeister kann man auch aus der Analyse der Dimensionen des Pyramidions gewinnen, die bei Agatharchides erwähnt sind. Aufgrund der obigen Schätzungen waren seine Maße in bezug auf diejenigen der ganzen Pyramide die folgenden:

	Pyramidion	ganze Pyramide	Pyramiden-Stumpf
Höhe	2,7322078 ft.	480,86858 ft.	478,13636 ft.
Apothem	3,4757485 ft.	611,73175 ft.	608,256 ft.
relative Proportionen	1	176	175

Ausgedrückt in den Einheiten der alten Metrologie sind alle diese Dimensionen bedeutungsvoll:

2,7322078 ft. = Seite eines Quadrates mit einer Fläche von 1000 jüdischen *digits* (Fingerbreiten) à 0,864 ft.

480,86858 ft.	=	Seite eines Quadrates mit einer Fläche von 100 000 längeren griechischen Quadrat-Ellen à 1,52064 ft.
478,13636 ft.	=	Seite eines Quadrates mit einer Fläche von 100 000 kürzeren griechischen Quadrat-Ellen à 1,512 ft.
3,4757485 ft.	=	1 heilige Rute oder ein Sechsmillionstel des polaren Erdradius
611,73175 ft.	=	176 heilige Ruten
608,256 ft.	=	175 heilige Ruten oder ein Zehntel einer Minute geographischer Breite bei 50^{0}

In den obersten Zahlen verbirgt sich ein Hinweis auf eine der Funktionen des Pyramidions im Zusammenhang mit symbolischer Arithmetik. Wenn man seine Höhe als Multiplikator in Bezug zur Höhe der ganzen Pyramide nimmt, erhält man als Resultat:

Höhe des Pyramidions x Höhe der Pyramide x 10^5 = Umfang der Erde

2,7322078 ft. x 480,86858 ft. x 10^5 = 131 383 296 ft.

Dies ist nur eine der vielen Arten, auf die offensichtlich durch die Dimension der Pyramide die Dimensionen der Erde ausgedrückt worden sind. Daß die Pyramidenbauer von geodätischen Maßen Gebrauch machten, läßt ohne Zweifel auf die Existenz einer hochentwickelten geodätischen Wissenschaft in der Alten Welt schließen. In ihr Werk wurden auch Strecken eingebaut, die einfache Bruchteile der geodätischen Maße darstellten. Ein Beispiel:

Umkreis der Basis x $\frac{24^3}{2}$ = mittlerer Erdradius

3024 x 6912 = 20 901 888 ft.

Im Falle des konzeptuellen Umkreises der Pyramide, um die Fassungen gemessen, wurde die geodätische Interpretation, die folgt, aufgrund der Annahme gemacht, daß dieser $\frac{1}{175}$ größer ist als der Umkreis um die Basis selbst. Die konzeptuelle Höhe ist gleich dem konzeptuellen Umkreis multipliziert mit $\frac{7}{44}$

konzeptueller Umkreis	x 432 000	= Erdumfang
3041.28 ft.	x 432 000	= 131 383 296 ft.
konzeptuelle Höhe	x 432 000	= mittlerer Erdradius
483,84 ft.	x 432 000	= 20 901 888 ft.

Geodätische Bedeutung könnte auch die Tatsache haben, daß die Fläche, die die Basis der Pyramide bedeckt (756×756 Quadrat-ft.), ein Gebiet von 196 810 000 Quadratmeilen einnimmt, wenn man sie mit 96×10^8 multipliziert. Die moderne Schätzung der Erdoberfläche beträgt nämlich 196 836 000 Quadratmeilen.

Die einschüchternde Aufgabe, alle Formeln von Bedeutung auszuarbeiten, die in die Maße der Pyramide hinein kodifiziert sein können, hat bisher noch niemand in Angriff genommen. Einige der Strecken und Verhältnisse, die mit großer Wahrscheinlichkeit einen Teil des Gesamtschemas der Pyramide bildeten, sind oben vorgeschlagen worden, doch das Schema als ganzes ist bis heute ungelöst. Offensichtlich ist, daß jede einzelne der verschiedenen Strecken und Oberflächen in der Geometrie der Pyramide nach einem Maß gefertigt wurde, das von dem aller anderen leicht verschieden war, und daß die Anzahl der verschiedenen Sets von Dimensionen, die man auf diese Weise erhielt, durch die Verwendung eines Pyramidions noch vergrößert wurde. Es gibt auch Hinweise darauf, daß das Pyramidion, das bei Agatharchides erwähnt ist, die gesamte Höhe der Pyramide nicht ganz vervollständigte, sondern von einem noch kleineren Pyramidion gekrönt war. Eine Möglichkeit ist, daß die oberste Spitze durch eine kleine Modell-Pyramide gebildet wurde, deren Höhe von etwas mehr als 2 ½ *inches* (0,2223539 ft.) die Kluft zwischen den oben vorgeschlagenen zwei Versionen der Höhe (480,86858 ft. und 481,0909 ft.) überbrückt hätte und auch einen (2176×43 200)stel des mittleren Erdradius von 20 910 888 ft. darstellen würde.

Dies soll nicht die definitive Schätzung der Größe der Pyramidenspitze sein. Eine andere wird im folgenden Kapitel vorgeschlagen, und es ist möglich, daß beide diese Schätzungen und noch andere in der Struktur des Pyramidions vereint waren. Falls die Pyramide, wie ihre Legende es will, tatsächlich dazu bestimmt war, den gesamten Code des wissenschaftlichen Wissens des Altertums zu verewigen, wäre es für ihre Erbauer notwendig gewesen, das Pyramidion aufzugliedern, indem sie horizontale Linien auf ihm anbrachten, die verschiedene Versionen der Höhe darstellten, oder sogar, indem sie es in abnehmbare Teilstücke aufteilten. Es ergibt sich das Bild eines Marmor-Schlußsteins mit Inschriften, dessen Spitze aus einer weiteren Pyramide von Miniaturausmaßen gebildet wird, die vielleicht aus einem anderen Material besteht. Diese, und vielleicht noch andere Sektionen des oberen Teils des

Pyramidions, konnten je nach Bedarf entfernt oder angefügt werden.

Warum aber sollte in der Praxis so etwas überhaupt nötig sein, und warum sollte man sich solche Mühe mit Schlußstein, Pyramidien und geringen Variationen von Maßen machen? Wir haben es hier mit Fragen zu tun, die im Zusammenhang mit der praktischen Funktion der Pyramide diskutiert werden müssen.

DIE GOLDENE SPITZE

Wie die Literatur der Pyramiden-Vermesser zeigt, könnte man viele dicke Bände mit Schätzungen der äußeren und inneren Dimensionen der Pyramide und mit Spekulationen über deren geodätische, astronomische und prophetische Symbolik füllen. Die Beschäftigung damit übt eine solch zwingende Faszination aus, daß die Forscher dazu neigen, die wichtigste aller Fragen aus dem Auge zu verlieren, nämlich diejenige, warum das riesige Bauwerk überhaupt errichtet wurde. Ohne Zweifel sind in der Struktur der Pyramide viele wissenschaftliche Gesetze und Formeln kodifiziert, doch die Konservierung von solchen Informationen kann kaum das einzige Motiv ihrer Baumeister gewesen sein. Ihre numerischen Eigenschaften müssen mit Sicherheit irgendeinen praktischen Zweck im Zusammenhang mit der Form von Wissenschaft gehabt haben, der zu dienen die Pyramide gedacht war.

In den letzten Jahren war viel die Rede von »Pyramiden-Energien« und von der möglichen Funktion der Großen Pyramide als Akkumulator und Transformer von kosmischen Energien. Die Idee steht ohne Zweifel im Einklang mit der überlieferten Verwendung der Pyramide im Zusammenhang mit Initiation, Magie und Mystik, und auch das Vorkommen von symbolischen oder »magischen« Zahlenreihen in ihren Dimensionen spricht dafür. Durch die Verwendung von symbolischen Zahlen wurde in den alten Tempeln der Gott oder Aspekt der kosmischen Energie herbeigerufen, den diese Zahlen symbolisierten. Somit werden die Pyramidenforscher mit einem Instrument konfrontiert, das für eine Art von Wissenschaft gedacht war, die man heute nicht mehr (aner)kennt. Es ist aber nicht völlig unmöglich, sie zu rekonstruieren, denn ihre Aufzeichnungen sind in der Sprache der Zahlen erhalten geblieben, die in die Dimension der Pyramide eingebaut sind.

Diese Zahlen enthalten gewisse Hinweise auf das Wesen der ursprünglichen Funktion der Pyramide.

Alle, die die Pyramide vermessen haben, und alle, die ihre Dimensionen, ihren Zweck oder irgendeinen ihrer anderen Aspekte studieren, werden unweigerlich vom Thema ihrer Spitze angezogen. Viele der Hinweise in der Geometrie der Pyramiden und in ihren Zahlen führen zu dieser hin, und eine ganze Reihe von Forschern gaben der Vermutung Ausdruck, daß diese Hinweise in voller Absicht eingebaut worden seien, wie wenn den Baumeistern daran gelegen gewesen wäre, eine Aufzeichnung ihres wissenschaftlichen Codes in monumentaler Form zu hinterlassen, der durch eine zukünftige Generation interpretiert und wieder angewendet werden könne. Peter Lemesurier, der jüngste und überzeugendste der Interpreten von Pyramiden-Chronologien und -Prophezeiungen, gibt in seinem Buch *Great Pyramid Decoded* (deutsch unter dem Titel *Geheimcode Cheops*) eine detaillierte Begründung für seine Behauptung an, daß in den Dimensionen der inneren Räume der Pyramide die geschichtlichen Ereignisse der sechstausend Jahre, die auf ihren Bau im Jahre 2623 v. Chr. folgten, in ihren großen Zügen aufgezeichnet seien. Diese Dimensionen sollen den Zusammenbruch der gegenwärtigen Zivilisation um das Jahr 2004 n. Chr. und die etwa dreißig Jahre später folgende Rückkehr des Messias und die Geburt einer neuen Ordnung voraussagen. Das soll, nach anderen Deutern der Pyramiden-Prophezeiungen, die Zeit sein, in welcher »der Stein, den die Erbauer verwarfen«, der fehlende Schlußstein der Pyramide, wieder auf ihre Spitze zurückgebracht wird und die ganze Struktur in Übereinstimmung mit ihrem ursprünglichen Zweck reaktiviert.

Eine Reihe von Hinweisen auf die Struktur des obersten Pyramidions an der Spitze der Pyramide beginnt mit einer Beobachtung in A. E. Berrimans Buch *Historical Metrology* über das Alter des britischen oder imperialen *inch*. Im British Museum in London befinden sich eine Anzahl von alten ägyptischen Gewichten neben solchen aus Griechenland und Babylon, die alle auf dem Kubik-*inch* aus Gold als Referenznorm basieren. Wenn man nicht ständig den Irrtum begehen würde, in Publikationen über Details antiker Gewichte metrische Einheiten zu verwenden, wäre diese Tatsache sicher allgemeiner anerkannt. Fünf ist die Zahl, die hauptsächlich mit der Form der Pyramide assoziiert wird, die fünf Seiten und fünf Ecken besitzt. Wenn man aus fünf Kubik-*inches* von solidem

Gold ein Miniatur-Modell der Großen Pyramide formt, ergibt sich für die Höhe dieses Modells das sehr interessante Maß von 0,152064 ft., was ein Zehntel der griechischen Elle (1,52064 ft.) ist, also der Einheit, in der ausgedrückt die Fläche einer Pyramidenseite 100 000 Quadrat-Ellen mißt. Daß dieses kleine Gold-Pyramidion einen integralen Teil der Pyramidenstruktur gebildet haben muß, wird aus den Zahlen deutlich. Denn ohne es sind die Dimensionen nicht ganz vollständig, beträgt doch die Fläche der Pyramidenseite nur 99 999,999 Quadrat-Ellen, wenn man es entfernt. Wenn sich hingegen das Pyramidion aus 5 Kubik-*inches* Gold an seinem Platz befindet, haben wir die Zahl von 100 000 Quadrat-Ellen, die die totale Fläche repräsentiert.

Wenn man die Dimension der Großen Pyramide mit den Zahlenverhältnissen des alten Kanons multipliziert, werden sie immer größer, bis sie die Dimension dieser Erde umfassen. Es ist möglich, daß auch die Dimension der *Großen Sphäre* (des Kreises, den der Lauf der Erde um die Sonne beschreibt), die Abstände der Planeten und auch Zeitmessungen repräsentierten. In der anderen Richtung, zum Mikrokosmos hin, kontrahieren dieselben Pyramiden-Maße durch eine Serie von Pyramiden an der Spitze, wobei sie von Meilen zu *inches*, dann zu bloßen Punkten und schließlich in die Welt des Atoms schrumpfen. Wir haben es hier mit der Symbolik des Samens zu tun, der an der Spitze der Pyramide gepflanzt wurde und mit allen Zahlen und Proportionen für sein potentielles Wachstum programmiert ist. Er ist wie der kleinste aller Samen,

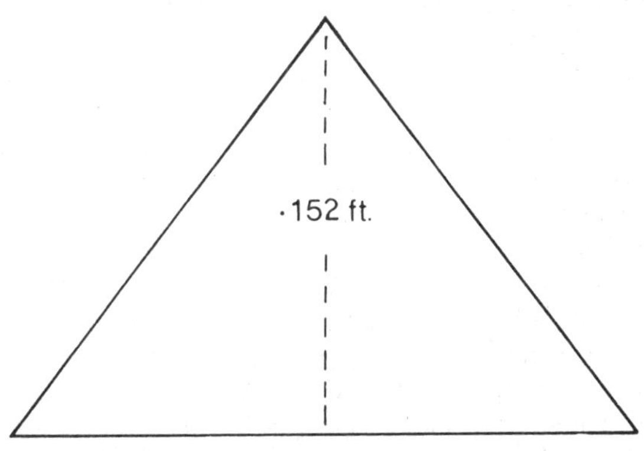

Abb. 42 Ein Kubik-*inch* aus Gold in Form einer Pyramide, im Maßstab 1:1. Höhe = $^1/_{20}$ einer griechischen Elle.

von dem im Neuen Testament die Rede ist: das »Senfkorn«, das zum Baum des Lebens heranwächst, der das ganze Universum umfaßt.

Die numerischen Muster in den Dimensionen der Pyramide legen den Schluß nahe, daß der Schlußstein aus einer Folge von immer kleiner werdenden Pyramiden bestand, von denen jedes die Spitze desjenigen unter ihm bildete, mit der kleinen Pyramide aus Gold und dem Inhalt von Kubik-*inches* an der Spitze. Wenn aber dieses Gold-Modell die ganze Struktur *en miniature* repräsentieren soll, so muß es selbst auch wieder eine separate Spitze besitzen.

Dieses winzige Objekt, das in Gold gefaßt war, kann nur irgendeine Art von Kristall gewesen sein. Esoterische Traditionen über den Gebrauch von Kristallen in der Alten Welt, mit denen man kosmische Energien anzuziehen und zu übermitteln suchte, finden ihr Echo in den Aussagen moderner Seher wie des berühmten »Schlafenden Propheten« von Amerika, Edgar Cayce, der in seinen Visionen die Kristall-Technologie von Atlantis beschrieb, die die Energiequelle der letzten Weltzivilisation bildete und schließlich durch ihren Mißbrauch den Untergang in den Fluten herbeiführte.

Eine Darstellung der Art und Weise, wie das kleine goldene Pyramidion mit der Kristallspitze zusammen mit den anderen Teilstücken, aus denen der Schlußstein bestand, befestigt gewesen sein könnte, sehen wir in einer seltsamen Hieroglyphe, die einen Pyramidenstumpf mit einem Stab oder Gnom als Spitze zeigt. Moses Cotsworth, der Autor eines interessanten Buches über alte Vorrichtungen zur Zeitmessung, *The Rational Almanac*, der 1900 nach Ägypten reiste, um die Schatten zu beobachten, die die Pyramide zu bestimmten Zeiten des Jahres wirft (und von den britischen Behörden daran gehindert wurde, sich ihr zu nähern, weil er Jude war), identifizierte sie als einen Apparat zur Verfeinerung des Schattens, den eine Pyramidenspitze wirft. Durch eine solche wurden präzise Messungen der Länge des Jahres möglich. Ein Metallstab dieser Beschreibung, der in die Gipfelfäche des Pyramidenstumpfes eingelassen ist, könnte auch dazu dienen, die Teile des Schlußsteines zusammenzuhalten und sie durch Löcher, die durch ihre Mitte gebohrt sind, an ihrem Platz zu fixieren. Eine diamantene Spitze auf diesem Stab, der am höchsten Punkt der goldenen Spitze angebracht wäre, würde den feinstmöglichen Schatten werfen und könnte auch, wie der »cat's whisker« (Katzen-Schnurrbart; feinstes verstellbares Stahldrähtchen mit versilberter

Spitze, das zur Gleichrichtung dieser ersten stromlosen Radioempfänger diente, Anm. d. Übers.) auf einem alten Kristall-Detektor, dazu dienen, Energien für die Hauptfunktion der Pyramide zu konzentrieren.

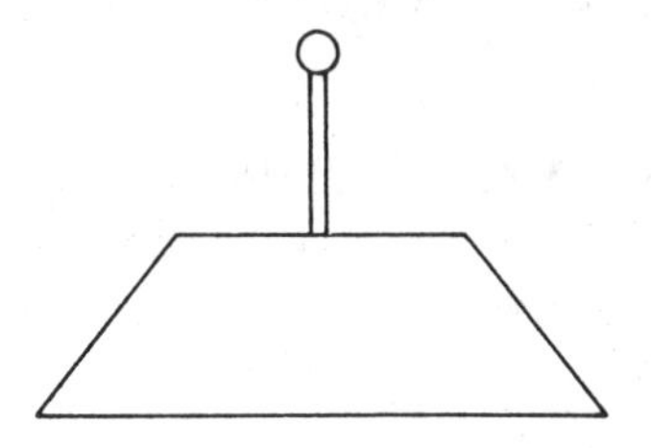

Abb. 43 Stab mit Diamatspitze.

Kapitel 5

Das Senfkorn

DIE PHILOSOPHIE UND DIE Wissenschaft, ja die gesamte Zivilisation der antiken Welt beruhten auf der Anerkennung der Einheit, die einerseits den Makrokosmos und andererseits den Mikrokosmos mit den Mustern der sichtbaren Welt verbindet. Man wußte, daß die mathematischen Gesetze, nach denen jedes natürliche Wachstum erfolgt, sowohl in den größten Bewegungszyklen der Himmelskörper wie auch in der Entfaltung des Lebens vom kleinsten Keim einer Zelle an vorherrschen. Diese Gesetze kann man in der gesamten Natur studieren, in den regelmäßigen logarithmischen Spiralen, zu denen sich ein Farn entfaltet, in der Anordnung der Kerne auf einer Sonnenblume, in Muschelgehäusen und Ammoniten, die alle eine präzise Illustration dieser Spiralen darstellen. Die geometrischen Muster, die allem Wachstum und aller Form eigen sind, das Fünfeck einer Rose, das Sechseck einer Schneeflocke oder einer Bienenwabe, all die regelmäßigen Formen, denen sich die Natur unterwirft, sind im Universum in jedem Maßstab und in jeder Größenordnung vorhanden. In ihrer Gestaltung kann man die Einflüsse verschiedener Kombinationen der Elemente sehen, die alle in einem unterschiedlichen Maß vorhanden sein müssen, damit Materie entstehen kann. Unter den Bezeichnungen, die diese Elemente erhalten haben, repräsentiert Feuer den Energiekeim, das aktivierende Prinzip, das der Form erst Leben verleiht. Die Pythagoreer haben bei ihrer Rekonstruktion der traditionellen Philosophie und Wissenschaft der Alten Welt Feuer, das erste Element, mit der ersten Form der Geometrie der festen Körper, dem Tetraeder, in eine Verbindung gebracht, von der man glaubte, daß bei ihrer Bildung das Element, das man Feuer nannte, den größten Einfluß habe. Verwandt mit dem Tetraeder sind alle die Körper, in denen Spitzen eines Polygons zu einer einzigen Spitze verbunden sind; zu diesen gehört als einfachste die Große Pyramide (griechisch *pyr* heißt Feuer) mit ihrer quadratischen Basis. Platon sprach von der Pyramide als dem ersten, leichtesten, kleinsten, schärfsten, klarsten und mobilsten aller festen Körper und schrieb: »Jener Körper, der die Form einer Pyramide angenommen hat, soll das Element und der Keim des Feuers sein.«

Im Pflanzenbereich war der Keim des Feuers durch den Samen der Senfpflanze vertreten, mit dem er offensichtliche Gemeinsamkeiten von Farbe und Geschmack hat. In den wenigen überlebenden Fragmenten der Philosophie der Alten Welt, zu denen die Gleichnisse des Neuen Testaments gehören, gibt es eine Reihe von Erwähnungen des Senfsamens als einem Symbol für das vitale Element. Jesus sagt über das Reich Gottes:

»Es ist wie bei einem Senfkorn, wenn das aufs Land gesät wird, so ist es das kleinste unter allen Samenkörnern auf Erden; wenn es aber ausgesät ist, so geht es auf und wird größer als alle Kräuter und treibt große Zweige, so daß die Vögel unter dem Himmel in seinem Schatten wohnen können.« (Markus 4,31-32)

Die Stelle heißt weiter:

»Und ohne Gleichnisse redet er nichts zu ihnen; aber wenn sie allein waren, legte er seinen Jüngern alles aus.« (Markus 434)

Drei der Evangelisten geben die Parabel wider und zitieren die Worte von Jesus über die Macht des Glaubens, die wie ein Senfkorn sei, durch das Berge versetzt werden könnten. Diese exoterische Lehre über die potentiell unbegrenzte Macht im Atom, die Jesus seinen Jüngern anschließend im Geheimen erklärte, wurde durch die Große Pyramide bereits in solider Form veranschaulicht. Der unsichtbare pyramidale Punkt auf dem Korn an der goldenen Spitze der ganzen enormen Struktur enthielt den Keim, aus dem sich alles entwickelt hatte. Die Große Pyramide demonstriert die Gesetze hinter dem reinen Wachstum des Lebens, und der Same oder Kristall war auf ihrer Spitze plaziert, um den Sonnenfunken zu destillieren, das Element des Feuers, durch das die Essenz befruchtet wird.

In der griechischen Originalfassung des Neuen Testaments steht für das Senfkorn das Wort Kókkos Givättews. Um die wahre, esoterische Bedeutung dieses Ausdrucks, oder irgendeines anderen der heiligen Prinzipien in den Schriften des Neuen Testamentes, zu finden, muß man jenen Zweig der alten numerischen Wissenschaft konsultieren, der sich mit der Entsprechung von Zahlen mit Klängen und Buchstaben beschäftigte. In den Alphabeten von vielen der alten Sprachen, unter ihnen Hebräisch, Arabisch und Griechisch, dienten Buchstaben auch als Zahlen, so daß es möglich ist, den numerischen Wert eines beliebigen Wortes oder eines Satzes zu finden, indem man die Zahlenwerte der Buchstaben addiert, aus denen sie zusammengesetzt sind.

Diese Wissenschaft, die als Gematria bekannt ist, war mit der Musik verwandt, die vom gleichen numerischen Kanon regiert wird; denn sowohl sakrale Musik wie auch heilige Worte wurden für Anrufungen und Beschwörungen benützt, deren Wirksamkeit von der Tonhöhe und der Schwingungsfrequenz des Klanges abhängig war. Die Zahlen, die im Plan jedes alten Tempels ausgedrückt sind, beziehen sich nicht nur auf die Dimensionen, sondern auch auf die musikalische Stimmung des Gebäudes, das dazu bestimmt war, sowohl die geometrischen Formen wie auch die musikalischen Klänge zu repräsentieren, die der Gottheit, die hier angerufen wurde, angemessen waren. Deshalb sagen die hebräischen Kabbalisten von Belzebiel, der die Stiftshütte baute, »er kannte die Kombination von Buchstaben, aus der Himmel und Erde gemacht ist«.

Die unbekannten Gründer des Christentums, deren Werke und Ideen von denjenigen, die sie verdrängt haben, den christlichen Kirchenvätern, so gründlich unterdrückt worden sind, haben, wie man weiß, ihre heiligen Schriften in einem Zahlencode ausgedrückt. So kommt es, daß viele Stellen und ganze Bücher des Neuen Testamentes numerisch interpretiert werden können. Unsere hauptsächliche Quelle über diese Ur-Christen, die Gnostiker, sind die Schriften ihrer erbittertsten Gegner, der christlichen Kirchenväter, besonders die des Heiligen Irenäus aus dem 2. Jahrhundert n. Chr., der ihre Lehre zitierte und parodierte, um sie in Verruf zu bringen. Die Lektüre von Irenäus, der selbst den gnostischen Schulungsweg durchlaufen haben soll, bevor er abschwor, um Bischof von Lyon zu werden, ist besonders informativ in bezug auf die Praxis der »Arithmomantie«, die die Gnostiker von den heidnischen Philosophen übernommen hatten – die Interpretation der göttlichen Namen und Prinzipien in numerischen Begriffen. Unter den Beispielen, die er bringt, ist der Gott Abraxas, dessen Zahl 365 war, und Jesus, der unter Gnostikern als »Ogdoad« bekannt war, weil seine Zahl 888 war. Die Erklärung dafür finden wir in den numerischen Entsprechungen der griechischen Buchstaben, die man in jedem Lexikon der griechischen Sprache finden kann. Es sind die folgenden:

Αα	Ββ	Γγ	Δδ	Εϵ	Ζζ	Ηη	Θθ
1	2	3	4	5	7	8	9
Ιι	Κκ	Λλ	Μμ	Νν	Ξξ	Οο	Ππ
10	20	30	40	50	60	70	80
Ρρ	Σσ	Ττ	Υυ	Φφ	Χχ	Ψψ	Ωω
100	200	300	400	500	600	700	800

Die Zahl 6 ist repräsentiert durch ein Zeichen, das schon in alter Zeit als Buchstabe des Alphabets außer Gebrauch kam. Es war das Zeichen des Doppelkonsonanten *st*, der entweder den Zahlenwert von 6 oder 500 hat ($\sigma + \tau$ = 500). Aus diesem Grund hat das Wort *stauros* (Kreuz) entweder 777 oder 1271 als Zahl, je nachdem, ob man die Buchstaben *st* als 6 oder 500 einsetzt. Die Summen der Zahlen, die den Buchstaben in den Namen von Jesus ('Ιησοῦ) oder Abraxas (Ἀβραξάς) entsprechen, ergeben 888 für Jesus und 365 für Abraxas, welcher der Gott der 365 Tage im Sonnenjahr war.

Zwei der wichtigsten Zahlen im Kanon waren 666 und 1080. Die erste, die berühmte »Zahl des Tieres« in der Offenbarung, Kapitel 13, symbolisiert die positive oder aktive Aufladung mit der Energie der Sonne, die mit der Herrschaft eines Tyrannen oder Kaisers einhergeht, während 1080 für das entgegengesetzte und komplementäre Prinzip in der Natur steht, die negative, rezeptive Seite, die im Zusammenhang mit dem mystischen Mond steht, mit seinem Einfluß auf das Wasser im Inneren der Erde und auf die menschliche Vorstellungskraft, und deshalb auch mit Prophetie und Intuition, im Gegensatz zum solaren Prinzip des rationalen Intellekts. Die Bedeutung der Zahl 1080 kann am besten erfaßt werden, wenn man einige der heiligen Ausdrücke studiert, deren griechische Buchstaben diese Zahl als Summe ergeben. Es sind unter anderem folgende:

1080 = der Heilige Geist, τό ἅγιον πνεῦμα
= der Geist der Erde, τό γαῖον πνεῦμα
= der Quell der Weisheit, πηγή σοφίας
= Tartaros, der Abgrund, ἡ Τάρταρος
= Kokytos, ein Gott des Abgrundes. Κοκυτός

Nach den Konventionen der Gematria darf man von einem Ausdruck eine Stelle, genannt »colel« (Hebräisch für »etwas Geringes«) abziehen oder ihm hinzufügen, ohne daß sich dadurch sein Sinn verändert, also kann man zum Obenstehenden hinzufügen:

1081 = der Abgrund, ἡ ἄβυσσος

Zu den anderen Korrespondenzen der Zahl 1080, die zur Aufdeckung ihrer charakteristischen Bedeutung beitragen, gehören noch:

1080	= Radius des Mondes in englischen Meilen
108	= Atomgewicht des Silbers
1080	= Zahl der Atemzüge in einer Stunde (alte Überlieferung)
10800	= Zahl der Strophen im *Rigveda*
10800	= Zahl der Steine, aus denen der Feueraltar der Hindus aufgebaut ist.
108	= Zahl der Perlen in einem hinduistischem oder buddhistischen Rosenkranz (Mala)

Und so weiter. In der ganzen Welt, in jedem traditionellen Code von Architekturproportionen oder Zeitberechnung, und überall, wo mit Zahlen operiert wird, spielt die Zahl 1080 eine besondere Rolle; weltweit bezieht sie sich immer auf die »Yin«-Seite der Natur, im Gegensatz zur solaren oder »Yang«-Bedeutung der Zahl 666.

Der Zusammenhang, den diese Tatsache zu unserem gegenwärtigen Thema hat, ist der, daß sie die esoterische Bedeutung des Ausdruckes κόκκος σινάπεως, Senfkorn, erkennen läßt. Die Summe der Buchstaben in ihm ist 1746, und 1746 ist die Summe der beiden Zahlen 666 und 1080. Diese Zahl ist die »Zahl der Fusion«, die die fruchtbare Vereinigung zwischen den zwei gegensätzlichen Prinzipien in der Natur repräsentiert. Die Zahl 1746 erhält man aus vielen anderen heiligen Ausdrücken, die sich alle auf das Ergebnis dieser Vereinigung beziehen, wie zum Beispiel τό πνεῦμα κόσμου (1746), der Geist der Welt.

DIE ALCHEMISTISCHE HOCHZEIT

Nach den Alchemisten entsteht das Leben aus der Fusion der zwei Elemente Quecksilber und Schwefel; ersteres steht dabei für das rezeptive, »weibliche« Prinzip in der Natur, welches durch das zweite, die positive »männliche« Kraft belebt wird. Die zwei Zahlen, die in der alten numerischen Philosophie diesen beiden Prinzipien entsprechen, sind 1080 und 666, und ihre Summe, 1746, wird durch das »Senfkorn« an der Spitze der Pyramide repräsentiert.

In dieser Formel ist das Wesen und das Ziel der vergessenen Wissenschaft ausgedrückt, als deren Instrument die Pyramide, wie alle Tempel und Bauwerke der alten Welt, gedacht war. Die Operationen der mittelalterlichen Alchemisten waren das letzte Aufflackern einer wissenschaftlichen Tradition, deren Blütezeit in prähistorischer Zeit lag, als die Elemente Schwefel und Quecksilber nicht nur in der Retorte des Alchemisten, sondern in einem weit größeren Maßstab in der großen Retorte oder Gebärmutter der Erde selbst zur Verschmelzung gebracht wurden. Das Element Quecksilber wurde in dieser Operation durch den Geist der Erde repräsentiert, der zu bestimmten Jahreszeiten zeremoniell mit dem schwefligen Element, das von der Sonne ausstrahlt, »verheiratet« wurde.

Die Hochzeit zwischen Himmel und Erde fand an der Pyramide als eine Vereinigung zwischen der terrestrischen Energie, die in ihrer Steinmasse angesammelt war, und dem göttlichen Funken von Himmelsfeuer, der an der Stelle ihrer Gold- und Kristallspitze aus dem Äther destilliert wurde, statt. Die Frucht dieser Vereinigung war die Lebensessenz, der *élan vital* der Vitalisten, die einst aus solchen Ausdrücken wie »der Geist der Welt« (τό πνεῦμα κόσμου) bekannt war, dessen Zahl in der griechischen Kabbala 1746 ist.

Es war den hebräischen Kabbalisten bekannt, daß eine ähnliche Operation im Allerheiligsten des Tempels in Jerusalem stattfand, wo die Bundeslade stand, die Kraftquelle der Israeliten aus den Tagen, als sie noch ein nomadisches Volk waren. Das Ergebnis dieser Operation ist in dem Satz »Die Herrlichkeit Gottes erfüllte das Haus« des Alten Testamentes beschrieben: Licht- und Energiewirkungen, die jeden der priesterlichen Mitwirkenden, der nicht darauf vorbereitet gewesen wäre, hätten töten können, entstanden aus einer Energiefusion zur Erzeugung des Lebensgeistes, durch den das ganze Land wieder fruchtbar gemacht wurde. In den griechischen Schriften des Alten Testaments wird dieses Phänomen mit dem Ausdruck »Die Herrlichkeit des Gottes von Israel« (ἡ δόξα τοῦ θεοῦ Ἰσραήλ) bezeichnet, dessen Zahlenwert nach der Gematria 1746 ist. Tempellegenden, wie man sie im Buch *Man and Temple* von Raphael Patai findet, berichten von den unterirdischen Strömungen und Spalten, die vom Untergrund des Tempels aus in alle Teile des Landes führen und durch welche der Lebensgeist überall verteilt wird. Die chthonischen Mysterien der Erdgöttin wurden in Gewölben unter dem Tempel gefeiert, in welche Metallstangen hinunterführten, die mit goldenen Turmspitzen auf dem Dach des Tempels verbunden waren. Durch diese wurde die positive Ladung der atmosphärischen Elektrizität in die Wasseradern und Erzadern in der Erdkruste eingeleitet. So bildete der Tempel auf vielerlei Weisen ein Instrument für die Fusion zwischen den Elementen von oben und denjenigen der Erde unter ihm.

Eine der Arten, auf die die Zahl der Fusion, 1746, mit der Pyramide zusammenhängt, ist in der Zeichnung auf der nächsten Seite illustriert, in der das Profil der Pyramide in einen geometrischen Zusammenhang mit jener grundlegenden Figur der heiligen Geometrie und Architektur gebracht wird, die als »Vesica Piscis«, oder »Fischblase« bekannt ist. Die Figur der *vesica* wird durch die Überschneidung von zwei gleich großen Kreisen gebildet, wobei die Kreislinie jedes Kreises durch das Zentrum des anderen geht. Wir haben es hier nicht bloß mit einer Figur der abstrakten Geometrie zu tun, denn sie kommt in vielen Naturmustern vor. Sie repräsentiert einen Zustand des perfekten Gleichgewichts zwischen zwei gleich starken Kräften. Im symbolischen Vokabular

Abb. 44 Die Dimensionen und die Geometrie der Großen Pyramide nehmen in symbolischer Form Bezug auf die »Zahl der Fusion«, 1746, indem die Höhe der Pyramide von etwa 471 ft. die längere Achse einer *vesica piscis* bildet, die durch zwei sich schneidende gleichgroße Kreise mit dem Umfang von 1746 ft. entsteht. Der Umkreis des Rhombus, der in der *vesica* enthalten ist, mißt 1110 ft. und seine Fläche ca. 66 600 Quadrat-ft. Wenn die beiden Kreise, die die innere Vesica bilden, in einer größeren Vesica eingeschlossen werden, kann man den Basiswinkel der Pyramide von 51° 51', wie das Diagramm zeigt, auf ein paar Minuten genau konstruieren.

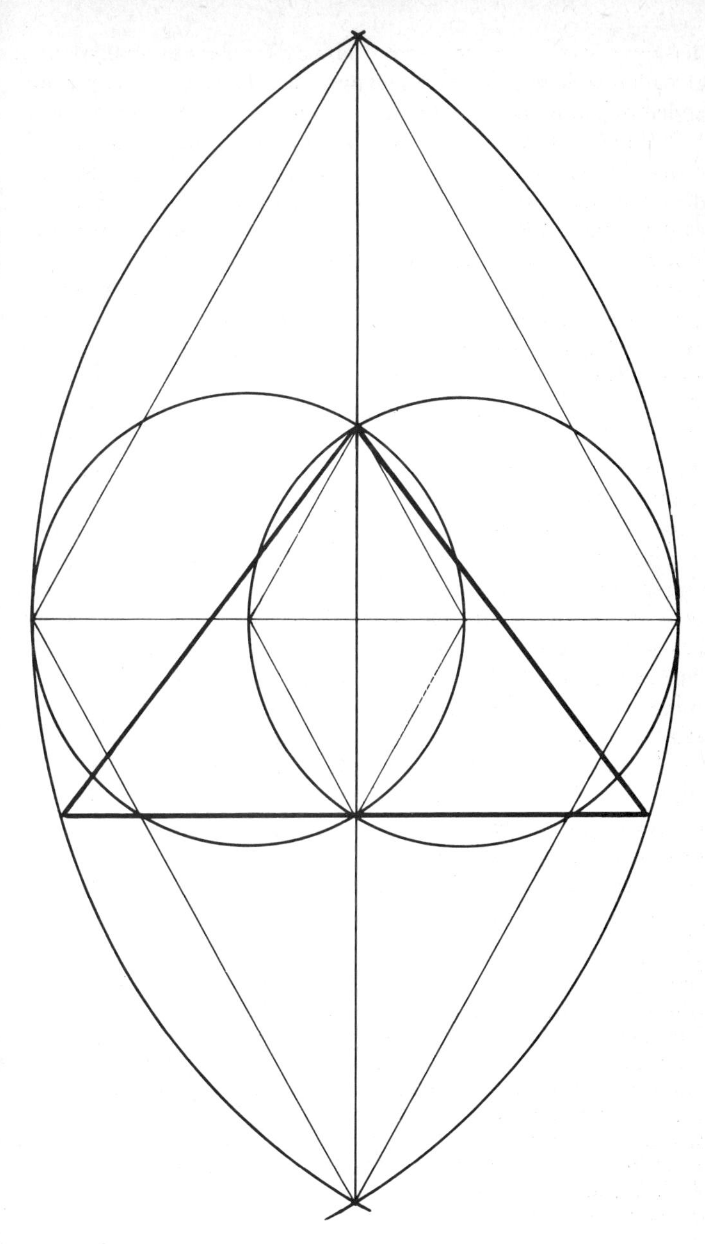

der alten Geometer war sie ein Bild für die sich gegenseitig durchdringenden Welten von Himmel und Erde, Geist und Materie und anderen ähnlich komplementären Elementen. Im vorliegenden Fall, wo die Höhe der *vesica* diejenige der Pyramide ist, nämlich etwa 418 ft., ist der Durchmesser jedes der beiden Kreise, aus denen sie besteht, gleich dieser Zahl, dividiert durch die halbe Quadratwurzel von 3, oder 555,5 ft. (169,32 m). Der Umfang jeder der beiden Kreise ist dann 1746 ft. (524,217 m).

Diese zwei Kreise von 1746 ft. Umfang, die sich an der Spitze und in der Mitte der Pyramidenbasis schneiden, ergeben die Form eines magnetischen Feldes und illustrieren damit eine Eigenschaft der Pyramide, die ihr traditionellerweise eigen ist und auch durch heutige Erfahrungen bestätigt wird: ihre magnetische Qualität.

Einer der frühesten und am meisten mit Vorstellungskraft begabten der vielen Mystiker und Okkultisten, die sich von der Großen Pyramide angezogen fühlten und sie studiert haben, war Kapitän G. B. Caviglia, ein genuesischer Seemann, der die Pyramide während einer Fahrt nach Ägypten im frühen 19. Jahrhundert gesehen und Schiff und Seefahrtsleben aufgegeben hatte, um im Inneren der Pyramide zu leben und ihre Geheimnisse zu untersuchen. Er bezog Quartier in einer kleinen Wohnung über der Königskammer und begann eine intensive Suche nach verborgenen Räumen und anderen bis dahin unentdeckten Eigenschaften des Inneren der Pyramide. Gleichzeitig betrieb dieser sensible Mann Studien über Magnetismus und esoterische Wissenschaften »bis an die Grenze dessen, was dem Menschen zu wissen erlaubt ist«, wie er einem Besucher, Lord Lindsay, erzählte (der diese Begegnung in seinem Buch *Letters from Egypt* beschrieben hat). Lindsay berichtet, Caviglia sei dermaßen in seine Umgebung integriert gewesen, daß er *»tout a fait pyramidal«* gewesen sei.

Caviglia ist in die Geschichte der Pyramide durch sein energisches Wegräumen der Trümmer dort und in der Umgebung der Sphinx eingegangen, aber auch wegen seiner Entdeckung einiger ihrer inneren Merkmale. Über die seltsamen Erfahrungen, die er durchmachte, während er in seinem Pyramidenraum wohnte, hat er keine Aufzeichnungen hinterlassen. Einige von ihnen schilderte er doch seinen Zeitgenossen, wobei er sagte, daß er zuzeiten nahe am Tode vorbeigegangen sei, und eine Beschreibung seiner Eindrücke über die magnetischen und okkulten Eigenschaften der Pyramide hinzufügte.

Hinweise über das mögliche Wesen dieser Erfahrungen finden sich im Bericht über ein Abenteuer Paul Bruntons in dessen Buch *A Swarch in Secret Egypt* (deutsche Ausgabe *Geheimnisvolles Ägypten*, Freiburg, 1972). In den zwanziger Jahren dieses Jahrhunderts hatte Brunton eine Erlaubnis erhalten, die damals bedeutend schwieriger zu erwirken war als zu Caviglias Zeiten: eine Nacht im Inneren der Großen Pyramide zu verbringen. Nachdem die Wächter ihn beim Einbrechen der Nacht eingeschlossen hatten, verbrachte er erst einige Zeit damit, mit einer elektrischen Taschenlampe das Innere der Pyramide zu durchstreifen, und betrat schließlich die Königskammer. Hier begannen nun die Abenteuer, die in seinem Buch beschrieben sind. Ein fast unerträglicher Eindruck von einer bösen Macht brachte ihn in einen Zustand grauenhaften Schreckens, der fast zur Panik wurde, bis seine Sinne schließlich aufs äußerste durch groteske und finstere Visionen zerrüttet, durch die Erscheinung einer weißgekleideten Figur erleichtert wurden, die den Horror verscheuchte, dem er ausgesetzt gewesen war. Die Gestalt legte ihn dann in die Steinkiste, die in der Kammer steht, und Brunton sah sich in der Folge seinen Körper verlassen, kam mit anderen Worten in den Genuß jener Erfahrung, die überlieferungsgemäß mit dem Initationsprozeß verbunden ist. In diesem Zustand führte man ihn durch die inneren Passagen der Pyramide, darunter einige, die bis heute unentdeckt geblieben sind. Obwohl man ihn gewarnt hatte, er dürfe sich nicht umsehen, konnte er der Versuchung nicht widerstehen, es zu tun, und damit fand seine Erfahrung ein abruptes Ende.

Während ihrer ganzen Geschichte ist die Pyramide immer wieder Schauplatz von seltsamen Geschehnissen und Erscheinungen gewesen. Wie die Sphinx, deren eigenartiger Morgenruf, der ähnlich wie das Zupfen der Bogensaite am Schluß von Tschechows *Kirschgarten* klingen soll, verschiedene Male über die Jahrhunderte hinweg gehört worden ist, soll die Pyramide manchmal in einem tiefen Ton vibrieren, auf einer Note, die die Fremdenführer alten Stils jeweils für die Besucher zum Besten gaben, indem sie die Steinkiste in der Königskammer mit einem Stock rieben. Die Beduinen der Gegend sehen auch zu bestimmten Zeiten des Jahres ein seltsames Licht über ihrer Spitze schweben. Vor einigen Jahren erblickte der Amerikaner William Groff zusammen mit einigen Mitgliedern des *Institut Egyptien* dieses Licht, das als eine aus der Spitze der Pyramide kommende Flamme erschien; es war ihm nicht möglich, eine natürliche Erklärung dafür zu finden. Dies sind nicht die einzigen Berichte von seltsamen Lichtern, die man in der Luft über der Pyramide stehen gesehen hat. Welches auch immer das Wesen der Energien ist, auf deren Kontrolle die Erbauer der Pyramide abzielten – ihre Konstruktion spielte ohne Zweifel eine wichtige Rolle in dem riesigen Bauprogramm, dessen Ziele die Fruchtbarmachung des gesamten Niltales war –, sie sind offensichtlich heute noch anwesend und können wieder aktiviert werden, sobald wir ihre Funktion wiedererkennen.

Merkur, der den Griechen als Hermes und den Ägyptern als Thot bekannt war, war die Gottheit von Sprache und Kommunikation, und in dieser Eigenschaft Schutzherr über Reisende, Straßen, Wege und Steinsäulen und -haufen, die ihren Verlauf markierten. Diese hießen bei den Griechen »Hermen« oder Hermes-Steine, und zeigten den Weg zur Statue von Hermes auf den Marktplätzen, die später durch das Markt-Kreuz ersetzt wurde. Die Zahl von Hermes (Ἑρμῆς) nach der Gematria ist 353 und korrespondiert somit innerhalb des Spielraums, den die Konvention erlaubt, mit dem Wort des griechischen Neuen Testaments für »Der Weg« (ἡ ὁδός, 352). Diese Steine hatten auch eine phallische Symbolik, nicht nur wegen ihrer morphologischen Ähnlichkeit zum erigierten männlichen Organ, sondern auch wegen ihrer Funktion als Instrument der Vereinigung zwischen kosmischer und terrestrischer Energie, durch welche die Erde fruchtbar gemacht wird. Die gleiche Symbolik zeigt sich im Wort πυραμίς (Pyramide), dessen Zahl in der Gematria 831 ist – die gleiche, die man auch durch die Addition der Werte für die Buchstaben des Wortes φαλλός (Phallus) erhält.

Merkur war auch der Gott der Offenbarung und der »hermetischen« Mysterien, die in einer dunklen, unterirdischen Kammer abgehalten wurden, ähnlich der Königskammer, die tief ins Innere des Mauerwerks der Großen Pyramide versenkt ist. Auf die Verwendung der inneren Kammern der Pyramide für Initiations- und Wiedergeburtsrituale weisen die Pyramidenlegenden hin, aber auch die Visionen von modernen Mystikern und die überlieferte Weihung der Pyramide, die dem Prinzip des Merkurs (bzw. des Quecksilbers) galt. (Das englische Wort für den Gott Merkur hat eine Doppelbedeutung, die im Deutschen wegfällt: »Mercury« heißt gleichzeitig Quecksilber; Anm. d. Übers.) Auf Seite 164 sind die magischen Quadrate abgebildet, die zu den verschiedenen

Planeten gehören. Diese Figuren standen bei den Mathematikern des Altertums in hohem Ansehen, die sie als Paradigmen von universellen Gesetzen betrachteten. Alle rituellen Zentren oder Tempel wurden gemäß einer der in der Struktur der magischen Quadrate enthaltenen geometrischen Figuren errichtet. Auf diese Weise wurde die Alte Welt nach einem kosmologischen Muster ausgelegt, innerhalb dessen kleinere Muster gebildet wurden. Alle strahlten von den natürlichen Zentren der Erdenergie aus. Jedes dieser Zentren, jede individuelle Gruppe und jeder Haufen von Gruppen wurde einem astrologischen Symbol zugeordnet, auf ein bestimmtes magisches Quadrat bezogen und drückte so den Einfluß aus, auf den es erfahrungsgemäß am meisten ansprach.

Die sieben Weltwunder des Altertums bildeten ein astrologisches System, in dem jeder dieser Orte ein Zentrum des Einflusses repräsentierte, für den er berühmt war. Die Gebäude selbst, Instrumente zur Kontrolle eines bestimmten Aspektes der kosmischen Energie, waren nach dem Muster des magischen Quadrates konstruiert, auf das diese Energie ansprach. Untenstehend die Liste der Weltwunder nach Eliphas Levi, mit den Quadraten, die über sie herrschen:

Der Koloß von Rhodos	Quadrat der	Sonne
Der Tempel der Diana in Ephesos		Mond
Das Grab des Mausolos		Venus
Die ägyptischen Pyramiden		Merkur
Die Türme und Gärten von Babylon		Mars
Die Jupiter-Statue in Olympos		Jupiter
Der Tempel des Salomo		Saturn

Die Assoziationen der Pyramide mit dem magischen Quadrat des Merkurs bringt sie auch in Verbindung mit der Zahl 2080, die die Summe aller Zahlen in Merkurs magischem Quadrat ist. 2080 ist auch die Zahl von ὁ πρωτότοκος, der Erstgeborene, was ein Attribut von Christus ist. (Offenbarung, 1, 5) Dieselbe Zahl erhält man von dem griechischen Ausdruck, der das »Feuer« bezeichnet, das Prometheus, eine Art Merkur, von den Göttern gestohlen hat: das »demiurgische Feuer« (τό ἔντεχνον πῦρ, 2080).

Die Kombination von Licht (φῶς) und Feuer (πῦρ) ergibt ebenfalls 2080. Diese Zahl und 1080 scheinen eine ähnliche Bedeutung zu haben, da 1080 Merkur in seiner Eigenschaft als Erdgeist repräsentiert (τό γαῖον πνεῦμα = 1080).

Die Symbolik stand in der Alten Welt immer in einem Bezug zur Funktion, und die symbolischen Zahlen, die mit den Dimensionen der Großen Pyramide assoziiert werden oder in ihnen ausgedrückt sind, lassen klare Hinweise auf ihren Grundzweck erkennen: die fruchtbare Vereinigung der zwei Elemente in der Natur zu bewerkstelligen, die Schwefel, 666, und Quecksilber, 1080, genannt werden. Die Frucht ihrer Vereinigung war jener Geist, den die Alchemisten in ihrer Fachsprache den belebten Mercurius, den Träger der Fruchtbarkeit, Offenbarer des Wissens und Führer zwischen Leben und Tod nannten. Ein Teil von ihm repräsentiert den Geist der lebendigen Erde, der andere den »Merkur (das Quecksilber, Anm. d. Übers.) der Philosophen«, der in den Einweihungskammern der Pyramide wohnt.

DIE EINHEIT VON KUNST UND WISSENSCHAFT, OFFENBART IN EINEM MOMENT PLÖTZLICHER ERLEUCHTUNG

Die Anerkennung der Existenz einer großen universellen Zivilisation in dunkler Vorzeit und des hochentwickelten wissenschaftlichen und magischen Codes, auf dem diese aufgebaut war, führt unweigerlich zur Frage nach ihrem Ursprung, wie sie sich über die ganze Erde ausgebreitet hat und warum sie schließlich verfiel und verschwand. Solche Fragen sind mindestens seit der Zeit Platons, der den Ursprung der Kultur dem Erscheinen von Göttern oder gottähnlichen Individuen, mit anderen Worten dem geheimnisvollen Prinzip der Offenbarung, zuschrieb, immer wieder – vergeblich – gefragt worden.

Die Existenz von ähnlichen oder identischen Zügen in den Kosmologien, Mythen, Namen, Zeremonien, Artefakten und selbst Maßeinheiten solcher weit auseinanderliegenden Länder wie China, Ägypten, Großbritannien und Amerika legt den Schluß nahe, daß ihre Kulturen einen gemeinsamen Ursprung in einer größeren Tradition haben müßten, von der jede bestimmte Relikte bewahrt hat. Eine akademische Modetorheit des letzten Jahrhunderts war es, diesen Ursprung in Indien, Babylon oder in sonst einem Mutterboden zu lokalisieren, wobei Ägypten am populärsten war. Nun ist aber schon öfters bemerkt worden, daß die

Große Pyramide offensichtlich keine einheimische ägyptische Konstruktion ist. Wie die frühesten und perfektesten Tempel Mexikos nimmt sie auf eine Weise Bezug auf die Geographie der Erde, die anzeigt, daß sie zu einem weltweiten System einer vergessenen Vergangenheit gehört haben muß. Immer wieder verfolgen Forscher, ausgehend von ihrer späten Verfallszeit, alte Zivilisationen zu ihren hochstehenden Ursprüngen zurück – doch immer endet dort die Fährte ohne die geringste Spur von irgendeiner vorhergehenden Periode kultureller Entwicklung. Das große Rätsel auf der Suche nach den Ursprüngen menschlicher Kultur ist, daß Zivilisationen auf der Höhe ihrer Entwicklung ganz plötzlich auftauchen, wie fertig entwickelt. Die Version der Geschichte, die sich hier immer wieder aufdrängt, ist diejenige Platons in seinem Bericht von jener längst verschwundenen Welt, die er Atlantis nannte.

Daß es Welten und Zivilisationen vor unserer eigenen gegeben haben muß, darüber besteht kein Zweifel. Die frühen Philosophen wußten, daß die Geographie der Erde in ständigem Fluß ist. Veränderungen bei Meeren und Kontinenten gehen auf zwei Arten vor sich: durch Erosion und Sedimentation sowie durch plötzliche Katastrophen und kosmische Umwälzungen. Die Forschungen von Hans Hörbiger, H.S. Bellamy, Immanuel Velikovsky und anderen Forschern der »Kosmischen Katastrophen-Schule« haben eindrückliches Beweismaterial dafür erbracht, daß es solche kosmischen Umwälzungen in den letzten paar tausend Jahren tatsächlich gegeben hat. Die Existenz der gefrorenen Mammuts von Sibirien erlaubt wohl kaum eine andere Interpretation, als daß diese durch eine plötzliche Klimaänderung umgekommen sein müssen. Diese Kadaver kommen in solchen Mengen vor, daß Mammut-Elfenbein beinahe das gesamte Material geliefert hat, das von den chinesischen Handwerkern in historischer Zeit verarbeitet worden ist. Ihre große Zahl und die natürlichen Stellungen, in denen die Tiere gefunden werden, können nicht durch eine Serie von Zufällen erklärt werden. Manchmal sind sie noch beim Kauen ihrer letzten Portion Grünzeug überrascht worden, in einer Gegend, die heute unfruchtbare Wüste ist. Der Fall des Eises muß blitzartig vor sich gegangen sein und alles Leben in seiner Reichweite auf einmal zum Erstarren gebracht haben. Aus der großen Anzahl von Vertiefungen in der Erdoberfläche zu schließen, die wie diejenigen in der Hudson Bay manchmal mehr als hundert Meilen (161 km) Durchmesser aufweisen, und deren meteorischer Ursprung heute anerkannt ist, muß es in gewissen Abständen die ganze Geschichte der Erde hindurch immer wieder sintflutartige, radikale Umwälzungen gegeben haben. Aus diesem Grunde ist es nicht nur wahrscheinlich, sondern gewiß, daß ganze Gebiete bevölkerten Landes wie Platons Atlantis plötzlich in den Fluten verschwunden sind.

Doch diese Schlußfolgerung verlängert bloß die akzeptierte Zeitspanne menschlicher Zivilisation, ohne ihren Ursprung zu erklären. Es gibt Leute, die glauben, daß die Menschen auf der Erde in einer früheren Zeit einmal Kontakt mit Außerirdischen hatten und daß sie von ihnen ihr erstes Wissen über das Universum und die zivilisatorischen Fertigkeiten bekommen hätten. Das ist eine sehr alte Idee, die weder besonders absurd noch unwahrscheinlich ist. Raumfahrt kann sehr wohl in der Vergangenheit stattgefunden haben. Und doch sind die Hinweise auf das Wesen von Leben und Tod, ja selbst auf die Struktur des Universums auf der Erde selbst für jedermann zugänglich, denn sie liegen innerhalb des Wahrnehmungsbereiches der menschlichen Sinne.

Die Große Pyramide stellt, wie wir gesehen haben, ein Modell universellen Wachstums dar. Ihre Abmessungen dehnen sich, ausgehend von dem unsichtbaren Stäbchen an ihrer äußersten Spitze, in steinerner Form durch den Größenbereich menschlicher Wahrnehmung hindurch aus und umspannen schließlich, jenseits von diesem, die ganze Erde. Ganz offensichtlich ist sie von Menschen gebaut worden, die Kenntnisse über die Gesetze, die den intergalaktischen Fluß lebendiger Energie beherrschten, und über deren Anwendung zum Wohl des irdischen Lebens besaßen. Durch scharfe Beobachtung der Natur, die zur Entdeckung bestimmter numerischer Muster hinter dem Wachstumsprozeß führt, ist es möglich, Einsichten in das universelle System zu gewinnen, die sowohl durch Überlegungen als auch direkt durch die Sinne überprüft werden können. Die perfekten geometrischen Figuren, zu denen die unvollkommenen Formen der Natur in Beziehung stehen, entwickeln sich aus der Grundstruktur der Zelle, und diese wird durch bestimmte Kombinationen der Elemente gebildet. Tausende von Jahren, bevor Kepler die Mechanik des Universums durch die Verwendung der fünf perfekten (platonischen) Körper erklärte, war bereits ein System dreidimensionaler Geometrie entwickelt worden, mit dem jede mögliche Form von Wachstum dargestellt werden konnte. Die hautsächlichen kosmischen Intervalle und Zahlen sowie die Zahlenverhältnisse, die die Muster des

Lebens bestimmen, wurden mit Hilfe von numerologischen Kombinationen wie magischen Quadraten aufeinander bezogen. In den kristallenen Strukturen dieser Figuren war das Schema des Universums gespeichert.

Für die innerste Wahrheit des philosophischen Systems, die aus der Synthese jeder Wissenschaft von der Natur destilliert werden konnte, waren in diesen frühen Tagen nicht Priester und Anführer als einzige zuständig; sie war für jeden sichtbar. Es muß eine Zeit gegeben haben vor jener traumatischen Verletzung der Erde, bevor es zu jenen Störungen kam, die den Verlust des Kontaktes mit dem früheren Geist und die Ausbreitung von Verwirrung und Aberglauben mit sich brachte. Damals müssen die Menschen gewisse Fähigkeiten besessen haben, die in uns heute zum größten Teil brachliegen. Der geschärfte Wahrnehmungszustand, in dem sich diejenigen befinden, die nahe an den natürlichen Quellen ihrer Existenz leben, läuft auf eine höhere Dimension des Sehens hinaus. Menschen, deren Überleben vollständig auf der Vertrautheit mit ihrer heimischen Landschaft und deren Ressourcen beruht, beginnen bestimmte Qualitäten in der Landschaft und in der Atmosphäre wahrzunehmen, die Fremden nicht auffallen. Die einheimischen Bewohner noch intakter Länder wissen sowohl instinktiv als auch aus der Überlieferung um die Plätze, an denen die Strömungen der Lebensenergie, die durch das Erdmagnetfeld vermittelt werden, am vorteilhaftesten kombiniert sind. Jene Art magischer Praxis, die auf der Manipulation dieser Strömungen beruht, muß so alt wie die menschliche Rasse selbst sein; und der Wunsch, Gesetze zu bilden, die ihre Funktion erklären, stimulierte die frühesten wissenschaftlichen Bestrebungen.

In den USA hat kürzlich ein auf dem Land lebender Junge, der seine Lehrer durch sein mikroskopisches Wissen über die Zellstrukturen gewisser Pflanzen verblüfft hatte, erklärt, er habe deren Geheimnisse erfahren, indem er mit ihnen direkt kommuniziert habe. Nichts scheint verborgen zu sein, als daß es nicht durch eine plötzliche Vision erhellt werden könnte. Die meisten Erfinder geben zu, daß ihre größten Entdeckungen nicht durch einen logischen Prozeß zustande gekommen sind, sondern sich in ihrem Geist alles zu einem zusammenhängenden Ganzen fügte. Wer Kreuzworträtsel löst, ist mit jenen Antworten vertraut, die über einen scheinbar unüberbrückbaren Abgrund in der logischen Fährte springen und unversehens Licht auf die Lösung werfen.

Die Forschungen von C. G. Jung haben die Existenz eines verborgenen Speichers in unserem Geist bestätigt, aus dem nie zuvor geschaute Traumbilder und bisher unbekannte Fakten ins Bewußtsein steigen und zu einem Teil unseres geistigen Rüstzeugs werden können. Er zitiert mehrere Fälle von entscheidenden Entdeckungen, die ihren Ursprung in einer plötzlichen Offenbarung aus dem Unbewußten haben. Der Mathematiker Poincaré und der Chemiker Kekulé sind auf diese Weise inspiriert worden, und auch Descartes erlebte einen Moment äußerster Erleuchtung, in dem er in einem plötzlichen Aufleuchten »die Ordnung aller Wissenschaften« schaute.

Die Mythen über die menschliche Erleuchtung sprechen überall von derselben Quelle. Merkur oder die Quecksilber-Schlange hat die zivilisatorischen Künste eingeführt. In Ägypten war es Thot, der die Menschen lesen und schreiben lehrte – die Ursache der anschließenden Verwirrung aller wahren Wissenschaften. Im Islam hat er die Gestalt von Idris, in Mexiko ist er Quetzalcoatl, die geflügelte Schlange. Die Polynesier wurden inspiriert von einem Wurm aus dem Meer, die Japaner durch einen Drachen. In China erblickte der erste Geomant, Fu-hi, ein Ungeheuer wie ein Wasserpferd, das aus einem Fluß stieg und dessen gelocktes Rückenhaar in geometrischen Mustern und Symbolen angeordnet war, die den gesamten Bereich von Wissenschaft und Kunst sowie die harmonischen Proportionen des Universums darstellten. Der walisische Adam, Einigen, erblickte alle Wissenschaften, vergangene und gegenwärtige, eingraviert auf drei Säulen aus Licht. Die Ur-Inspiration wird in jeder Generation erneuert. Kepler erhielt den Schlüssel zur Mechanik des Planetensystems in einem einzigen Moment, während er vor einer Wandtafel stand. Von diesem Moment an lernte er nichts Neues, genau wie Alfred Watkins, dessen ganze Arbeit nach der Initialvision auf den Hügeln von Herefordshire seinen Überzeugungen nichts hinzufügte oder an ihnen änderte. Die Erfahrung einer Vision führt zur Suche nach Mitteln des Ausdrucks. Ramon Lull, der spanische Gelehrte aus dem 12. Jahrhundert, war auf den Berg Randa in Mallorca gestiegen, um einige Tage des Fastens und der Meditation zu verbringen. Dort blickte er unverwandt auf einen Lenticus-Busch, der mit kleinen silbrigen Blättern bedeckt war. Als er so schaute, erschien auf jedem Blatt ein Buchstabe oder eine Zahl, bis der Busch jeden einzelnen Buchstaben und jede Zahl aller bekannten Sprachen aufwies, und alle Wissenschaften waren in einem vollendeten System vereint. Den Rest seines Lebens widmete Lull der Zusammenstellung und Erläuterung seines großen Werkes, das als ein kaum verständliches Labyrinth von Buchstaben, Zahlen und Geometrie beschrieben wird, in dem Symbole in verschiedenen Farben ganze Wissenschaftsdisziplinen repräsentieren und das als Ganzes eine mathematische Demonstration der Existenz des wahren Geistes und der christlichen Kirche als seinem rechtmäßigen Erben liefert. Ein Versuch, dieses System bei den Arabern einzuführen, führte schließlich zu Lulls Märtyrertod.

In welcher Form Merkur auch zuschlägt, ob als Anordnung von Kreisen und Linien, oder, wie in Blakes Vision in Fehlpham, als riesiger Mensch, der aus lebenden Atomen zusammengesetzt ist; die Erfahrung der Begegnung bleibt dieselbe für jedermann. Zu allen Zeiten haben Philosophen sich um die Mittel zu ihrem Ausdruck bemüht. Die Zahlen der kabbalistischen Mathematik beziehen sich letztlich auf die Elemente der verborgenen Welt, die motivierenden Prinzipien des Universums, die sich in einem solchen Moment der Vision abheben, jedes von ihnen klar unterscheidbar und verständlich. Die Kabbala wurde von Aleister Crowley definiert als »eine Sprache, die geeignet ist, bestimmte Klassen von Erscheinungen zu beschreiben und bestimmte Klassen von Ideen auszudrücken, die sich einer herkömmlichen Ausdrucksweise entziehen«. Diese Sprache, die zeigt, daß die auf ewig festgelegten Gesetze der mathematischen Verhältnisse mit den Enthüllungen des inneren Wissens übereinstimmen, lieferte die magische Kraft der Alten Welt. Von den verschiedenen menschlichen und übermenschlichen Rassen, die in der Vergangenheit auf der Erde lebten, kennen wir nur die traumartigen Berichte der frühesten Mythen, in denen von den magischen Kräften der Alten die Rede ist. Diese Mythen geben auch Hinweise auf eine gewaltige Katastrophe menschlichen oder natürlichen Ursprungs, die ein System zerstörte, dessen Aufrechterhaltung auf seiner weltweiten Kontrolle über die Naturkräfte beruhte. Alle Versuche, dieses zu rekonstruieren, sind bisher gescheitert. Die isolierten Gruppen von Überlebenden, die über die ganze Welt verstreut waren, vergaß ihre frühere Einheit und die hochentwickelte Wissenschaft Vorfahren, fielen in immer tiefere Unwissenheit und wurde hends zum Spielball rivalisierender Idealisten.

Die Geschichte unserer Epoche ist die einer konsta

lage jener Gruppen und Individuen, die versucht haben, gegen die Flut von Unwissenheit, Aberglaube und willkürlicher Gewalttätigkeit anzugehen. Ein gewaltiges, fest etabliertes Interesse an der Unterdrückung der Wahrheit über die Vergangenheit hat sich entwickelt, dem wir alle in einem gewissen Maß unbewußt verpflichtet sind. Bis noch vor kurzer Zeit war diese Unterdrückung aktiv und bösartig: die klerikale Verfolgung der mittelalterlichen Wissenschaftler stellt ihre letzte organisierte Manifestation dar. Heute allerdings, da die alte Tradition inaktiv ist, sind die Gründe für ihre Unterdrückung selbst in Vergessenheit geraten. Aber die Einstellung ist geblieben. Diese Einstellung und die Vorurteile, die mit ihr einhergehen, bilden heute die Barriere, die uns daran hindert, die Geschichte von einer umfassenderen zeitlichen Perspektive aus zu betrachten; in ihr nicht den Bericht über einen erst vor kurzer Zeit erfolgten Aufstieg aus tierischer Existenz und Barbarei zu den Triumphen moderner Zivilisation zu sehen, sondern denjenigen über einen allmählichen, kaum unterbrochenen Abstieg von der weltweiten hohen Kultur des Altertums bis zum gegenwärtigen Zustand der Zersplitterung und bevorstehenden Auflösung.

Kapitel 6

Glastonbury

GLASTONBURY, DIE KLEINE Stadt in Somerset, die auf einer Insel steht, die sich aus der niedrigen, sumpfigen Umgebung erhebt, hat etwas sehr Spezielles an sich. In diesen Sümpfen, die einst einen Binnensee bildeten, finden die Archäologen die Seerandsiedlungen der prähistorischen Bewohner, zusammen mit eindrucksvollen Prügelwegen, die die Siedlungen miteinander verbanden. Auf und um den *Tor*, den großen konischen Hügel im Osten der Stadt, der von einem meilenweit sichtbaren mittelalterlichen Turm gekrönt ist, liegen einige der Felsblöcke, mit denen die Menschen früherer Kulturen ihre Sichtungs-*tracks* markiert haben. Zwischen dem *Tor* und der Stadt erhebt sich der mondförmige Dom von Chalice Hill (»Kelch-Hügel«), der in der Legende mit dem mystischen Gefäß des heiligen Grals assoziiert wird. An seinem Fuß entspringt die heilige Quelle, deren heilende und inspirierende Eigenschaften einer der Gründe sind, warum Glastonbury immer ein Wallfahrtsort gewesen ist.

Schon seit frühester Zeit, und aus Gründen, die mit der Atmosphäre des Ortes zu tun haben, hat Glastonbury eine einzigartige Stellung unter den Heiligtümern Großbritanniens eingenommen. Seine alten Namen »Avalon« und »Kristallinsel« zeigen die alte Geltung des Gebietes als ein Ort der Visionen und mystischen Vorgänge, als ein Tor in die »andere Welt«. Der König dieser Welt, Gwyn ap Nudd, hatte nach einer der frühen Legenden über Glastonbury seinen Palast unter dem *Tor*, von wo er durch einen christlichen Einsiedler der Gegend, St. Collen, vertrieben wurde. Es spricht vieles dafür, daß Glastonbury ein Zentrum prähistorischer Religion und des keltischen Druidentums gewesen ist; mit Sicherheit war es aber ein solches des folgenen keltischen Christentums. Die bemerkenswerte Fülle von Geschichten und Legenden, die mit diesem Ort in Zusammenhang stehen, wird durch jede Generation erneuert und erweitert, denn es ist nicht bloße Tradition, die so viele Episoden von Mythos und heiliger Geschichte in der Landschaft um Glastonbury lokalisiert, sondern die unwiderstehliche Qualität des Ortes selbst.

Die dramatischste aller Legenden über Glastonbury erzählt die Geschichte, wie es zum Standort der allerersten christlichen Kirche der Welt wurde. Kurz nach der Kreuzigung reiste der heilige Josef von Arimathäa mit einer Gruppe von zwölf Christen nach Großbritannien und landete in Glastonbury. Auf dem Wearyall Hill auf der Insel Avalon pflanzte er seinen Pilgerstab in den Erdboden, dessen Abkömmlinge heute noch in der Stadt zu sehen sind. Er beschloß, an einem Platz am Fuße des Hügels eine Kirche zu bauen und sich mit seiner Gemeinschaft dort niederzulassen. Er erwirkte ein Lehen, das 12 *hides* (Hufen) oder 1440 *acres* (Morgen) umfaßte (eine *hide* ist gleich 120 *acres*), worauf die Christen ihre Kirche gründeten, die der Jungfrau Maria geweiht wurde.

Ein Beweis für die traditionelle Heiligkeit von Glastonbury findet sich im *Domesday Book* (englisches Reichsgrundbuch), das festhält, daß die »Twelve Hides of Glaston« auf ewig von Steuern befreit waren. Bis zur Reformation bildeten die *Twelve Hides* praktisch einen unabhängigen Staat; die königlichen Erlasse waren innerhalb ihrer Grenzen nicht gültig und dort war der Abt von Glastonbury der Souverän. In den mittelalterlichen Kirchenratsversammlungen hatten die Bischöfe Englands aufgrund ihres unbestrittenen Anspruchs, die älteste christliche Gründung zu vertreten, über alle anderen Vorrang.

In den Tagen ihres größten Ruhms, als ihr Kloster mit seiner berühmten Bibliothek und anderen Schätzen das größte und reichste Großbritanniens war, hüteten und verehrten die Mönche von Glastonbury den Standort der ursprünglichen Marien-Kirche, die vom heiligen Josef und seinen Anhängern aus Flechtwerk gebaut worden war. Irgendwann wurde sie dann mit Brettern umhüllt und mit Blei gedeckt. Nachdem sie 1184 durch eine Feuersbrunst zerstört worden war, wurden ihre Dimensionen in der neuen Kapelle konserviert, die ebenfalls der Jungfrau Maria und dem heiligen Josef geweiht war und an derselben Stelle gebaut wurde.

Viele der frühen Schriftsteller und Chronisten haben über das hohe Alter und den heiligen Ursprung der Kirche von Glastonbury geschrieben. In einem Brief an Papst Gregor sagte der heilige

Augustinus, das erste Heiligtum aus Flechtwerk sei nicht von Sterblichen, sondern durch göttliche Hände errichtet worden. Diese Feststellung wurde oft als Bestätigung von alten ländlichen Legenden aus Somerset und Cornwall zitiert, die besagen, daß Jesus mit dem heiligen Josef, der zu einer bestimmten Zeit im Zinnhandel tätig war, nach England gekommen sei, und daß er Glastonbury besucht habe. Derartige Legenden blühen in der so sehr von der »anderen Welt« durchdrungenen Atmosphäre des Ortes, über die sich auch William von Malmesbury, Mönch und Historiker des 12. Jahrhunderts, in seiner *Gesta Regum* (Geschichte der Könige) äußerte. Er hatte noch zu einer Zeit in der Bibliothek von Glastonbury Abbey studieren können, als diese noch die sagenhaften Dokumente und Manuskripte enthielt, die bei der Aufhebung und Zerstörung des Klosters im Jahre 1539 vernichtet, in alle Winde zerstreut oder versteckt worden sind. Aufgrund der Beweisstücke, die er dort gesehen hatte, akzeptierte William den heiligen Ursprung der »Ealde Churche« (altenglisch für alte Kirche) in Glastonbury und schrieb:

Es hatte schon von seiner Gründung an einen gewissen Geruch von himmlischer Heiligkeit, und hauchte diesen über das ganze Land aus. (...) Die lange Tradition und die Zahl seiner Heiligen haben den Ort mit so viel Heiligkeit durchdrungen, daß hier nachts kaum einer Wache zu halten oder während des Tages auf seinen Boden zu spucken wagt: derjenige, der sich der Verschmutzung bewußt ist, erschauert in seiner ganzen Gestalt. Keiner brachte je Falken oder Pferde auf das Gebiet des nachbarlichen Friedhofs, der nicht mit Schaden an Tieren oder an sich selbst gegangen wäre. (...) Es ist klar, daß die Ruhestätte so vieler Heiliger ein himmlisches Heiligtum auf Erden genannt werden kann.«

In der Reformation, als die Macht des Staates über die Interessen von Kirche und Volk die Oberhand gewann, wurde der letzte Abt von Glastonbury, Richard Whiting, an einen Galgen, den man auf dem Gipfel des *Tor* errichtet hatte, gehängt; offiziell dafür, daß er Schätze des Klosters vor den Kommissaren versteckt hatte, die der Staat eingesetzt hatte, um sie auszuplündern. Das Schicksal dieser Schätze ist seither ein Geheimnis geblieben, das durch Sagen und die tatsächliche Existenz von unterirdischen Gewölben und Gängen unter und um den Standort des heute in Trümmern liegenden Klosters noch vertieft wird. Eine der Sagen über die Schätze von

Glastonbury nennt den Chalice Hill als Versteck des heiligen Gefäßes, eines Reliktes vom Letzten Abendmahl Christi, das durch den heiligen Josef nach Glastonbury gebracht wurde und vom Volk mit dem mystischen Heiligen Gral gleichgesetzt wird.

Die Idee von vergrabenen Schätzen, die an sich schon erregend genug ist, wird insbesondere in Glastonbury bedeutungsvoll, wo es nicht unvorstellbar ist, daß noch einmal Gegenstände oder Dokumente von größerer historischer und religiöser Bedeutung gefunden werden könnten. Mystiker haben jedoch eine weniger enge Deutung des Schatzes von Glastonbury entwickelt und sehen ihn mehr als die Offenbarung von altem Wissen denn als ein physisches Objekt. Seit Beginn dieses Jahrhunderts, und in jüngster Zeit auch in größerer Zahl, haben sie sich in Glastonbury in Erwartung der Erfüllung gewisser Prophezeiungen versammelt, die sich auf diesen Ort beziehen, der auch »the holiest earth« (die heiligste Erde) und das Englische Jerusalem genannt wurde.

Die Prophezeiungen, die Glastonbury als einen Ort der Regeneration identifizieren, wo die neuen Formen jedes Zeitalters erstmals sichtbar werden, beginnen mit dem Orakel von Melchin. Das *Book of Melchin* aus dem 17. Jahrhundert war eines der verlorenen Bücher der Bibliothek von Glastonbury, das man nur aus den Zitaten späterer Autoren kennt, insbesondere von John of Glastonbury aus dem 15. Jahrhundert. Eines der erhaltenen Fragmente besagt, daß das Grab des heiligen Josef und der Talisman des Grals eines Tages wiederentdeckt werden sollen und »von da an werden weder das Wasser noch der Tau des Himmels die Bewohner auf dieser alten Insel im Stich lassen.«

Diese Prophezeiung stimmt mit der Legende vom lahmen Fischerkönig im Zyklus der Grals-Erzählungen, die in den Sümpfen von Glastonbury lokalisiert sind, überein, dessen Heilung sein unfruchtbares Königreich wieder zum Blühen bringen und das Goldene Zeitalter der Anfänge wiederherstellen wird. Diese Prophezeiung zieht sich durch die gesamte englische Literatur, über Milton, Blake, T. S. Eliot in *The Waste Land* und viele andere. Auch Augustin Ringwode, der letzte der Mönche, die aus dem Kloster von Glastonbury vertrieben worden waren, wiederholte sie immer wieder:

»Eines Tages wird das Kloster repariert und wieder aufgebaut werden für die Art von Gottesdienst, wie er nun aufgehört hat; und dann werden für lange Zeit Friede und Überfluß herrschen.«

Kein Wunder, wird Glastonbury das Englische Jerusalem genannt! Genau dieselben Prophezeiungen erzählen die Juden über den Tempel in Jerusalem: daß die Welt aus dem Gleichgewicht geraten und an Fruchtbarkeit abnehmen werde, sobald der Tempel zerstört werde und die Rituale darin aufhörten; daß er eines Tages wieder aufgebaut werde und dann der göttliche Regen von Weisheit wieder zur Erde fallen und ein neues Zeitalter von Frieden und Wohlstand bringen werde.

DIE OFFENBARUNGEN VON GLASTONBURY

Im Jahre 1907 erwarb die anglikanische Kirche die Ruinen von Glastonbury Abbey, das sie einst auf so brutale Weise zerstört hatte, und machte Anstalten zur Wiedergutmachung, indem sie seine Geschichte erforschen ließ. Der Mann, der als Leiter der archäologischen Ausgrabungen eingesetzt wurde, war Frederick Bligh Bond, eine angesehene Autorität auf dem Gebiet der mittelalterlichen Architektur, Kircheneinrichtungen und Kirchen-Restaurierung. Er hatte von Anfang an glänzende Erfolge, entdeckte die Fundamente von unbekannten Teilen des alten Klosters und konnte viel von seinem früheren Glanz ans Tageslicht bringen. Er schien immer genau zu wissen, wo er graben mußte. Einer seiner Erfolge war die Entdeckung der Grundmauern der St. Edgars-Kapelle im Osten des Haupttraktes des Klosters, die ihn zur Schlußfolgerung führte, die ursprüngliche Länge des Gebäudes müsse 592 ft. betragen haben. Es fiel auf, wie sehr er auf dieser Zahl beharrte, doch die Gründe dafür wurden erst später bekannt.

1918 publizierte Bligh Bond ein Buch mit dem Titel *The Gate of Remembrance*, in dem er gestand, daß alle seine Erfolge auf spiritistische Kommunikationen durch »automatisches Schreiben« zurückzuführen waren. Er hatte sich in die Überlieferungen über Glastonbury vertieft und einige seiner Freunde hatten, wie durch seine mediale Vermittlung, angefangen, Botschaften der alten Mönche von Glastonbury Abbey zu empfangen. Diese Leute, deren Identität in *The Gate of Remembrance* und in einem späteren Buch, *The Company of Avalon*, enthüllt wurde, erwiesen sich als ebenso respektabel wie Bligh Bond selbst. Keiner von ihnen hatte irgendwelche besonderen Kenntnisse über das Kloster von Glastonbury, doch ihre »scripts«, von denen in den zwei Büchern Beispiele zitiert werden, gaben Einzelheiten über seine Struktur und Geschichte wieder, die in der archaischen Sprache der alten Mönche geschrieben waren. Diese Aufzeichnungen hatte Bligh Bond in seinen erfolgreichen Ausgrabungen angeleitet.

Ein riesiger Aufruhr folgte auf diese Enthüllungen. Bligh Bonds Auftrag war es ausschließlich gewesen, einige der ursprünglichen architektonischen Merkmale des Klosters zum Nutzen von Wissenschaft und Tourismus sicherzustellen. Indem er jedoch den Dämonen des Spiritismus erlaubte, in das ehrwürdige Werk der kirchlichen Archäologie einzudringen, hatte er das ganze Unternehmen anrüchig und skandalumwittert gemacht. Archäologen und Kirchenautoritäten vereinigten sich, um ihn wegen Mißbrauchs seiner Verantwortung zu verurteilen. Ein anderer Architekt wurde damit beauftragt, seine Arbeit zu überwachen, und dies war nicht die einzige Demütigung. Als schließlich seine »ketzerischen« Aktivitäten nicht nachließen, wurde er aus seiner Stelle entlassen und zog sich als verbitterter Mensch aus Glastonbury zurück. Man ließ seine Ausgrabungen unter einem Rasenteppich verschwinden und seine Edgar-Kapelle und andere Entdeckungen wurden aus dem offiziellen Plan des Klosters entfernt wie seine Bücher aus dem klösterlichen Verkaufsstand.

Doch der Geist von Glastonbury konnte, einmal geweckt, nicht so leicht wieder gebannt werden. Während Bligh Bonds Zeit als Grabungsleiter war das Kloster zu einem Treffpunkt für Mystiker und Erweckungspriester geworden. Musik- und Theaterfestivals wurden in der Stadt abgehalten und die alten Legenden in einer Flut von Büchern und Pamphleten wiedererweckt, die nach dem Muster von Bligh Bonds inspirierenden Werken aufgebaut waren. Darunter befand sich auch ein populäres Büchlein des örtlichen anglikanischen Pfarrers, Reverend Lionel Smithett Lewis, mit dem Titel *St. Joseph of Arimathaea at Glastonbury,* dem viele andere Zeugnisse über den hohen Besuch in Glastonburys Vergangenheit folgten, einschließlich Reverend C. C. Dobsons *Did Our Lord Visit Britain as thery say in Cornwall and Somerset?*, das bei Avalon Press in Glastonbury erschienen ist.

In den dreißiger Jahren trugen Kathryn Maltwoods Forschungen über den Tierkreis von Glastonbury zum Reichtum der Überlieferungen über den Ort bei, indem sie die Schauplätze von Episoden der arthurischen *High History of the Holy Grail* in der

Landschaft der Gegend lokalisierten. Ein weiterer Mystiker, der in der Gegend aktiv war, war der bereits erwähnte J. Foster Forbes, zusammen mit einer seiner »psychometrischen« Mitarbeiterinnen, Iris Campbell, deren atmosphärische Eindrücke von historischen Stätten er in mehreren Büchern beschrieben hat. In seinem Werk *Giants, Myths and Megaliths* führte er einige ihrer verblüffenden Visionen vom Glastonbury der frühen Zeit auf, die wieder einmal Erinnerungen an Legenden über den Tempel von Jerusalem wekken:

»Unter dem Kloster liegen die Überreste von riesigen Katakomben, die durch natürliche Umwälzungen in der Erdkruste entstanden sind. Diese Katakomben befinden sich in großer Tiefe, und sie sind es, die als unterirdische Kanäle für die magnetischen Ströme der Welt dienen. Durch dieses Mittel wurde jene innere Verbrennung erzeugt, die als ›die geheimen Feuer der Erde‹ bekannt ist... Auch der Glastonbury Tor erhebt sich über einem magnetischen Epizentrum, und das, was sich dort befindet, ist in einem Zustand ständigen Aufwallens... Der kontemplative Mönchsorden, den die alte Stätte von Glaston angezogen hat – der ja Bescheid wußte über diese Mysterien von Erde und Himmel – hatte es sich zur Lebensaufgabe gemacht, für den Frieden der Welt zu beten. Das taten sie, indem sie ihre Gedanken in diese brodelnde Unterwelt hinunter projizierten.«

Die Geschichte der modernen Wissenschaft von Glastonbury enthält manches farbige Kapitel. Die seltsamen, sich bewegenden Lichter, die regelmäßig um den *Tor* herum erscheinen, vielleicht als Manifestation der Energien des Ortes, haben immer wieder die UFO-Beobachter angezogen. Pop-Musik-Festivals sind verschiedenen Aspekten der Glastonbury-Legende gewidmet worden, und rührige Leute aller Art, von Anhängern spiritistischer, religiöser und psychologischer Kulte bis zu Künstlern und Altertumsfreunden, ließen sich dazu anregen, sich hier niederzulassen oder hier zu arbeiten.

Der Einfluß Bligh Bonds ist auf jeden Fall stark geblieben. Sein Werk war ganz klar seiner Zeit voraus. In den sechziger Jahren begann man es wieder zu lesen und zu schätzen. Nachdem nämlich der Aufruhr über Bligh Bondes *Spirit Guides* wieder abgeflaut war, wurde es auch wieder möglich, den Wert seiner Arbeit emotionslos einzuschätzen, unabhängig davon, auf welchem Weg er die Inspiration dazu empfangen hatte. 1968 begab sich der Architekt Keith Critchlow nach Glastonbury, um einige seiner Behauptungen über die Existenz eines verborgenen, freimaurerischen Zahlen- und Proportionsschematas im Plan des Klosters nachzuprüfen. Er stimmte schließlich Bonds Theorie zu, daß der Plan des Ganzen auf einem Gitter mit 74 ft. Maschenweite beruhte, von dem acht Felder die Länge von 592 ft. ergaben, und er konnte auch Bonds Entdeckung bestätigen, daß die Marien-Kapelle am Standort der ursprünglichen Flechtwerk-Kirche sich in die Geometrie der *vesica piscis* einfügte. Er vermutete, daß es einen Zusammenhang geben könnte zwischen dem Plan der ursprünglichen christlichen Siedlung, wie er sich im Grundriß der Kapelle spiegelte, und der Geometrie der Twelve Hides.

Das erwies sich als ein fruchtbarer Hinweis, denn es stellte sich später heraus, daß die Dimensionen der Marien-Kapelle die innere Figur eines geometrischen Schemas ergeben, das in einem größeren Maßstab in den Dimensionen der Twelve Hides wieder aufgenommen wird. Und wenn dieses Schema voll entwickelt wird, offenbart es die Form eines Schatzes von der Art, wie ihn die Gründer von Glastonbury wertvoller eingeschätzt hätten als alles, was aus dem Boden gegraben werden kann: die Vorstellung des Geometers von einer idealen Kosmologie. Es ist das Schema, das den Grundrissen von Tempeln und heiligen Städten des Altertums zugrunde liegt; und untrennbar davon ist die Philosophie und Wissenschaft, in der die alten Zivilisationen verwurzelt waren. Das Weltbild, das sich in diesem geometrischen Schema äußert, basiert auf Werten und Voraussetzungen, die von denen, die das Weltbild der modernen Zivilisation bestimmen, so verschieden sind, daß es zur Zeit kaum von einem weiteren Kreis gewürdigt werden wird. Und doch kommt sein heutiges Wiedererscheinen so zeitig, und ist sein Potential als eine Kraft der Veränderung für Denk- und Wahrnehmungsweisen so groß, daß eine neue Epoche unter seinem Einfluß kaum sehr lange auf sich warten lassen wird. Wenn diese Zeit gekommen ist, wird der Wert von Frederick Bligh Bonds intuitiven und intellektuellen Leistungen angemessen gewürdigt werden.

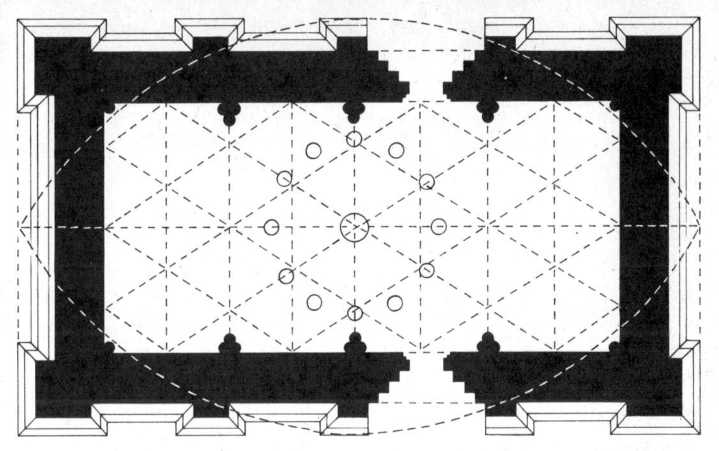

Abb. 45 Bligh Bonds Plan der Marienkapelle, der ihre Beziehung zur Figur der Vesica Piscis zeigt.

DAS MUSTER AUF DEM FUSSBODEN

In seinen Schriften über Glastonbury macht William von Malmesbury an einer Stelle eine vorsichtige Andeutung über ein offenbar mystisches Mosaikmuster auf dem Fußboden der Kapelle der Jungfrau Maria, an der Stelle, wo einst die alte Flechtwerk-Kirche gestanden hatte.

»Diese Kirche also ist gewiß die älteste, die ich in England kenne, und trägt von diesem Umstand zu Recht ihren Namen (vetusta ecclesia) *(...) In der Pflasterung kann man auf jeder Seite Steine sehen, die mit Absicht in Dreiecken und Quadraten ausgelegt und mit Blei eingefaßt sind, und in denen, wie ich glaube, ohne wohl der Religion damit eine Ungerechtigkeit anzutun, ein heiliges Rätsel enthalten ist.«*

Von 1917 an hatten die Botschaften, die Bligh Bond durch automatisches Schreiben zukamen, mehr und mehr mit dem früheren Muster auf dem Boden der alten Kapelle zu tun. Eine von ihnen, die von Bonds ursprünglichem Mitarbeiter John Alleyne niedergeschrieben wurde, enthielt folgende interessante Stelle:

»Das, was die Brüder aus alter Zeit uns überlieferten, befolgten wir, und hielten uns beim Bauen immer an ihren Plan. Wie wir schon gesagt haben, unser Kloster war eine Botschaft in Stein. In den Fundamenten und den Distanzen ist ein Geheimnis – das Geheimnis unseres Glaubens, den ihr vergessen habt und wir auch in den letzten Tagen:
Alle die Maße waren deutlich markiert auf den Steinplatten in Mary's Chappel, *und ihr habt sie zerstört. So war es aufgezeichnet, damit sie, die bauten, und sie, die später kamen, zum vornherein wußten, wo sie bauen sollten. Aber diese Dinge sind vorüber und jetzt wertlos. Der Geist ging verloren und mit dem Verlust des Geistes zerfiel der Körper und war für uns zu nichts mehr nutze.*
Da war der Leib Christi, und um ihn herum wären die Vier Wege gewesen. Zwei wurden gebaut und nicht mehr. Im Boden der Mary Chappel *war der Zodiac, damit alle sehen und das Geheimnis verstehen konnten. In der Mitte der Kapelle war er ausgelegt; und das Kreuz von Ihm, der unser Beispiel und Vorbild war.*
Braineton, er hat viel getan, denn er war Geomant des Klosters in alter Zeit.«

Die ursprüngliche Kirche des Hl. Josef war, wie sie Bligh Bond nach William von Malmesburys Bericht visualisierte, nach einem kreisförmigen Plan gebaut, wie die Hütten der benachbarten prähistorischen Seerandsiedlungen. Später wurde sie nach dem Plan der gegenwärtigen Kapelle der Hl. Maria in ein rechteckiges Gebäude inkorporiert. Im Inneren dieses neuen Gebäudes blieben die Fundamente der ursprünglichen runden Mauer bestehen und wurden verehrt, bis dann das Feuer des Jahres 1184 alles zerstörte. Innerhalb der alten Mauern war, nach Bligh Bonds geisterhaften Informanten, der Tierkreis in Form eines geometrischen Musters in den Steinboden eingelegt.

1921 kamen dann weitere Skripten mit mehr Einzelheiten. Der Plan habe, so hieß es, aus zwölf Kreisen bestanden, die in einem Ring um einen zentralen Kreis herum angeordnet waren, in dem sich der Altar und der sakramentale Leib Christi befanden. Von jedem der kleineren Kreise aus waren Linien in den Boden eingegraben, die auf das Zentrum zuliefen. Das ganze Muster repräsentierte nicht nur einen Tierkreis oder ein kosmoligisches Schema, sondern auch einen mikrokosmischen Grundriß der ursprünglichen christlichen Siedlung.

Andere Skripten beschrieben die Anordnung der zwölf runden Zellen, die der heilige Josef und die anderen Heiligen mit ihm in einem Ring um die Kirche herum gebaut hatten, und gaben die Dimensionen ihrer Siedlung an. Sie enthielten auch die interessante Neuigkeit, daß das Heiligtum des heiligen Josef nicht das erste an diesem Standort gewesen war. Früher hatte hier ein heidnischer Tempel gestanden, dessen gut gehütete Dimensionen im Siedlungsplan der Christen reproduziert worden waren. Die Maße der Siedlung waren in einem Skript (Nr. XXXI) enthalten, das Bligh Bond in seinem Buch *The Company of Avalon* wiedergab.

»Erst soll ein Kreis dasein. – ronde *130 Schritte –* gressus *(lat. = Schritte): auf ihm 12 Würfel. Äußere* ronde, *360 mit Zaun. Mitten in allem,* Ronde Chirche, *doch 18* crosst *(Durchmesser?): Lehmmauer und* stane *(Stein?) 3 dick – total 24 in euren Maßen.*
Äußerer Zaun in alten Maßen, in steppes *(steps) –* paces *(Schritten). Zellen nicht alle gleich im Ring: zwei im Süden –* linea bifurcata *– siehe da! Ich habe es dir gezeigt* aforetyme *(wie früher); wegen dem* grunde. *Aber fast genauso.«*

Linea bifurcata, die Linie, die sich teilt, ist ein Ausdruck, der in dem alten Buch von Melchin vorkommt, das John von Glaston zitiert, und zwar in der Beschreibung der Stelle genau südlich der Alten Kirche, wo der Heilige Josef begraben war. Er bezieht sich offensichtlich auf eine Stelle, wo zwei der Pfade zusammentreffen, die von den Zellen zur zentralen Kirche führen. Diese Zellen waren gemäß den Skripten wegen der Beschaffenheit des Untergrundes nicht ganz gleichmäßig auf ihren Ring um die Kirche herum verteilt.

Aus diesem und einem späteren Skript zu schließen, scheinen die Dimensionen der ursprünglichen Siedlung folgende gewesen zu sein:

Zentrale Rundkirche: innerer Durchmesser 18, äußerer Durchmesser 24 »in euren Maßen«;
Ring der zwölf Zellen: Umfang ungefähr 130 Schritte; Ring-Zaun um die Siedlung: Umfang 360 Schritte.

Aus diesen Zahlenangaben versuchte Bligh Bond sowohl das Muster auf dem Fußboden wie auch die Anordnung der Siedlung des heiligen Josef zu konstruieren. Die Resultate waren äußerst plausibel. Bond kam in seinem Buch *The Company of Avalon* nach der Meinung des Autors des vorliegenden Buches einer exakten Festlegung der Dimensionen des heiligen Plans sehr nahe. Allerdings war er letztendlich nicht in der Lage, die volle Bedeutung dessen zu erfassen, was er entdeckt hatte, weil nämlich das kosmologische Schema, auf das sich die Dimensionen in den Skripten offensichtlich beziehen, erst im Jahre 1971 in *City of Revelation*, dem Buch, das auf die erste Ausgabe des vorliegenden folgte, veröffentlicht wurde. Details der Zusammensetzung dieses Schemas (des »Neu-Jerusalem-Diagramms«) und seiner Anwendung im Altertum sind im Buch *City of Revelation* zu finden und werden deshalb hier nur kurz zusammengefaßt.

Das hier vorgestellte Diagramm stellt die ideale Kosmologie der Alten Welt dar. Die Zahlen, die in seinen Dimensionen ausgedrückt sind, bleiben immer konstant, aber es erscheint in verschiedenen Größenordnungen in Kontexten wie: der Grundriß des Neuen Jerusalem, wie er in der Offenbarung beschrieben ist; der Plan der allegorischen Stadt in Platons *Gesetzen*; die Twelve Hides von Glaston, und der Grundriß von Stonehenge. Es repräsentiert auch den Plan der ersten christlichen Siedlung in Glastonbury. Seine Dimensionen sind die folgenden:

Die zwölf kleinen Kreise, die in Gruppen von je dreien angeordnet sind, repräsentieren in der astronomischen Anwendung des Diagramms die Phasen des Mondes und die Monate des Großen Jahres, wobei jeder Monat aus 2160 Jahren besteht, der Zahl, die zu den 2160 Meilen des Monddurchmessers in Beziehung steht. In unserem menschlichen Maßstab sind sie die zwölf runden Zellen der Heiligen von Glastonbury, von denen jede einen Durchmesser von 21,6 ft. hat.

Der Kreis, der durch die Mittelpunkte der »Zellen« geht, hat einen Umfang von 316,8 ft. oder einem Hundertstel von 6 Meilen. In einer der Skripten (Company of Avalon, Nr. XXXI) wird etwa 130 Schritte angegeben. Der römische Schritt, der 2½ Fuß umfaßte, ist gleich 2,433024 ft., also ergeben etwa 130 dieser Einheiten (130,2 genauer) den Umfang von 316,8 ft.

Der äußere Durchmesser der zentralen Kirche wird in Bligh Bonds Skript als 24 »in eueren Maßen« angegeben. Welches unserer Maße genau, wird nicht gesagt, aber wenn der äußere Durchmesser der runden Kirche derselbe war wie derjenige des inneren Kreises

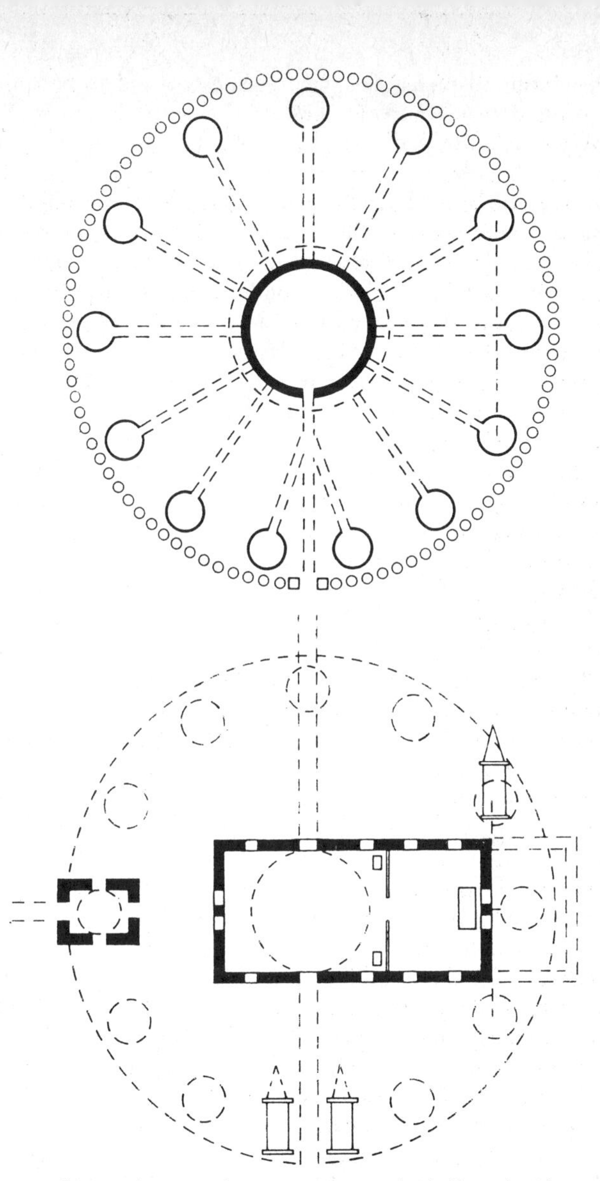

Abb. 46 Skizzen der Anordnung von St. Josefs Siedlung in Glastonbury, wie Bligh Bond sie nach Informationen herstellte, die er durch automatisches Schreiben erhalten hatte.

des Diagramms, dann hätte er 39,6 ft. gemessen, und das entspricht 24 Einheiten eines Maurer-Maßes, das im mittelalterlichen England verwendet wurde, den zehnten Teil der 16½ ft.-Rute, wie sie heute in Gebrauch ist, oder 1,65 ft.

Der Kreis in dem Diagramm, den die zwölf kleinen Kreise tangential berührten, hat Dimensionen, die doppelt so groß wie diejenigen der runden Kirche sind. Sein Durchmesser beträgt 79,20 ft. (24,156 m), eine Korrespondenz zu den ungefähr 7,920 Meilen des mittleren Erddurchmessers. So verhalten sich die einzelnen Zellen der Heiligen von Glastonbury in der Größe zum Kreis, gegen dessen Peripherie sie stehen, wie sich der Mond zur Erde verhält. In dem Diagramm ist der Kreis mit dem Durchmesser 79,20 ft. von einem Quadrat umschlossen, dessen westliche Seite mit der Innenseite der Kapellmauer zusammenfällt. Jede der Seiten dieses Quadrats mißt 79,20 ft., und das Diagramm ist so ausgelegt, daß sein Umkreis (4 × 79,20 = 316,8 ft.) gleich groß ist wie der Umfang des Kreises, der durch die Mitte des Zellenringes geht. Die Bedeutung dieses Quadrates für Glastonbury ist, daß seine Fläche 0,144 *acres* beträgt, also ein mikroskopisches Abbild der Twelve Hides von Glaston darstellt, die eine Ausdehnung von 1440 *acres* haben. Mit anderen Worten, eine Seite des Quadrates in dem Diagramm, 79,20 ft., ist gleich einem hundertsten Teil der Seite eines Quadrates, dessen Fläche 12 *hides* beträgt (also von 7920 ft.). 7920 Tausend ft. oder 12 000 Achtelmeilen ist die Länge der Seite des Neuen Jerusalem, wie in der Offenbarung, Kap. 21, angegeben.

Die Marienkapelle in Glastonbury bewahrt nicht nur die Dimensionen der Alten Kirche, sondern ist selbst zu dem Diagramm proportional. Durch die Vermessung der Plinthe (Säulenplatte) an ihrer Westseite erhielt Bligh Bond für die Kapelle eine Breite von 40 ft. 1 inch, aber er stellte fest, daß einige der Mauerfugen sich geöffnet hatten und die ursprüngliche Breite etwas weniger war. Angenommen, sie würde 39,6 ft. betragen, wäre dann die Breite der heutigen Kapelle gleich dem Durchmesser der Alten Kirche. Der Kreis der Alten Kirche befand sich am östlichen Ende der heutigen Kapelle, und wenn man das Diagramm des »Neuen Jerusalem« auf diesen Punkt zentriert, dann wird klar, daß es zum selben geometrischen Schema gehört wie die Marienkapelle.

Die Begründung dafür, daß der Autor das Zentrum des Schemas von Glastonburys heiliger Geometrie im Osten der Kapelle und nicht in ihrer Mitte sieht, wie es bis dahin Bligh Bond und andere

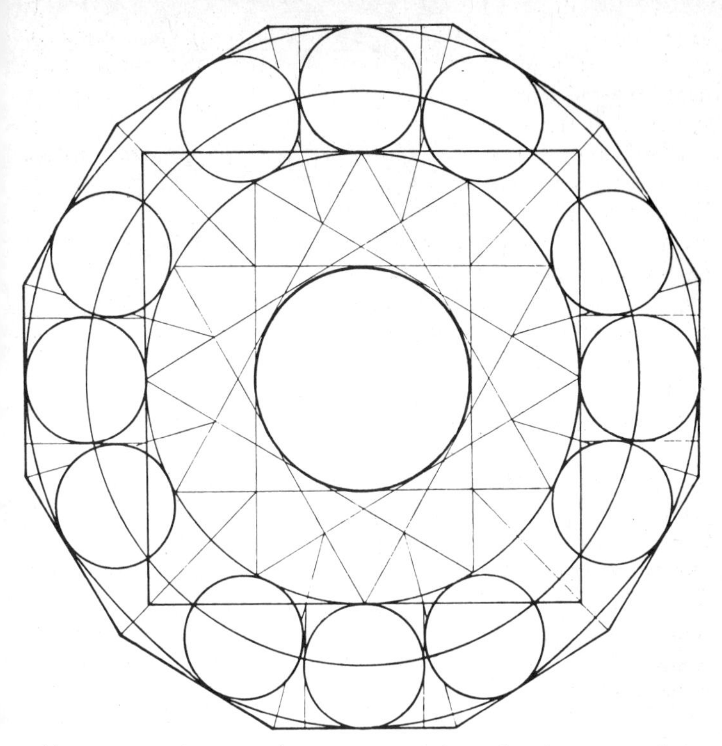

Abb. 47 Das Diagramm des Neuen Jerusalems der alten Kosmologie, das auch die Grundrisse von Stonehenge und dem Heiligtum von Glastonbury angibt. Seine Dimensionen:
12 kleine Kreise, jeder mit dem Durchmesser von 21,60 ft.
Kreis durch die Mitten der kleinen Kreise, Durchmesser 100,8 ft.
Kreis im Quadrat, Durchmesser 79,20 ft.
Als kosmologisches Schema wird das Diagramm in Einheiten von 100 Meilen anstelle von ft. gemessen. Dann wird der Durchmesser des Kreises im Quadrat 7920 Meilen (Durchmesser der Erde) und der Durchmesser des kleinen Kreises 2160 Meilen (Durchmesser des Mondes).

Forscher getan haben, ist auf Seite 216–217 zu sehen. Auf Bonds Plan sind die Standorte von zweien seiner Ausgrabungen markiert. Eine von ihnen, südlich der Kapelle, betraf den Standort eines Obelisken oder einer »Pyramide«, eines von zwei solchen, die bei alten Schriftstellern erwähnt sind; Bond entdeckte ihre Fundamente im Jahr 1921. Die andere Ausgrabung brachte einen Pfeiler

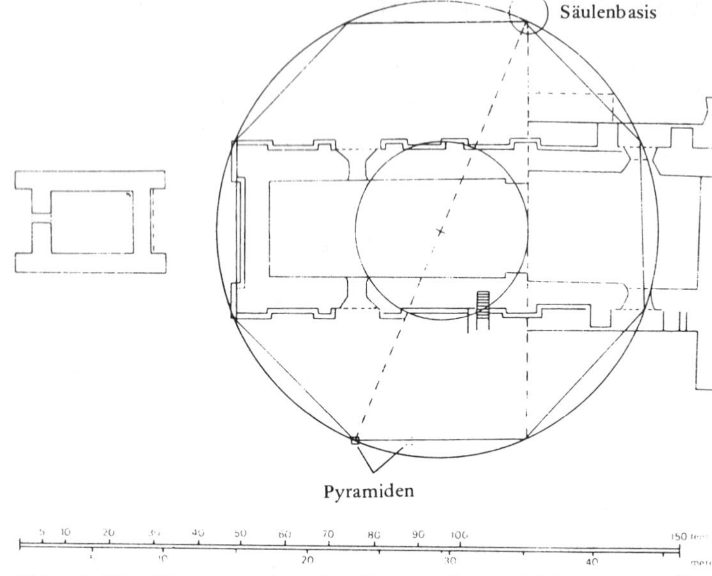

Abb. 48 Eine Linie zwischen den Zentren der zwei Monumente, die Bligh Bond außerhalb der Marienkapelle ausgegraben hat, schneidet die zentrale Achse der Kapelle im genauen Mittelpunkt des Glastonbury-Schemas. Die Monumente und zwei Ecken der Kapelle markieren Ecken eines Achtecks mit einem Umkreis von 50,4 ft. Radius.

zum Vorschein, der in einer frühen Zeit errichtet worden war, um das östliche Ende der Alten Kirche zu markieren.

Der Punkt, wo sich die Linie, die diese zwei Stellen verbindet, mit der Mittellinie der Kapelle schneidet, bildet das Zentrum eines regelmäßigen Achtecks; der »Pfeiler« und die »Pyramide« stehen genau auf zweien von den acht Ecken dieser Figur. Eine der Seiten des Achtecks fällt mit der Westmauer der Kapelle zusammen, und die Grenze ihres östlichen Endes ist auch definiert. Der Kreis, der dieses Achteck enthält, ist gleichgroß wie der Kreis, der durch die Mitten der zwölf »Zellen« geht. Auf diese Weise sind hier zwei geometrische Ordnungen, die auf den Zahlen 8 und 12 basieren, in einem einzigen Schema vereinigt.

Es scheint also, daß St. Josef von Arimathäas Siedlung in Gastonbury in Übereinstimmung mit einem traditionellen kosmologischen Schema angelegt wurde, das, wie Bonds Skripten andeuteten, vermutlich auch in den Plänen eines vorchristlichen Tempels an derselben Stelle enthalten war.

Diese Entdeckung ist weder eine Bestätigung noch eine Widerlegung der Legende, daß der heilige Josef in Glastonbury gewesen sei. Historiker, die sich mit dieser Zeit beschäftigt haben, sind der Ansicht, das Christentum in Großbritannien könnte seinen Anfang als eine Reformation innerhalb des Druidentums genommen haben, nicht als eine neue, von Missionaren importierte Religion. Ohne Zweifel bewahrte die frühe keltische Kirche viele Züge der alten Religion und erbte ihre heiligen Orte zusammen mit vielen ihrer heiligen Legenden, die nur oberflächlich in christliche Terminologie gekleidet wurden. Während Jahrhunderten war Glastonbury ein angesehenes Zentrum des keltischen Christentums, und man darf ohne weiteres annehmen, daß die Legende des heiligen Josef die christliche Adaption einer älteren Gründungslegende von Glastonbury war, die sich auf einen früheren Tempel an dieser

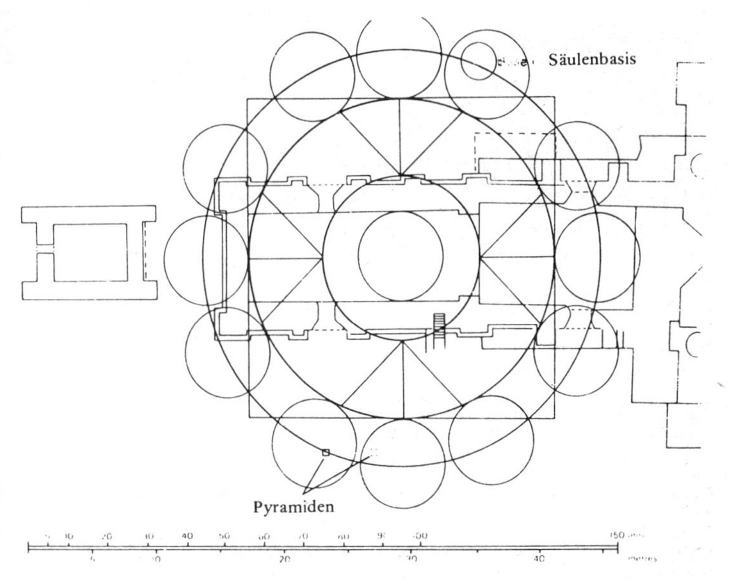

Abb. 49 Die zwölffache Symmetrie des Neu-Jerusalem-Diagramms, das über den Plan der Kapelle gelegt ist, definiert ihre Proportionen und die Positionen der ursprünglichen 12 Zellen und der zentralen Kirche.

Stelle bezog. Für diese Annahme spricht ein Vergleich des Plans und der Dimensionen der Siedlung von Glastonbury mit denjenigen von Stonehenge.

Abb. 50 Die Überreste eines Pfeilers mit einem Durchmesser von 7 ½ ft., den Bligh Bond nördlich der Kapelle von Glastonbury ausgegraben hat. Er ist ursprünglich in der Zeit des heiligen David errichtet worden, um die östliche Begrenzung der Kapelle zu markieren.

GLASTONBURY UND STONEHENGE

Bligh Bond hat oft von seiner Ahnung gesprochen, daß zwischen dem Standort des früheren Klosters von Glastonbury und Stonehenge ein Zusammenhang bestehen müsse. Eines seiner Bücher ist eine phantasievolle Beschreibung einer Reise, die christliche Missionare aus Glastonbury zu Fuß nach Stonehenge unternehmen, das etwa 40 Meilen (64 km) weiter östlich liegt, um die dortige Priesterschaft zu bekehren. Tatsächlich gibt es klare topologische Beweise für eine althergebrachte Beziehung zwischen den beiden Plätzen.

Die Hauptachse der Stadt Glastonbury, die an ihrem westlichen Ende durch die Kirche des heiligen Benedikt markiert ist, verläuft in östlicher Richtung genau auf die Längsachse des Klosters und wird im Osten der Stadt von einem Weg mit dem Namen »Dod Lane« aufgenommen, der über den Abhang des Chalice Hill geht. Dieser verläuft teilweise auf einem Damm und war offensichtlich Teil eines Prozessionsweges zum Kloster. Sein Name, der mit dem deutschen Wort »Tod« zu tun hat, bedeutet »Gasse des Toten Mannes.« Dies ist ein Name, den Alfred Watkins oft auf *ley*-Linien gefunden hat, und die Volksüberlieferungen, die mit ihr verbunden sind, identifizieren die »Dod Lane« als einen Geisterpfad, eine Entsprechung zu den chinesischen *lung-mei* oder Pfaden des Drachenstromes, die für königliche Begräbnisse reserviert waren. Es ist deshalb interessant, daß das Grab von König Arthur, dem Thron-Erben des Pendragon (Obersten Drachen), nach der Überlieferung von den Mönchen von Glastonbury im Jahre 1278 direkt auf der Verlängerung der »Dod Lane«, die durch das Kloster geht, gefunden wurde – also auf einem Geister- oder Drachenpfad, auf dem auch das Grab eines chinesischen Kaisers liegen würde.

Die Linie, die durch die Kirche von Glastonbury, die Achse des Klosters und die »Dod Lane« gebildet wird, läuft in Richtung Osten weiter zu einem wichtigen *ley*-Zentrum, dem auffallenden Hügel Gare Hill in Wiltshire, der von einer dem heiligen Michael geweihten Kirche gekrönt ist. Von dort geht sie über den Standort einer alten Priorei direkt nach Stonehenge. Die Tatsache, daß die Linie auf dieser Strecke immer wieder stückweise mit Straßen zusammenfällt, zeigt an, daß es vor langer Zeit einen heiligen Pfad oder eine *ley*-Linie zwischen Stonehenge und Glastonbury gegeben haben muß.

Das zweite Charakteristikum, das die zwei Plätze miteinander verbindet, ist ihr gemeinsamer Grundriß. Die Abbildungen auf S. 224–225 zeigen, daß das Diagramm des »Neuen Jerusalem« im gleichen wie dem bei der christlichen Siedlung in Glastonbury verwendeten Maßstab auch die Größe und die Proportionen der Steinringe in Stonehenge bestimmt. Wir haben in einem früheren Kapitel den inneren und den äußeren Durchmesser des großen

Abb. 51 Kirche des Hl. Michael auf Gare Hill an der Grenze zwischen Somerset und Wiltshire; ein wichtiges »ley«-Zentrum auf der direkten Linie zwischen Glastonbury Abbey und Stonehenge.

Sarsen-Ringes von Stonehenge ermittelt, und wenn wir nun auf diese Zahlen zurückgreifen, sehen wir, daß das Mittel zwischen ihnen – der mittlere Durchmesser des Sarsen-Kreises – 100,79 oder 100,8 ft. beträgt. Das bedeutet, daß der Umfang dieses Kreises, gemessen in der Mitte des Oberschwellenringes, 316,8 ft. mißt, gleichviel wie der Umfang des Zellenringes von Glastonbury.

Dieses Maß, 316,8 ft., ist sehr interessant, nicht nur, weil es den hundertsten Teil von sechs Meilen darstellt, sondern wegen der Tatsache, daß die Zahlen 3168 und 31 680 in der alten numerologischen Kosmologie eine wichtige Rolle spielen. Ein paar Beispiele dafür sind schon vorgekommen, wie der 31 680 ft.-Umkreis der *»Twelve Hides of Glaston«*, die 31 680 000 ft. im Umkreis des »Neuen Jerusalem« und die 31 680 Meilen im Umkreis des Quadrates, das den Kreis der Erde enthält. Plinius schreibt in seiner *Naturgeschichte*, 3 168 000 Meilen sei das Maß rund um die ganze Welt.

Die unbekannten Verfasser der heiligen Namen des Christentums waren sich offensichtlich der Bedeutung dieser Zahl in der traditionellen Kosmologie bewußt, denn der vollständige Titel der christlichen Hauptperson, »Herr Jesus Christus« (Κύριος Ἰησοῦς Χριστός), hat nach den Prinzipien der Gematria die Zahl 3168.

Bligh Bond, der (zusammen mit seinem Freund, dem anglikanischen Pfarrer Rev. T. Simcox Lea) der erste Gelehrte unserer Zeit war, der die Gematria im Neuen Testament und in den gnostischen Schriften studierte und den Zusammenhang zwischen heiligen Zahlen und der Architektur des Altertums würdigt, scheint die Bedeutung der Zahl 3168 nicht bemerkt zu haben. Er würde aber sicher erfreut gewesen sein über die Entdeckung, daß diese Zahl, die wie keine andere dorthin paßt, auf den Umfang des Zellenringes der Heiligen von Glastonbury angewendet wurde.

Wir haben uns noch nicht mit dem letzten der Maße aus Bonds Skripten beschäftigt, mit den 360 Schritten, die als Umfang des ringförmigen Zaunes angegeben sind, der die Siedlung von Glastonbury umgab. Es gibt keinerlei archäologische Beweise für eine solche Struktur in Glastonbury, aber in der identischen Geometrie von Stonehenge erscheint der Ring von 360 Schritten ganz klar als der Kreis der 56 sogenannten *Aubrey holes* (Aubrey-Löcher; etwa 3 ft. tiefe und bis zu etwa 6 ft. breite Vertiefungen), die in den Kalk des Untergrundes rund um den Steinkreis eingegraben sind.

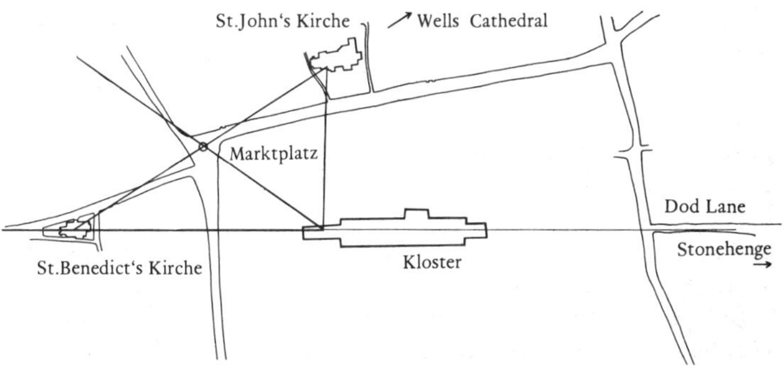

Abb. 52 Die Achsenlinie von Glastonbury läuft durch die Kirche von St. Benedikt, entlang der Mittellinie des Klosters, über den Platz, den man für das Grab König Arthurs hält und schließlich durch die Dod Lane, einen Geisterpfad, der über Gare Hill direkt nach Stonehenge weist. Auf diesem Plan sind auch andere Merkmale von Glastonburys heiliger Geometrie und den Kreisen der Siedlung des heiligen Josef zu sehen.

Man hat vorgeschlagen, die *Aubrey holes* seien dazu gedacht gewesen, hölzerne Pfähle oder Steine aufzunehmen. Sachverständige geben als ungefähren Durchmesser dieses Ringes 288 ft. an, doch in diesem Maß ist eine Toleranz von etwa 10 ft. enthalten, je nachdem, ob man am inneren oder äußeren Rand der Löcher oder an ihrer Mitte mißt. Bonds Maß von 360 Schritten ist in der vorliegenden Interpretation genügend nahe an den veröffentlichten Dimensionen des Kreises der *Aubrey holes*, daß man es als das symbolische Maß seines inneren Umfanges identifizieren kann.

Wenn wir annehmen, daß der Schritt, der hier gemeint ist, derselbe römische Schritt à 2,423024 ft. ist, um den es sich auch bei dem anderen Maß im Skript handeln muß, dann entsprechen die 360 Schritte 875,88864 ft. Die Bedeutung dieser eigenartig aussehenden Zahl ist folgende:

875,8864 ft. = 252 jüdische Ruten à 3,4757485 ft.
= 864 griechische Fuß à 1,01376 ft.
= 900 römische Fuß à 0,9732096 ft.

Dieses selbe Maß von 875,88864 ft. ergibt, multipliziert mit 150 000, die Zahl 131 383 296 ft., das Maß des Erdumfanges.

Die Zahl 252, die Anzahl jüdischer Ruten im Ring-Zentrum von Glastonbury und auch im Ring der *Aubrey holes* von Stonehenge, ist nicht weniger interessant als 3168 oder irgendeine andere der Zahlen, denen wir bisher begegnet sind: 2520 ist die kleinste Zahl, die durch alle Zahlen von 1 bis 9 teilbar ist, und ist unter Mathematikern für die Vielfalt ihrer Funktionen bekannt. Wir ihr Double, die früher erwähnte Zahl 5040, nimmt sie eine wichtige Stellung in allen alten Zahlen-Codes ein, wie sie in der Astronomie, Musik, Architektur und anderen Künsten angewendet wurden. Hier erscheint sie in Verbindung mit so interessanten Zahlen wie 56, der Zahl der Aubrey-Löcher in dem Kreis und ein Fünfundvierzigstel von 2520, und mit 360, der Anzahl römischer Schritte im Kreis und ein Siebtel von 2520. Diese Zahlen waren, zusammen mit denjenigen, die in der alten Metrologie und Geodäsie immer wieder auftreten, mit den Dimensionen der Pyramide und den Schemata der heiligen Geometrie, die hier untersucht werden, Komponenten eines großen Zahlenrades, das alle numerischen Muster der Schöpfung enthielt und welches die Alten als Modell des Universums adoptierten, und von dem sie die musikalischen und geometrischen Proportionen in ihren Künsten herleiteten. Wenn wir nur dieses Rad rekonstruieren könnten – eine Idee, die heute das Denken vieler Forscher beschäftigt, dann würde das heiligste Besitztum der Alten, der Schlüssel zu ihrer hohen Kultur und Stabilität, offenbar.

DAS »NEUE JERUSALEM«

Die Skripten von Bligh Bond betonen immer wieder, wie wichtig es sei, die Muster auf dem Fußboden der Alten Kirche in Glastonbury zu rekonstruieren. In einer von ihnen heißt es: »Du weißt, daß in diesem Muster des Bodens die prophezeite Zukunft von Glastonbury und die inneren Geheimnisse des Christentums liegen.«

Bond hat sehr gut begriffen, wie bedeutsam das Muster war, das hier als das Diagramm des »Neuen Jerusalem« identifiziert wird und das ihm seine unter spiritueller Führung stehenden Forschungen in Glastonbury enthüllten. Er hat in seinem Auftauchen die Wiedergeburt der Gnosis gesehen, dieser Synthese von Religion, Philosophie und mystischer Wissenschaft, die zum Erbe des frühen Christentums gehörte und später von einer autoritären Kirche unterdrückt wurde. Die Gnosis bot einen direkten Zugang zu den Mysterien durch Methoden, die denen ähnlich sind, die Bligh Bond benützte, um sich die Inspirationen für seine archäologische Arbeit zu verschaffen. Die Philosophie, die damit verbunden war, beruhte auf der Anerkennung und Akzeptierung aller Aspekte der Natur, ungeachtet moralischer Konventionen. Aus diesem Grund lehnte die Kirche sie zusehends ab, die sich ja vom 2. Jahrhundert an anschickte, alle Reste alten Wissens und alter Wissenschaft als Hindernisse für ihre eigenen moralischen Gesetze und Doktrinen auszulöschen. Bligh Bond beschäftigte sich nicht nur im stillen Kämmerlein ein bißchen mit »verbotenem Wissen«; er trat offen für dessen Wideraufleben ein und engagierte sich dafür. Seine eigenen Ansichten und diejenigen der neuen Besitzer des Klosters von Glastonbury, der anglikanischen Kirche, waren unvereinbar, und seine Entlassung unvermeidlich.

Charakteristisch für die Art dieses Mißverständnisses ist die Sache mit der Zahl 666 in den Dimensionen von Glastonbury. Bond kam zum Schluß, daß der ganzen Struktur des Klosters ein Gitter von Quadraten mit 74 ft. Seitenlänge zugrunde lag. Acht

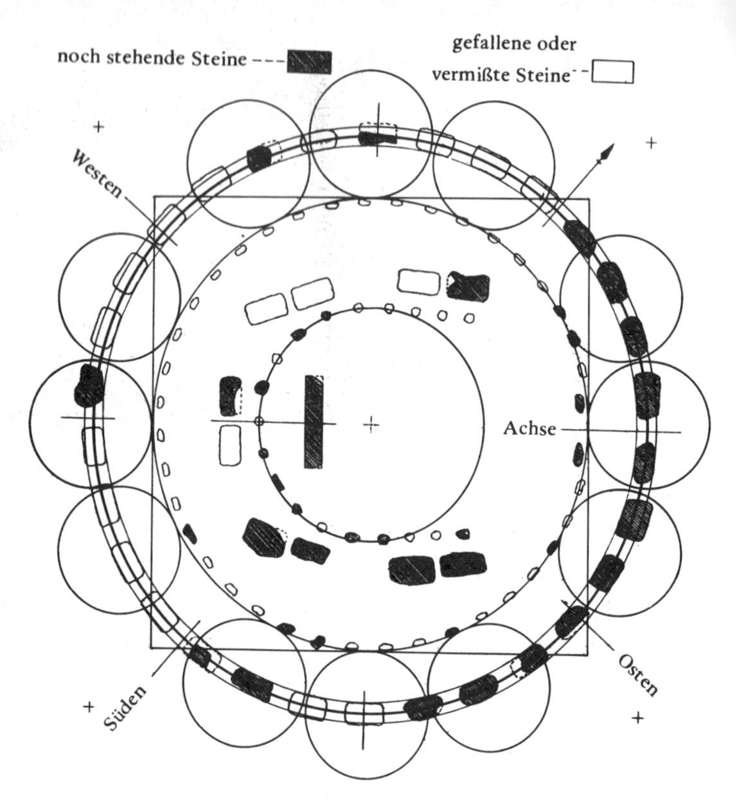

Abb. 53 Die Kreise des Diagramms des Neuen Jerusalems, mit den korrekten Dimensionen wie in Glastonbury gezeichnet, definieren auch die Maße der konzentrischen Steinkreise von Stonehenge.

dieser Quadrate ergeben eine totale Länge von 592 ft. – die Zahl, die Bond so wichtig war. Wie sein Plan zeigt, war in dieser Länge aber die für sich stehende Kapelle des heiligen Dunstan am westlichen Ende der Anlage nicht enthalten. Wenn man das zusätzliche Quadrat hinzufügt, wird die totale Länge 666 ft. Das Gitter, das die Klostergebäude überzieht, hat eine Tiefe von vier Quadraten, so daß die Fläche des Bauplatzes 9 × 4 oder 36 Quadrate beträgt. Ein megalithischer Quadrat-*yard* (wie er durch Thom festgelegt wurde) mißt 7,4 Quadrat-ft., so daß die 36 Quadrate eine Fläche von 26 640 (oder 666 × 40) megalithischen Quadrat-*yards* ergeben.

Diese Zahlen kommen alle im Zusammenhang mit dem magischen Quadrat der Sonne vor, das sich aus 36 Feldern zusammensetzt. Die dort vorkommenden Zahlen ergeben eine Gesamtsumme von 666. Wenn man den einzelnen Feldern eine Seitenlänge von 2,72 ft. oder einem megalithischen Yard gibt, ist die Gesamtfläche des magischen Quadrates $(2{,}72 \times 6)^2$ oder fast 266,4 Quadrat-ft. Die Bodenflächen alter Tempel wurden so bemessen, daß sie die Zahl der Götter, denen diese geweiht waren, wiedergaben. In der christlichen Gematria stellt die Zahl 2664, oder 4 × 666,

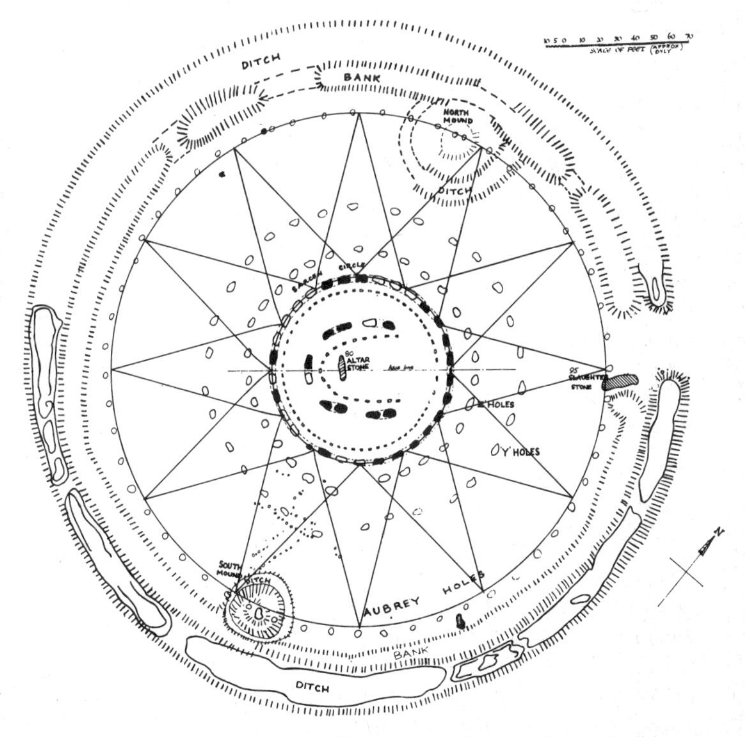

Abb. 54 Die Dimensionen des Zellenringes und des äußeren Umkreises des Heiligtums von Glastonbury, wie sie sich aus Bligh Bonds automatisch geschriebenen Botschaften ergaben, stehen durch einen zwölfzakkigen Stern miteinander in geometrischer Beziehung. Die gleichen Dimensionen und dieselbe Geometrie finden sich auch im Ring der Sarsensteine und im Ring der »Aubrey holes« von Stonehenge.

den Wert verschiedener Ausdrücke dar, die für Glastonbury passende Widmungen, wie »Jesus und die Zwölf Apostel ('Ιησοῦς και οἱ δώδεκα ἀπόστολοι, 2664) und »die Arche Gottes« (ἡ κιβωτός τοῦ θεοῦ, 2664) darstellen. Es gibt aber eine frühere Bedeutung dieser Zahlen, die elementarer ist, denn im Rahmen der alten Wissenschaft stehen sie für Schwefel oder die Kraft der Sonne, das positive Element in der alchemistischen Vereinigung.

Im Schema von Glastonbury werden diese solaren Zahlen mit ihren »lunaren« Gegenstücken zusammengebracht, wie das zum Beispiel im 10,8 ft.-Radius der zwölf »Zellen« der Fall ist, auch beim großen Kreis, auf dem diese zwölf Kreise stehen, der eine Fläche von 1080 megalithischen Quadrat-*yards* hat. Der Kreis, den sie tangential berühren, dessen Radius 39,6 ft. ist, hat eine Fläche von 666 megalithischen Quadrat-*yards*. Das ausgeklügelte Gleichgewicht im Schema von Glastonbury zwischen den Zahlen der solaren Energie und denjenigen, die den dem Mond unterworfenen Erdgeist symbolisieren, ist ein klarer Ausdruck dafür, daß der Platz früher als Stätte für die Vereinigung von Himmel und Erde diente.

Die Zahl 666 ist diejenige von Teitan (Τειτάν), einer Sonnengottheit. Sie repräsentiert ein ewiges und natürliches Prinzip, das jede moralische Kategorie transzendiert. Doch die abergläubischeren der frühen Christen brachten die Zahl 666 zusehends mit einem ausschließlich bösen Einfluß in Zusammenhang. Das Christentum ist auf dem aus göttlicher Eingebung kommenden Wort von Christus, dem Heiligen Geist mit der Zahl 1080, aufgebaut, der sich aus dem männlichen und dem weiblichen Element des Erdgeistes zusammensetzt ('Ιησοῦς, Jesus, 888 + Μαρία, Maria, 192 = 1080). In der hebräischen Sprache hat der Name des römischen Kaisers Nero den Wert 666, und diese Zahl wurde, wie Bligh Bond gezeigt hat, von den frühen Christen auch für andere, römische Institutionen verwendet. Die Verfolgung der Kirche durch die römischen Kaiser führte bei einigen von ihnen zur Überzeugung, die Zahl 666 sei die Antithese oder der Gegenpol zum Geist Christi und besitze eine ihr innewohnende feindselige, böse Qualität. Die Gnostiker in den Rängen der Kirche erkannten die Zahl jedoch als das, was sie wirklich war, nämlich ein wesentliches Element im wahren kosmischen Schema, und erlaubten der Zahl der Sonnenkraft, 666, beim Bau ihrer mystischen Zitadellen den ihr in der Ordnung der Zahlen zustehenden Platz einzunehmen.

Die berühmte Stelle in der Offenbarung, wo die Zahl vorkommt, lautet: »Hier ist Weisheit. Wer Verstand hat, berechne die Zahl des Tieres; sie ist nämlich die Zahl eines Menschen. Und zwar ist seine Zahl 666.« Die Puritaner und alle, deren Ablehnung der alten magischen Praktiken zur Reformation führte, legten sich ihr System so zurecht, daß darin die Zahl 666 nicht mehr vorkam. Für sie repräsentierte das Tier ein absolutes Prinzip des Bösen, das mit der eisernen Herrschaft einer von Menschen geschaffenen Moralität nicht vereinbar war. Das Tier mußte gleich dem Drachen unterdrückt werden. Wenn er nachts am Gasthof des Dorfes vorbeikam, konnte der puritanische Geistliche sich nicht an seinen erleuchteten Fenstern erfreuen und hörte die Geräusche und die Musik, die aus seinem Inneren drangen, mit Widerwillen. Die gleiche Haltung unwissender Arroganz, die die Zahl 666 als unchristlich verwarf und solche herrlichen magischen Bauwerke wie das Kloster von Glastonbury, in deren Proportionen die Zahl einen wichtigen Platz einnahm, als Tempel des Antichristen zerstörte, stellt sich auch gegen die Feste, in denen die Zahl eine Rolle spielte. Die Feiern zu Ehren von Baal, dem Sonnengott, oder Bel, dem Drachen, wurden schlicht in ganz Großbritannien in der Form von Jahrmärkten, Spielen, Freudenfeuern und Prozessionen abgehalten, und in Liedern und Sagen gedachte man ihrer. Die Unterdrückung von Festen, Musikern und Gasthöfen, die auf die Ablehnung des Aspektes der Natur folgte, der durch die Zahl 666 symbolisiert wird, machte nach und nach ganze Gebiete des Landes unbewohnbar.

Selbstverständlich ist es absurd, 666 oder irgendeine andere Zahl ausschließlich mit der »Macht des Bösen« in Verbindung zu bringen. Keine Zahl steht an sich für eine moralische Qualität, sei es eine negative oder eine positive, denn jedes Naturprinzip hat seinen angestammten Platz im Universum und sein Einfluß kann sich auf beide Arten äußern. Auf jeden Fall ist es unlogisch, moralische Prinzipien mit Zahlen in Verbindung zu bringen, denn numerische Beziehungen sind präzise und unveränderlich, während die Moral keines von beiden ist, sondern einfach *mores*, nämlich eine Sitte darstellt, die durch allgemeine Übereinkunft als Antwort auf die Umstände einer bestimmten Zeit und eines bestimmten Ortes angenommen wurde. Die verblendeten Utopisten, die das Kloster von Glastonbury als den Tempel des Teufels zerschmetterten, wollten nichts wissen von einer Tatsache, die eine weisere und realistischere Generation noch akzeptabel gefunden hatte: daß eine wahre Kosmologie jedes Schöpfungselement enthalten muß. Das Neue Jerusalem wurde nicht durch menschliche Architekten ersonnen, und seine Elemente sind nicht selektiv, denn sie umfassen das Schema des ganzen Universums.

DER ASTROLOGISCHE GARTEN

Die verborgenen Muster der heiligen Geometrie in und um das Kloster von Glastonbury werfen Licht auf die alte Praxis, durch die die gesamte Welt nach einem kosmischen Schema angelegt wurde. Die Berufsbezeichnung, die man dem ersten Menschen, Adam dem Gärtner, gegeben hat, ist nicht ohne Bedeutung, denn die in ganz bestimmten Formen und Gärten, die die Tempel des Altertums umgaben, dehnten sich weit über ihre scheinbaren Grenzen aus. In jedem Gebiet pflegten die dort Ansässigen ihren Teil der Erde entsprechend seinem astrologischen Charakter. Für die Philosophen dieser Zeit war die Erde ein lebendes Wesen und ihr Körper hatte, wie derjenige jedes anderen Lebewesens, ein Nervensystem innerhalb ihres Magnetfeldes, das auch auf dieses reagierte. Die Nervenzentren der Erde, denen auf dem menschlichen Körper die Akupunkturpunkte der chinesischen Medizin entsprechen, wurden durch sakrale Gebäude gehütet und geheiligt, die selbst als ein Mikrokosmos der kosmischen Ordnung, des das ganze Universum umfassenden Körper Gottes, angelegt waren.

Das Studium der Grundrisse von Städten, wie sie in alten Architekturlehrbüchern von Autoren wie Ambrosius Leo im 16. Jahrhundert zu finden sind, zeigt, daß ihre ursprüngliche Konstruktion einem numerologischen oder kosmischen Muster folgte. Die Architektur-Textbücher von Vitruv sind voll von Andeutungen auf die verschiedenen praktischen und geomantischen Überlegungen, die bei der Wahl des Standortes und der Planung einer Stadt zu beachten sind. Der günstige Standort muß durch Divination, durch das Studium des Erdbodens, Beobachtung der lokalen Tierwelt und der Stärke und Richtung der vorherrschenden natürlichen Einflüsse und die Beachtung von Omina gefunden werden. Die Stadt selbst muß nach einem geometrischen Plan errichtet werden, der dem natürlichen Charakter ihres Standortes entspricht. Es war die Ansicht der alten Architekten und Geomanten, daß die Werke

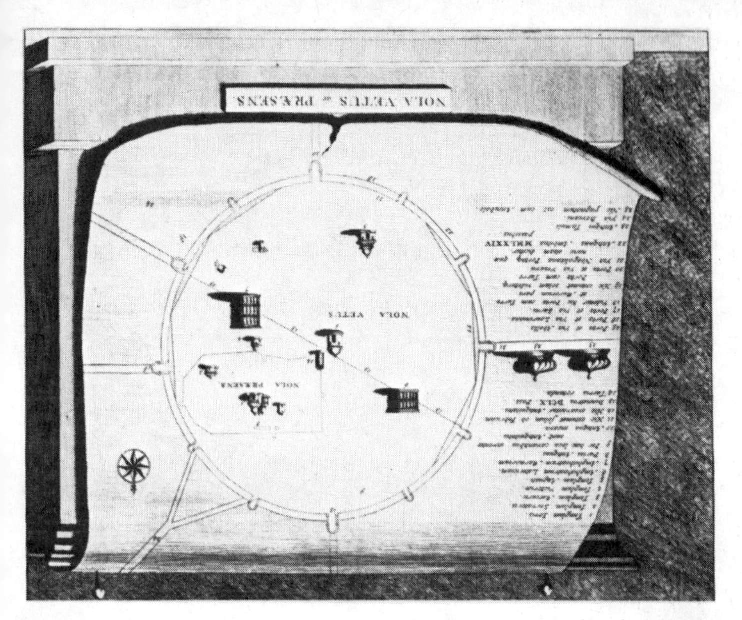

Abb. 55 Die mystische Geometrie und die Dimensionen der alten Stadt Nola und (auf der nächsten Seite) diejenigen der neuen Stadt. Zwölf Türme stehen um die kreisförmige Mauer herum, deren Durchmesser mit 660 Schritten angegeben ist. Der Schriftsteller Ambrosius Leo aus dem frühen 16. Jahrhundert, bei dem diese Pläne zu finden sind, gibt keine Erklärung zur Bedeutung der Proportionen.

der Natur ohne Fehler sind, aber ihre Qualitäten durch menschliche Bemühungen noch gesteigert werden können. In derselben Weise wie alle Metalle nach Ansicht der Alchemisten danach streben, sich in Gold zu verwandeln, ist es auch die Bestimmung der Erde, zur vollkommenen Wiederspiegelung des himmlischen Paradieses zu werden. Als eine treibende Kraft in der Erfüllung dieser Bestimmung wurde die menschliche Rasse geschaffen. Das ist der Grund, warum das Bild eines auf der Erde errichteten Neuen Jerusalem zur Inspiration der heiligen Bauwerke des Altertums geworden ist.

Es ist eine wohlbekannte Tatsache, daß die Pythagoreer, die Druiden, die Brahmanen und alle philosophischen Schulen jener Zeit an die Reinkarnation der Seele glaubten. Jeder einzelne Mensch hatte die Wahl, entweder das Wort anderer zu akzeptieren

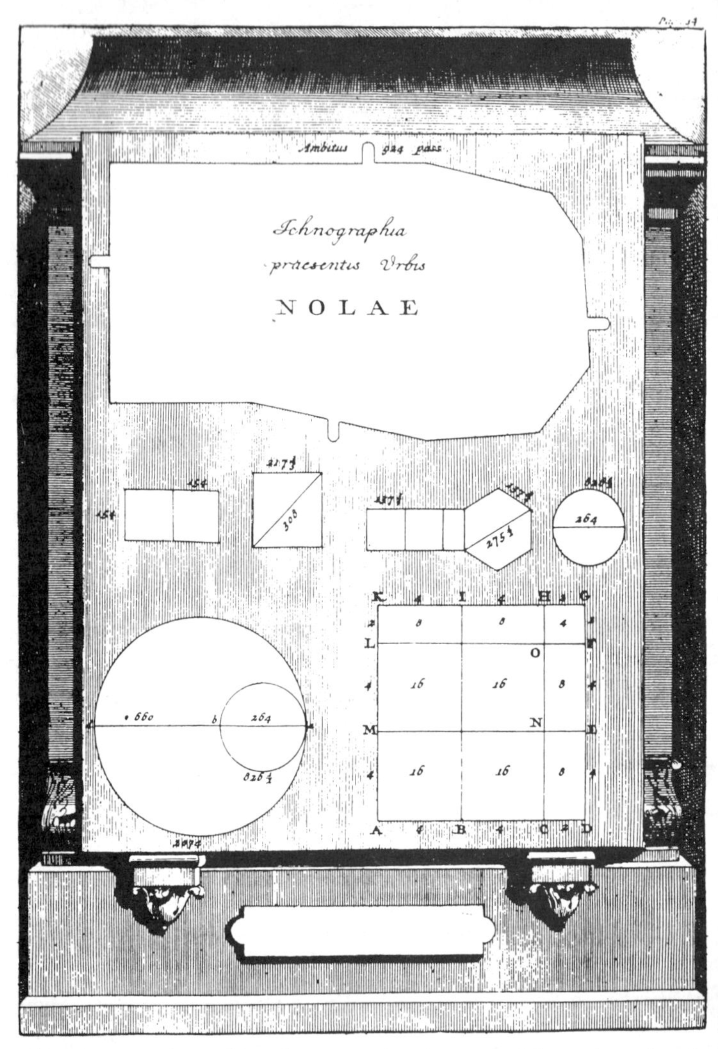

Abb. 56 Die neue Stadt Nola von Ambrosius Leo (siehe vorhergehende Seite).

und gemäß den Gesetzen seines Standes zu leben, oder sich als Kandidat für die Einweihung in die Mysterien zu melden, wodurch er die persönliche Erfahrung einer Reise zwischen Leben und Tod machte und die bewußte Unsterblichkeit erlangte.

Es gab aus diesem Grund keinerlei Grund für Unzufriedenheit oder Eifersucht in bezug auf die Umstände, unter denen jemand geboren wurde; Könige und Bettler waren nur die vorübergehenden Inhaber einer Stellung, die einzig von irdischer Bedeutung war.

Jakob I. von England, der von Schulmeistern so gedankenlos verspottet wurde, hatte die volle Unterstützung des Altertums für seinen Glauben an das Königtum von Gottes Gnaden. Ein Mann, dessen Geburt ihn zum König macht, übernimmt die Rechte und Pflichten seiner Stellung ohne die Illusion, daß es seine eigenen Talente seien, die ihm zu einer solchen bevorzugten Stellung verholfen hätten. Er nimmt von seinen Untertanen nur das, was dem Kaiser gebührt und lebt gleich ihnen nach den Sitten seines Standes.

Wenn die menschliche Gesellschaft in ihrer Ordnung die kosmische Ordnung widerspiegelte, so repräsentierte der König das solare Prinzip, dessen Zahl 666 von den Juden dem Kaiser von Rom zugeschrieben wurde. In Irland versammelte sich die Hierarchie jedes Jahr auf dem Hügel Tara. Der König thronte auf dem Gipfel beim heiligen Stein, während unter ihm die vier niedrigeren Könige der Provinzen ihre Position einnahmen, jeder mit Blick zu seinem Reich in der Richtung einer der vier Kardinalpunkte. Um sie herum standen wie die vier Farben in einem Kartenspiel die Hofbeamten, die militärischen und religiösen Funktionäre, jeder nach dem traditionellen Rang seines Amtes plaziert. Die gesamte Versammlung bildete ein magisches Muster, das die göttliche Autorität symbolisierte, kraft derer das Land regiert wurde.

In jedem Land wurde ein ähnlicher Brauch befolgt. Der Sonnenkönig bestieg die heilige Zitadelle, die solare Hauptstadt der Nation, deren Terrassen, Höfe und Gärten als eine astrologische Nachbildung des gesamten Königreiches angelegt waren. Nach Herschons *Talmudic Miscellany,* das in »The Canon« zitiert wird, liegt »das Land Israel (...) im Zentrum der Welt, Jerusalem im Zentrum des Landes Israel, und der Tempel im Zentrum von Jerusalem, und das Allerheiligste im Zentrum des Tempels, und der Grundstein, auf dem die Welt gegründet ist, steht vor der Bundeslade«. Was Jerusalem für die Juden war, das war Tara für die Iren, Peking für die Chinesen, und Delphi, der sagenumwobene Ort, wo die beiden Adler von Zeus zusammentrafen, für die Griechen.

Harold Bailey vergleicht in seinem Buch *The Lost History of Symbolism* die Gegend um Avebury mit dem Vorgelände eines ägyptischen Tempels, den *mounds*, heiligen Quellen, und Siedlungen, die alle in einer astrologischen Ordnung angelegt sind und »ein ganzes Gebiet bilden, das mit dem Stempel dieses heiligen Zeichens geprägt ist«, wie Stukely es ein paar Jahre zuvor beschrieben hatte. Sir William Drummonds Werk *Oedipus Judaicus* deutet die zwölf Stämme als die Tierkreis-Komponenten der israelitischen Nation, von denen jede in Entsprechung zu ihren astrologischen Attributen den Teil des Landes bewohnt, der für sie gedacht ist. Dasselbe System findet sich in der ganzen Welt in den totemischen Emblemen der verschiedenen Stämme, die alle einen astrologischen Ursprung haben. Jede Rasse spielte ihre Rolle in diesem göttlichen Schema, und die Hauptstadt jedes Landes war für seine Einwohner das Zentrum der Welt, denn jede Hauptstadt war der Kern einer Zelle im terrestrischen Körper, in sich vollständig und gleichzeitig Teil einer größeren Einheit. In Platons *Philebus* heißt es: »Von den Altvorderen ist uns die Überlieferung überkommen, daß alle Dinge aus Einem und einem Vielen bestehen und in sich selbst die Prinzipien von Begrenzung und Raum enthalten sollen.« Wilhelm Reich gab genau dieser alten Philosophie Ausdruck, als er sagte: »Alles existiert für sich selbst, und doch ist alles Teil von etwas Anderem.«

Peking hatte auf dieselbe Weise, wie das Herrenhaus in einem englischen Landsitz im Zentrum seines Landschaftsparkes steht, seinen Platz im Zentrum der chinesischen Landschaft. Die große Mauer hatte buchstäblich die gleiche Funktion wie die Mauer um einen Landsitz herum; sie wehrte Eindringlinge ab und schützte den Herrschaftsbereich des Gartens vor den störenden Einflüssen der äußeren Welt. Am Fuße der Hügel im Norden der Hauptstadt hatte man Gruppen von *mounds*, Pagoden und Tempeln angeordnet, mit den Achsen ihrer Höfe und Gassen auf die Kaiserstadt ausgerichtet, deren Hauptverkehrsachsen eine Fortsetzung der *alignments* in den viele Meilen entfernten Ebenen bildeten. Auf diesem Wege wurden die spirituellen Einflüsse, die im Inneren der Berge entstanden waren, und in den heiligen Stationen auf den felsigen Hängen angerufen und geläutert wurden, schließlich auf den Kaiser in der Zitadelle seines Reiches hingelenkt. Ernst Börschmann, vielleicht der erste Europäer, der den hohen Rang der chinesischen Landschaftsarchitektur verstanden hat, verglich die Anordnung der Tempel, Türme, Masten und Pavillons, die auf jedem Gipfel und auf jeder Klippe um ein heiliges Zentrum herum errichtet sind, mit der Struktur eines magnetischen Feldes. Die Fotografien in seinem Buch *Picturesque China*, 1925 erschienen (deutsche Ausgabe 1926 bei Ernst Wasmut AG, Berlin, unter dem Titel *Baukunst und Landschaft in China*), offenbarten die erstaunlichen Leistungen der chinesischen Geomantie bei der Schaffung einer Landschaft, die vollkommen nach einem Muster göttlicher Harmonie gestaltet ist. Auf die gleiche Art wurde das ganze Land, so stellt er fest, als ein Tempelgebäude betrachtet; von den fünf wichtigsten heiligen Bergen stand einer im Zentrum und je einer an den Kardinal-Punkten des Reiches – als eine Repräsentation des Tempels mit seinen vier Ecktürmen.

So wie das Nervensystem der Erde sich im Leib Gottes und im Körper eines Menschen spiegelt, so wurden Pfade auf der Oberfläche der Erde, die deren magnetische Zentren miteinander verbinden, nach dem Muster jener leuchtenden Energieströme zwischen den Sternen markiert, die man manchmal in Träumen und Visionen wahrnimmt. Jedes Zentrum wurde mit einem bestimmten Stern oder Planeten in Verbindung gebracht, mit einem Einfluß, der durch die Korrespondenzen der Magie nach Farben, Klängen und den Teilen des menschlichen Körpers interpretiert werden konnte. Die Städte und Tempel, die auf diesen Zentren plaziert wurden, erhielten eine dementsprechende Konstruktion. Die Zahlen, Amulette und magischen Quadrate des entsprechenden Planeten wurden in ihren Grundrissen, Aufrissen und architektonischen Details mit einbezogen.

Ein eindeutiges Beispiel einer nach astrologischen Prinzipien konstruierten gotischen Kathedrale ist diejenige von Lichfield. Sie ist auf einer eingeebneten prähistorischen Stätte errichtet worden, die nach der christlichen Legende durch das Massaker an 888 frühen Märtyrern geheiligt ist – eine Zahl, die auf den Namen von Jesus Bezug nimmt. Sie ist dem heiligen Gral geweiht, dessen Jahrestag, der 2. März, ebenfalls mit Mars zu tun hat. Wenn man sich die geometrische Ausarbeitung des magischen Quadrats von Mars in der Illustration auf der nächsten Seite ansieht, dann sieht es aus, als wenn diese Figur dazu benützt worden wäre, die

Abb. 57 Die Kathedrale von Lichfield, Westfront. Ihr Patronat und andere Merkmale weisen auf einen ursprünglichen Bezug zu Mars hin. Eine geometrische Darstellung des magischen Quadrates von Mars ergibt ein Muster, das dem Umkreis der Kathedrale ähnlich ist.

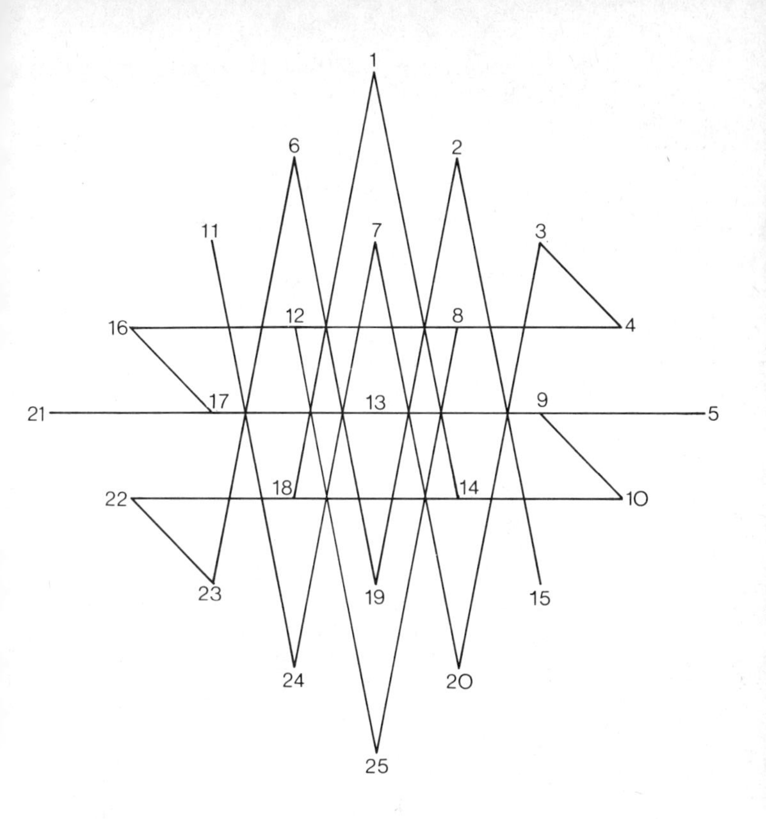

11	24	7	20	3
4	12	25	8	16
17	5	13	21	9
10	18	1	14	22
23	6	19	2	15

Abb. 58 Viele verschiedene Arten von geometrischen Mustern können aus magischen Quadraten entwickelt werden. In diesem Fall wurden die Zahlen 1 bis 25 in ihrer numerischen Reihenfolge in fünf Reihen angeordnet und dann in der Reihenfolge, in der sie im magischen Quadrat vorkommen, miteinander verbunden.

Proportionen der berühmten Westfront festzulegen, deren ursprüngliche Einzelheiten allerdings seit der gründlichen Restaurierung im 19. Jahrhundert unklar sind. Der Gebrauch dieser magischen Quadrate bildete einen Teil der antiken Tradition kabbalistischer Geometrie und Mathematik, die im Geheimen durch mittelalterliche Handwerkszünfte gehütet worden ist, in Europa hauptsächlich durch die Maurer. Die passenden Zahlen wurden in Entsprechung zum Charakter des Ortes und der astrologischen Dominante des Gebietes ausgewählt. In Norddeutschland und in Hansestädten wie Lübeck wurden die Kathedralen meistens nach dem magischen Quadrat des Mars angelegt und aus roten Ziegelsteinen gebaut. Die Kathedrale von Lichfield ist rot wie die Farbe des Mars. Außerdem ist der astrologische Charakter der Stadt in ihrem Namen deutlich ausgedrückt, denn nach einem mittelalterlichen Dokument in den Kirchenarchiven, das in Brittons *The History and Antiquities of Lichfield* zitiert wird, wurde »die Stadt Lichfield früher *Liches,* von ›Krieg‹« genannt.

Obwohl Mars ursprünglich ein Gott der Fruchtbarkeit gewesen zu sein scheint, wurde er von den späteren Römern als eine Kriegsgottheit angerufen, und seine magische Waffe, ein Bündel von Speeren, wurde im Marstempel in Rom aufbewahrt und in Zeiten der Unruhe nach Vorzeichen befragt. Auch in Lichfield wurde Mars, unter dem Namen seines christlichen Nachfolgers St. Chad, offensichtlich als ein Krieger betrachtet. Dies geht aus einer eigenartigen Episode hervor, die sich im Jahre 1643 während des Bürgerkrieges abgespielt haben soll: Lichfield wurde von einer Armee des Parlaments angegriffen und die Kathedrale mit ihrem von Mauern und Graben umgebenen Dombezirk von den Royalisten als Festung benützt. Das Ereignis, das dann geschah, ist so merkwürdig, daß es wohl als ein Gleichnis verstanden würde, das das wunderbare Eingreifen des Kriegergottes darstellt, wenn es nicht eine wohldokumentierte historische Tatsache wäre.

Lord Brook, der Kommandant der parlamentarischen Truppen, gab den Befehl, daß eine Kanone auf die Kathedrale gerichtet werden solle, mit der Absicht, diese in Trümmer zu legen, um die Verteidiger zu vertreiben. Doch weil er nicht sicher war, ob das beabsichtigte Sakrileg wirklich statthaft sei, stand er auf und betete laut um ein Omen, das ihm die unmißverständliche Zustimmung oder Mißbilligung Gottes kundtun sollte. In diesem Moment wurde aus der Kathedrale eine Kugel abgeschossen, und Lord

Brook fiel tot um, mitten durch den Kopf getroffen. Der Mann, der den Schuß abgefeuert hatte, war taub und stumm von Geburt an, Mitglied einer alteingesessenen Familie des Ortes und als »dumb Dymoke« bekannt. Die Kugel war in der Kathedrale aus Blei vom Dach gefertigt worden, und man zählte gerade den 2. März, den Tag des heiligen Chad, der früher derjenige des Mars gewesen war. Diese rätselhafte Geschichte wurde in der Stadt fortan als ein Beispiel göttlichen Einflusses berühmt, denn die Kathedrale war an St. Chads Tag durch eine Kugel gerettet worden, die aus St. Chads Kirche abgefeuert und aus ihrer Substanz hergestellt worden war.

Kapitel 7

Sakrale Technologie

AUS DEN RELIKTEN DER steinzeitlichen Wissenschaft, die von den Eingeweihten der Alten Welt praktiziert wurde, können wir folgende Schlüsse ziehen: erstens, daß sie Bescheid wußten über die Existenz von Naturkräften, über deren Potential wir heute nichts wissen, und daß sie gelernt haben, mit diesen umzugehen; zweitens, daß sie dadurch gewisse Einsichten in grundlegende philosophische Fragen, in das Wesen des Universums und die Beziehungen zwischen Leben und Tod gewonnen hatten.

Weiter oben wurde schon die Vermutung angestellt, die prähistorische Zivilisation habe auf der weltweiten Kontrolle jener unsichtbaren Strömungen beruht, die sich über die Erdoberfläche bewegen, des Schwerefeldes und des elektromagnetischen Feldes; diese Vermutung wird durch Beobachtungen von Fruchtbarkeitsriten gestützt, wie sie noch heute unter anderem von den Eingeborenen Australiens praktiziert werden. Das Werk von Wissenschaftlern wie Karl von Reichenbachs und Wilhelm Reichs ist eine weitere Bestätigung für die Möglichkeit, die aus Volksüberlieferungen in aller Welt hervorgeht: daß in prähistorischer Zeit eine Form von natürlicher Energie bekannt war und eine Methode entdeckt worden war, durch die der Mensch sich diese Energie zunutze machen konnte, und die eine Verschmelzung des Erdgeistes mit dem Sonnenfunken umfaßte.

Überall auf der Erde gibt es Orte, wo starke übernatürliche oder spirituelle Manifestationen auftreten und von denen unter der Bezeichnung »Zentren des terrestrischen Magnetflusses« die Rede war. W. Y. Evans-Wentz, der Autor des *Tibetanischen Totenbuches*, schreibt in seinem Werk *The Fairy Faith in Celtic Countries:*

»... es scheint gewisse bevorzugte Plätze auf der Erde zu geben, wo ihre magnetischen und noch feinstofflicheren Kräfte am stärksten

sind, und von Menschen, die für so etwas empfänglich sind, am ehesten wahrgenommen werden können; Carnac scheint einer der größten dieser Art von Plätzen in Europa zu sein, und ist, wie vermutet wurde, wahrscheinlich auch aus diesem Grund von seinen priesterlichen Baumeistern als das Haupt-Zentrum für religiöse Praktiken, für die Feier der heidnischen Mysterien, für Stammes-Versammlungen, astronomische Beobachtungen und sehr wahrscheinlich für die Errichtung von Schulen ausgewählt worden, in denen Neophyten für das Priestertum erzogen wurden. Tara mit dem zugehörigen Boyne-Tal ist ein ähnlicher Platz in Irland.«

Ein weiterer Ort dieser Art ist Chartres, das Louis Charpentier in seinem Buch *Les Mystères de la Cathédrale de Chartres* (deutsch erschienen unter dem Titel *Die Geheimnisse der Kathedrale von Chartres,* Gaia Verlag, Köln) als die frühere Hauptstadt des keltischen Stammes der Karnuten und als Sitz der großen druidischen Hochschule, eines bekannten Inspirationszentrums, identifiziert. Die Kathedrale steht auf einem großen prähistorischen *mound* über einer unterirdischen Kammer. Diese ist, wie Charpentier schreibt, ein natürlicher Treffpunkt von mehreren starken Strömungen von Erdenergie, die in Frankreich als *woivres* oder merkuriale Schlangen bekannt sind. Hier haben die christlichen Geomanten, deren verborgener Einfluß während des Mittelalters innerhalb der Kirche aktiv war, ihre wunderbare Struktur so plaziert und gebaut, daß sie als ein Instrument für die Akkumulation und Fusion von Energie und für deren Ausbreitung zum Wohl der Örtlichkeit und der Pilger dienen konnte, die sich zu gewissen Jahreszeiten in der Kathedrale drängten.

Die natürlichen Kräfte der Erde, die an solchen Stellen konzentriert sind, sind so wirkungsvoll, daß ihr Mißbrauch oder der unausgewogene Umgang mit ihnen katastrophale Folgen haben kann. Die Überlieferungen über Atlantis enthalten denn auch Hinweise darauf, daß der Gebrauch reiner unfusionierter Sonnenenergie die Ursache seiner Zerstörung war. Aus diesem Grund wurde nur denjenigen der Zugang zu den Mysterien der Wissenschaft von den Elementen gestattet, die ein viele Jahre dauerndes Training in den philosophischen Schulen durchlaufen hatten. Nach Cäsar wurden bis zu zwanzig Jahre mündlicher Unterweisung als notwendig erachtet, bevor diejenigen, die die Schulen der keltischen Druiden besuchten, für ihre endgültige Initiation bereit waren. Chartres war der Sitz der großen Druiden-Universität Galliens, doch aus ganz Europa gingen die Söhne bedeutender Männer nach Großbritannien, zur mystischen Insel des Nordens, um einige Jahre in einer Druiden-Hochschule zu verbringen. Die Erinnerung an die frühere weltliche Tradition wurde in Großbritannien bis weit in die historische Zeit hinein unversehrt bewahrt, lange nachdem sie anderswo zerfallen war. Wie die Werke vieler Historiker der Zeit zeigten, hatten die Griechen Alexandrias eine beträchtliche Hochachtung vor der Weisheit der Druiden und ihrem hohen Können in den zivilisatorischen Künsten und der Magie. Hippolytus schrieb im 2. Jahrhundert n. Chr.: »Die Kelten ehren sie als Propheten und Seher, weil sie nach der pythagoreischen Kunst ... mit Hilfe von Ziffern und Zahlen Dinge vorhersagen. Die Druiden praktizieren auch die magischen Künste.«

Gleichzeitig wußte man auch, daß die Geheimnisse der Druiden die gleichen waren, die auch von den Ägyptern, den Persern, den indischen Brahmanen und den Chaldäern Assyriens gehütet wurden. Clemens von Alexandrien schrieb, die Pythagoreer hätten ihre Philosophie von den »Galliern und anderen Barbaren« übernommen. Es gab ohne Zweifel ein gewisses Maß von Kommunikation zwischen diesen verschiedenen, selbst bis in historisch gesehen jüngste Zeit, gebildeten und eingeweihten Gruppen, denn auf den ganzen Britischen Inseln finden sich, worauf Rendel Harris und viele andere hingewiesen haben, unzählige Orts- und Flurnamen, die ägyptischen oder assyrischen Ursprungs zu sein scheinen. Frühe christliche Missionare trafen unter den von ihnen bekehrten Druiden Kuldeer *(Culdees)* an; ein bekanntes Beispiel dafür ist die Entdeckung einer Kuldeer-Hochschule in Rosemarkie auf der »Black Isle« (Schwarzen Insel) von Schottland oberhalb von Inverness.

Es gibt keinerlei »harte« Beweise für eine Verbindung zwischen den keltischen Druiden und Bauwerken wie Stonehenge. Ja, es ist im Gegenteil eine wohlbekannte Tatsache, daß die mysteriösen Riten der Druiden in wilden und abgelegenen Orten, in von Schlangen wimmelnden Eichenhainen abgehalten wurden, für welche der romantisch-finstere »Wistmans Wood« auf Dartmoor eines der letzten überlebenden Beispiele ist. Trotzdem gibt es gute Gründe, anzunehmen, daß in Steinkreisen und anderen Zentren, die von den einheimischen Vorgängern der Kelten errichtet worden sind, tatsächlich Zeremonien der Druiden stattgefunden haben. Bis vor relativ kurzer Zeit hat nämlich jede neu eingewanderte Rasse von den einheimischen Magiern des neuen Landes die spirituellen Geheimnisse der Landschaft geerbt, das überlegene Wissen und die größere Erfahrung der früheren Bevölkerung in bezug auf die Natur-Magie anerkannt und hat sogar im Laufe der Zeit ihre eigenen Erinnerungen mit den örtlichen Geistern, Elementarwesen und *genii loci* gleichgesetzt. Die europäischen Kolonisten in Nordamerika waren vielleicht die ersten Menschen in der menschlichen Geschichte, die die einheimischen Bewohner des neuen Landes ausgerottet haben, ohne die Geheimnisse ihrer Geomantie, der für die Anrufung der fruchtbarmachenden Einflüsse geeigneten Zeiten und der heiligen Orte, an denen dies geschehen solle, zu erfahren. Die Spanier haben in der südlichen Hälfte des Kontinents die übliche Politik betrieben und ihre Kirchen überall dort gebaut, wo sie ein einheimisches Heiligtum vorfanden, und dadurch die militärische Eroberung durch die spirituelle Kontrolle des Landes ergänzt. Außerdem hat die Halsstarrigkeit der lokalen Bevölkerung sie dazu gebracht, ihre religiösen Feste an den heiligen Tagen der alten Religion abzuhalten, eine Konzession, zu der die christliche Kirche immer bereit gewesen ist. Die katastrophalen Resultate dieser nordamerikanischen Unfähigkeit, die geomantischen Überlieferungen ihrer Vorgänger zu übernehmen, zeigen sich heute in der endemischen Ruhelosigkeit und dem Unbehagen der gegenwärtigen Bevölkerung, in der durch die Anwendung naiver landwirtschaftlicher Theorien drohenden Unfruchtbarkeit von Land und Nutztieren und nicht zuletzt auch in der Mißachtung der Tatsache, daß das Land, das sie bewohnen, etwas Lebendiges und daher durch Politiker, Militärs und Industrielle Verletzliches ist.

Ein weiterer Grund, der für eine Verbindung zwischen den späteren Druiden und den megalithischen Stein-Monumenten spricht, ist die Tatsache, daß die lokalen Überlieferungen überall eine solche annehmen. In ganz Großbritannien sind Menhire als Druidenkreise bekannt; im 18. Jahrhundert haben Reisende sogar gesammelt, was nach ihrer sicheren Überzeugung echte Fragmente prähistorischen Brauchtums und Erinnerungen an die Druiden waren: ihre Kleidung, ihre Sitten und Bräuche. Es wird manchmal, allerdings nicht sehr überzeugend, vorgebracht, diese Geschichten seien unwissentlich von umherziehenden Liebhabern von Altertümern, deren unermüdliche Suche nach den schlangenanbetenden

Druiden von dienstfertigen Geschichtenerzählern höflich belohnt wurde, in der lokalen Bevölkerung in Umlauf gebracht worden. Es muß jedoch viel passieren, bis sich Orts- und Flurnamen ändern, und eine ganz volkstümliche Mythologie würde sich kaum aus dem einzigen Grunde entwickelt haben, um die Launen von ein paar vorbeiziehenden Herren zu befriedigen. Da, wir wir schon gezeigt haben, der verborgene Plan und die in Stonehenge enthaltenen Zahlen den christlichen Geomanten, die die mittelalterlichen Kathedralen und Klöster planten, im Geheimen bekannt waren und von ihnen wiederaufgenommen wurden, kann man unmöglich daran zweifeln, daß die gleiche Tradition auch von den zeitlich dazwischenliegenden Druiden befolgt wurde.

Es ist deshalb gerechtfertigt, das Problem der prähistorischen Steine und ihrer *alignments* im Lichte dessen zu untersuchen, was wir von der Magie der Druiden wissen. In jeder Untersuchung dieser Art zeigt sich, daß das Wissen hinter der alten Tradition je höher entwickelt und weltweiter verbreitet erscheint, desto weiter zurück man diese verfolgt. So ist man schließlich gezwungen, die Sage von einer früheren Weltordnung ernst zu nehmen, von der die Druiden und andere Orden von Eingeweihten (so die Sufis, Anm. d. Übers.) die versprengten Überlebenden darstellen. Der verstorbene Lewis Spence, dessen immenses gelehrtes Wissen über Folklore, alte Geschichte und Magie bisher von keinem anderen übertroffen wurde, kam zur gleichen Schlußfolgerung, wie auch der Entdecker von Troja, Heinrich Schliemann, der dazu schrieb: »Ich bin zu dem Schluß gekommen, daß Atlantis nicht nur eine große Landmasse zwischen Amerika und der Westküste Afrikas, sondern überdies die Wiege aller Zivilisationen gewesen ist.«

Spence ist ein weiteres Beispiel eines Gelehrten, dessen Ideen seiner Zeit voraus waren. Er begriff, daß seine Stellung als nüchterner, glaubwürdiger Bürger von Edinburgh in Frage gestellt wäre, wenn er sich offen zu den Schlußfolgerungen bekennen würde, zu denen er über die Lebensqualität zur Zeit von Atlantis und die magischen Künste seiner früheren Bewohner gelangt war. Er gab deshalb jegliche Beschäftigung mit dem Thema auf und weigerte sich nach den Aussagen derjenigen, die ihn gekannt haben, fortan, noch in irgendeiner Weise über den Gegenstand zu diskutieren.

Offensichtlich nahmen die Druiden gewisse außergewöhnliche Fähigkeiten für sich in Anspruch, die sie von der alten Welt geerbt haben wollten, und ihr Ruf als Magier ging ihnen noch lange nach ihrer Auflösung nach. Es wurde gesagt, sie hätten die Fähigkeit zu fliegen, Tote zum Leben zu erwecken, das Wetter zu beherrschen, in einem Zustand der Unsichtbarkeit zu reisen und die Schranke der Zeit überwinden zu können. In ihren Hochschulen der Wissenschaft, Magie und Philosophie lehrten sie Astronomie, Astrologie, Geometrie, Musik und Mathematik. Denjenigen, die diese Fächer meisterten, konnten dann die physikalischen Dimensionen der Erde und der Himmelskörper sowie das Wesen der feinstofflichen Kräfte gezeigt werden, die deren Bewegungen kontrollieren.

Wenn sie schließlich für die letzte Einweihung in die Materien bereit waren, hatten die Gelehrten der Alten Welt einen gründlichen und ausgedehnten Studiengang in mündlicher Unterweisung durchlaufen, der so gestaltet war, daß jene ausgeschlossen wurden, die sich der Verantwortung, die das Wissen eines vollausgebildeten Druiden mit sich brachte, nicht gewachsen zeigen könnten.

Die erste Stufe im Prozeß der Initiation schloß, wie man aus den Berichten schließen kann, eine Erfahrung ein, die die tiefste Form des Schreckens, nämlich das Gefühl, in der Schwärze des tiefen Weltraums für immer verloren zu sein, hervorrufen kann. Diese Erfahrung spielte sich in einer dunklen, verschlossenen Höhle oder unterirdischen Kammer ab. Ohne Zweifel wurde dafür auch irgendein Trank wie derjenige im Kessel der Keridwen gemischt, ein Gebräu von Früchten, Kräutern und Pilzen, aus Bilsenkraut, Belladonna, Eisenhut, Stechapfel, der gefleckten Haut des roten Birkenpilzes und verschiedene Narkotika, mit deren Wirkungen und Zeiten größter Potenz sich noch lange danach die einheimischen Hexen beschäftigten. Der Aspirant stieg dann in die Eingeweide der Erde hinunter, in die Gänge von New Grange oder die Katakomben unter dem *Glastonbury Tor*. Wer diese Prüfung, die schrecklichen Begegnungen und die Bedrohung durch einen ewig lauernden Tod überlebte, kehrte an die Oberfläche zurück und wurde zu einem neuen Leben wiedergeboren.

Obwohl gewisse unterirdische Plätze ohne Zweifel zu Initiationszwecken verwendet wurden, ist die Zahl der in die Erde eingelassenen Räume aus prähistorischer Zeit, die heute noch existieren, so enorm, daß sie auch noch einem anderen Zwecke gedient haben müssen. Die Zahl und die Größe der prähistorischen Ausgrabungen solcher Plätze lassen darauf schließen, daß sich viele Aktivitäten unter der Erde abgespielt haben müssen. Harold

Bayley gibt in seinem Buch *Archaic England* die Beschreibungen früher Afrikareisender von gewaltigen Tunnels im ganzen Kontinent wieder, von denen einige, die sich über große Distanzen sogar unter breiten Flüssen hindurch erstreckten, groß genug waren, um selbst von Handelskarawanen benützt zu werden, und berichtet über einige der ausgedehnten Systeme von Höhlen und Gängen, die einst unter der Oberfläche von Großbritannien durchführten. Viele von diesen wurden auch vom anglikanischen Pfarrer Sabine Baring-Gould erwähnt, in dessen Buch *Cliff Castles and Cave Dwellings of Europe* auch von unerklärlichen Katakomben unter den Wäldern Nordwestfrankreichs die Rede ist. Irland ist bekannt für seine rätselhaften unterirdischen Hallen und Galerien, deren Eingänge innerhalb der äußeren Erdwälle um die oberste Kuppe fast jedes vorgeschichtlichen *hill fort* dieses Landes zu finden sind. Von Ortsansässigen kann man oft die Versicherung hören, solche Ausschachtungen seien früher noch viel ausgedehnter gewesen und geheime Tunnels zwischen *hill forts*, Kirchen und alten Häusern hätten ein unterirdisches System ergeben, das überall das Muster von alten *tracks* und *alignments* wiederholt habe, welches an der Oberfläche sichtbar sei. Diese allgegenwärtigen unterirdischen Strukturen scheinen in einem Zusammenhang zur Sage vom magischen Krieg zwischen zwei Rassen zu stehen, die bei frühen Historikern zu lesen ist. In diesem stimmte die siegreiche Partei einer Zweiteilung des Landes zu unter der Bedingung, daß diese horizontal erfolgen müsse, so daß ihre Gegner sich in die unterirdische Welt zurückziehen mußten, während sie selbst die Oberfläche in Besitz nahmen.

In England gibt es kaum einen alten herrschaftlichen oder kirchlichen Bau, von dem es nicht heißt, irgendwo in seinem Inneren sei der Eingang zu einem unterirdischen Gang verborgen. Während der Vermessung des Verlaufs einer *ley*-Linie in der Nähe des Klosters von Llynthony hörte Alfred Watkins von einem Einwohner des Ortes, die Linie des *ley* stimme genau überein mit dem Verlauf eines vermuteten unterirdischen Ganges unter den Black Mountains. Als bei einer anderen Gelegenheit die Erde an einer Stelle in der Nähe von St. Guthlac's Priory in Hereford nachgab und die Existenz eines sagenumwobenen Tunnels offenbarte, erforschte er den Erdspalt und stellte fest, daß dieser das natürliche Resultat einer geologischen Verwerfung war.

In ihrem faszinierenden Buch über geheime Räume und Tunnels

in Nordost-England mit dem Titel *Hide or Hang* vermerkt Dr. Winifred Haward die wiederholte Koinzidenz des Verlaufs eines geheimen Tunnels, von dem die Sage berichtet, mit »einer wirklichen geheimen Route über der Erde«. Die Einheimischen glaubten, daß Geister entlang dieser Routen reisen, die nach der Sage meistens zwischen alten Kirchen, Klöstern und anderen alten Plätzen verlaufen, eine Eigentümlichkeit, die sie mit *leys* gemeinsam haben. Eines der Beispiele von Winifred Haward ist die geisterhafte Erscheinung der Weißen Frau von Barnburgh Hall in Yorkshire, die auf einem Weg zwischen dem *Hall* und St. Helens Chapel herumspukt. Dieser Weg liegt genau über einem vermuteten unterirdischen Tunnel. Die Verbindung zwischen alten Feldwegen, sagenumwobenen Tunnels und geheimnisvollen Lichtern und Geistererscheinungen ist ein Zug, der aller lokalen Folklore eigen ist.

Solche Beobachtungen geben einen Hinweis auf einen Aspekt des *ley*-Systems. Es scheint eine eindeutige Verbindung zwischen *leys*, geologischen Verwerfungslinien, unheimlichen Lichtern oder Phantomen und Adern des Erdmagnetismus zu geben.

Beweismaterial für diese Vermutung hat John Williams während seiner mit Hilfe von Rutengängern durchgeführten Untersuchungen von bestimmten walisischen *alignments* gefunden, die er auf der Karte entdeckt hatte. Eine ganze Reihe von ihnen riefen Reaktionen der Rute hervor, die denjenigen ähnlich sind, die das Vorhandensein von unterirdischen Wasserführungen und Hohlräumen im Gestein anzeigen. Es gibt, wie wir schon festgestellt haben, unzählige Legenden über die Standort-Bestimmung von Kirchen durch Divination, vielleicht durch Menschen mit Fähigkeiten ähnlich denen moderner Radiästheten (Rutengänger und Pendler). Es ist allgemein bekannt, daß Kirchen an Stellen gebaut wurden, die von altersher als heilig galten, und man darf annehmen, daß die Steine, die vor ihnen dort standen, auf Zentren intensivierter magnetischer Aktivität errichtet worden sind, wie sie durch die enge Nachbarschaft einer verborgenen Spalte in der Erdkruste entstehen können. Wenn man zeigen kann, daß das tatsächlich der Fall ist, so sollte es bald möglich sein, das Wesen dieser geheimnisvollen Strömungen zu entdecken, die die Grundlage der gesamten Zivilisation der Alten Welt bildeten.

Aus den Objekten zu schließen, die man in ihnen gefunden hat, müssen solche unterirdischen Hohlräume, seien es natürliche oder künstliche, Schauplätze von prähistorischen magischen Riten gewesen sein. In mehreren Fällen hat man festgestellt, daß ihre Eingänge auf *leys* oder bedeutungsvolle astronomische Deklinationen ausgerichtet sind. Es ist ein weitverbreiteter Glaube, daß prähistorische *mounds* Wohnstätten von Feen und Geistern Verstorbener sind. Besonders in Schottland sind Friedhöfe oft unmittelbar am Fuße von *mounds* angelegt; ein markantes Beispiel dafür ist der legendäre Geisterhügel am Rande von Inverness, der inmitten des modernen Friedhofes steht. Auf einem solchen Hügel, nicht weit von seiner Kirche in Aberfoyle, brach 1962 der anglikanische Pfarrer Rev. Robert Kirk, dessen Interesse am Okkulten in seiner Pfarrei wohlbekannt ist, zusammen und starb – wie einige Angehörige seiner Pfarrei meinten, wurde er von Wesen der »anderen Welt« entführt.

Man ist sich immer darüber klar gewesen, daß zum Prozeß der Einweihung eine Erfahrung von der Art gehörte, wie sie Paul Brunton nach einer Nacht in der Pyramide beschrieben hat, während die Sinne von ihrer Bindung an den physischen Körper befreit werden und es möglich wird, sich nach Belieben durch Raum zu bewegen. Selbst heute kann es geschehen, daß jemand sich anscheinend zufällig in diesem erstaunlichen Zustand befindet, meistens infolge eines physischen oder seelischen Schocks. Celia Green, die ein Buch über dieses Thema geschrieben hat, ist überzeugt, daß diese Art von Erfahrung weiter verbreitet ist, als man im allgemeinen annimmt. Der Körper, der in einem offensichtlichen Trancezustand zurückgelassen wird, wird von seinem Eigentümer von einem außerhalb liegenden Punkt beobachtet, in dem sich seine Sinne nun konzentrieren. Seine normale Wahrnehmung bleibt unverändert; nur der Ort, von dem sie operiert, hat sich fortbewegt. Einzelheiten der Szenerie können mit einer Klarheit aufgenommen und später erinnert werden, die bei weitem die normale Sehfähigkeit im Traumzustand übersteigt. Das Gefühl von Wirklichkeit ist so stark, daß man die Erfahrung nur als eine von tatsächlicher Trennung von Körper und Bewußtsein bezeichnen kann.

Diesen Zustand konnten die Menschen früherer Zeiten offenbar willentlich herbeiführen, nicht nur während der Initiationsrituale, sondern unter verschiedenen Umständen bei der Ausübung magischer Handlungen. Von Druiden wie auch von den Schamanen Asiens und Nordamerikas wird berichtet, daß sie des magischen Flugs mächtig seien, wobei sie oft eben jene *mounds* und Hügelkuppen zum Ausgangspunkt nahmen, auf denen die großen Helden der Mythologie ihre Apotheose erlebt haben. Vielleicht haben diese Plätze irgendeine unbekannte Eigenschaft, die jene Kräfte anzieht, die den normalen Einfluß der Schwerkraft zu modifizieren vermögen, oder die als Alternative dazu mit einem intensivierten menschlichen Magnetfeld in Wechselwirkung tritt und dadurch für die Levitation günstige Bedingungen schafft.

Es gibt eine ganze Reihe von Legenden über die Fähigkeit der Druiden zu fliegen. Abaris, ein britischer Magier, soll mit Hilfe eines Instrumentes durch die Luft nach Griechenland gereist sein, das als ein goldener Pfeil beschrieben wird. Bladud, Druide und Vater von König Lear, stürzte mit seinem Luftfahrzeug auf dem Ludgate Hill in London ab, an der Stelle, wo heute St. Pauls Cathedral steht. Simon der Magier, dessen eigene Flugdemonstration während eines magischen Wettbewerbs durch den heiligen Petrus auf katastrophale Art vorzeitig beendet wurde, hatte den Druiden Mog Ruith als Schüler, der eine Flugmaschine besaß und mit einem rivalisierenden Druiden einen Luftkampf über Irland ausgefochten haben soll. Mog Ruiths Flugkarriere endete wie diejenige seines Meisters und die von König Bladud in einer Katastrophe. Interessant ist zu hören, daß sein Flugzeug aus Stein gewesen sein soll; ein Stück von diesem ist heute noch in Irland zu besichtigen, denn seine Tochter Tlachtga ließ es in Cnamchoill in der Nähe von Tipperary als Menhir aufrichten.

Es gibt Hinweise für die Existenz einer starken Flugtradition in der Alten Welt, mit oder ohne Hilfe von Luftschiffen. Diese Hinweise sind von Autoren wie Desmond Leslie, Brinsley Le Poer Trench und Majorie Hope Nicholson studiert worden, und bilden auch den Inhalt von Kapitel III im Buch *The Flying Saucer Vision*. Es ist wahrscheinlich, daß in Indien und China bis in vergleichsweise neuere Zeit die naheliegenderen Hilfen zur Levitation wie zum Beispiel Luftströmungen als tragendes Medium für gesteuerte Flugapparate benützt werden, die ganz ähnlich funktionierten wie Papierdrachen oder Gleiter. Die Überlieferung besagt, daß die Menschen eines früheren Zeitalters das Geheimnis von noch subtileren Kräften gekannt haben, die heute vollständig in Vergessenheit geraten sind und die solide Flugapparate, die vielleicht wie das Luftschiff von Mog Ruith aus Stein gefertigt waren, durch die Luft transportieren konnten.

Für ein früheres Wissen über die Kunst, Steinblöcke zu levitieren oder leichter zu machen, gibt es viele und gewichtige Indizien. Niemand weiß, wie die mächtigen Steine des Podiums von Baalbek in Syrien, die etwa 70 ft. (18 m) lang sind, aus dem Steinbruch hergeschafft wurden, und das Problem ihres Transportes wäre selbst heute praktisch unlösbar. Man ist sich auch allgemein einig, daß die Aufgabe, die massiven Blöcke, die man in den Städten auf verschiedenen Andengipfeln gefunden hat, von Meereshöhe dorthin zu schaffen, die Möglichkeiten der heutigen Technologie übersteigen würde. Die hohe Präzision, ähnlich derjenigen, die von einem Goldschmied gefordert wird, mit der die Steine der Großen Pyramide geschnitten und aufgebaut sind, ist zu keiner anderen geschichtlichen Zeit wieder erreicht worden. Altes Mauerwerk hat überall auf der Erde diese erstaunliche Genauigkeit und enormen Dimensionen. Die Geschichten, mit denen die lokale Bevölkerung jeweils die Konstruktion der megalithischen Bauwerke erklärt, sprechen ohne Ausnahme von der Anwendung der Magie. Diese schließt oft den Gebrauch von Klängen ein, durch die die großen Steine zum Schweben gebracht oder leichter und besser zu handhaben wurden, wie das der Fall ist, wenn man einen Stein durch Wasser bewegt.

Professor Fred Hoyle vermutete in einem Artikel der Zeitschrift *Antiquity*, daß die Menschen, die Stonehenge gebaut haben, wahrscheinlich über große Distanzen durch Trommeln miteinander kommuniziert haben, und nach der Sage wurde auch der magische Flug durch das Schlagen von Trommeln und Zimbeln und durch Gesang bewerkstelligt. Ein Stein, der durch Klänge levitiert wird, konnte zu einem fliegenden Wagen werden, der sich entlang der Linie einer bestimmten magnetischen Intensität bewegt. Ihr Verlauf auf dem Erdboden war durch untereinander über erhöhte Wegdämme und Waldschneisen verbundene *alignments* von Steinen und Erdbauten markiert. Wenn man nun das magnetische Feld der Erde regulieren konnte und die Strömungen, die es durchflossen, so umgelenkt wurden, daß sie gerade Linien bildeten, dann konnten das steinerne Luftschiff und seine Navigator von Zentrum zu Zentrum schweben, indem sie ihren Weg durch ein Netzwerk von Kanälen alternierender Strömungen suchten und jene Schwingungsebenen wählten, auf die ihre Vibrationen eingestimmt waren.

Eine Gefahr gab es allerdings, der ein Flieger, der magnetische Strömungen benutzte, immer ausgesetzt war: diejenige eines plötzlichen und unerwarteten Abfalls der magnetischen Aktivität. Ein solcher Effekt würde schon durch den Sonnenuntergang oder den Mond, der unter den Horizont absinkt, bewirkt, aber diese Art von Ereignissen können ohne weiteres vorausgesehen werden. Viel gefährlicher wäre eine Finsternis. Dies konnte der Grund dafür sein, daß die Menschen der Alten Welt eine solche Angst vor Finsternissen hatten und ihrer Vorhersage eine solche Bedeutung beimaßen. In dem Maße wie die alten Fähigkeiten verloren gingen, wurde natürlich zusammen mit der ganzen astronomischen Kunst, auch diese Bedeutung geringer. Die Genauigkeit, mit der die Astronomen der Chaldäer Finsternisse voraussagen konnten, wurde bis in die moderne Zeit nicht wieder erreicht, und selbst die Erinnerung an die Leistungen der früheren Astronomie ging verloren. Die gebildeten Chinesen zur Zeit der beginnenden christlichen Epoche waren sich bewußt, daß die Wissenschaft der Berechnung von Finsternissen seit jener Zeit etwa 500 Jahre zuvor, als sie präzise gewesen war, degeneriert war. Eine unvorhergesehene Finsternis war das Ereignis, welches durch ihre Geschichte hindurch von den Chinesen am meisten gefürchtet wurde. Wenn eine solche eintrat, schrien sie, schlugen Gongs und brannten Feuerwerk ab, um die Kraft des Drachenstromes aufrechtzuerhalten.

Von gewissen alten Steinen wird von der lokalen Bevölkerung gesagt, daß sie sich an gewissen Tagen des Jahres von sich aus entlang bestimmter Routen bewegten, so von einigen der Steine von Rollright in Oxfordshire, die am Weihnachtsabend einen nahe gelegenen Fluß hinunterfahren sollen. Von anderen heißt es, daß sie auf geheimnisvolle Art an ihren Platz zurückkehren, wenn man sie von dort entfernt. Solche Sagen kommen überall dort vor, wo es megalithische Bauwerke gibt, und legen Zeugnis ab von einem viel älteren Glauben an die Fähigkeit solcher Steine, unter bestimmten Umständen zu levitieren. Daß mehr als ein bloßer Glaube dahintersteckt, zeigen die Poltergeist-Spukfälle, in denen Steine anscheinend aus eigener Kraft in der Luft herumfliegen und auch schon beobachtet wurden, wie sie sich ganz langsam schwebend bewegen. In vielen solchen Fällen wurde die Vermutung geäußert, daß ein unbewußtes menschliches Medium, meistens ein emotional aufgewühlter Jugendlicher, die Ursache der Manifestation sein könnte. Wenn solche Effekte auf unbewußte Weise hervorgerufen werden können, so darf man vermuten, daß man auch lernen könnte, sie willentlich zu produzieren. Tatsächlich sind in traditionellen Gesellschaften junge Leute, die das offensichtliche

Talent haben, parapsychologische Phänomene hervorzurufen, als zukünftige Schamanen ausersehen und werden dazu ermutigt, ihre Talente im Hinblick auf Levitation und andere magische Zwecke auszubilden. In alter Zeit, als diese Art von Talenten noch stärker waren und besser trainiert wurden, mochte die Levitation von Steinen wohl praktiziert worden sein, vielleicht in Verbindung mit den Strömungen des Erdmagnetfeldes, die im Rahmen des *ley*-Systems nutzbar gemacht wurden.

Die magischen Operationen der Alten spielten sich alle auf mehreren Ebenen ab, wobei die mentalen Prozesse ihre Entsprechung in pysikalischen Effekten hatten. Levitation und magischer Flug waren deshalb verbunden mit mentalen oder astralen Reisen. Ethnologen berichten von Stammes-Einweihungsritualen, während denen die Flugerfahrung herbeigeführt wird. Relikte eines solchen Rituals kann man in einer Entdeckung sehen, die von James Branwell in seinem Buch *Lost Atlantis* beschrieben wird. Man hat in Granada eine sorgfältig verschlossene Höhle gefunden, an deren Eingänge ein Steinpfeiler stand. Im Inneren der Höhle stießen die Ausgräber auf die Überreste einer neolithischen Menschengruppe, zwölf Skelette, die in einem Kreis um eine Frau in einer Ledertunika gruppiert waren. Man fand Ledersäcke mit Nahrungsmitteln, Amuletten und anderen magischen Objekten, darunter einige Tonscheiben, die mit Sonnenritualen in Verbindung gebracht werden, außerdem eine große Zahl von Köpfen und Samen des Schlafmohns. Die offizielle Erklärung war, daß die Menschen in der Höhle Zuflucht vor ihren Feinden suchten und durch übermäßigen Genuß von Mohn gestorben waren. Doch die Umstände legen die Erklärung nahe, daß die Gruppe einen gemeinsamen rituellen magischen Flug unternommen hatte, von dem sie aus irgendeinem Grund nicht mehr zurückgekehrt war. Erinnerungen an solche Rituale stellen die zahlreichen Sagen über Leute dar, die in einen »Feenhügel« eingedrungen sind und damit eine andere Welt betreten haben, von der sie manchmal für eine Weile zu ihrem eigenen Volk zurückkehren, um sich dann für eine endgültige Rückkehr in das Land des ewigen Glücks zu entscheiden.

Nicht wenige Menschen sind überzeugt, daß man durch mystische Techniken echtes Wissen über die Vergangenheit erlangen kann. Bligh Bonds erfolgreiche Verwendung von automatischem Schreiben während seiner Ausgrabungen in Glastonbury ist ein Beispiel dafür, was mit solchen Mitteln erreicht werden kann.

Andere Beispiele finden sich bei T. C. Lethbridge, dem Archäologen und Radiästheten, der in mehreren seiner Bücher beschreibt, wie er mit Hilfe eines Pendels lernte, alte Artefakte zu identifizieren und zu datieren. Lethbridge war einer der wenigen modernen Archäologen, die anerkennen, daß Steinkreise Zentren natürlicher Energien sind, die auch von den Alten wahrgenommen wurden. Er spekulierte, sie könnten auf irgendeine Art als Leuchtfeuer für prähistorische Flieger benutzt worden sein. Ähnliche Ideen waren zuvor auch schon J. Foster Forbes gekommen, der, wie wir schon hörten, von den Steinkreisen sagte, sie seien »gewissermaßen als Empfangsstationen für direkte Einflüsse von Sternkonstellationen, die der Priesterschaft bekannt waren und denen sie eine große Bedeutung zumaßen – besonders zu bestimmten Zeiten des Jahres«, gebaut worden.

Es fällt auf, wie viele der echten Sensitiven (mediale Personen) Erfahrungen mit dem Leben in der Armee gehabt haben oder aus einer Familie mit militärischem Hintergrund stammen. Letzteres ist der Fall bei Olive Pixley, einer Freundin und Mitarbeiterin von J. Foster Forbes. Dick, voller Entschlossenheit und rührig, wie ihre Freunde sie beschrieben, in Tweed-Anzüge gekleidet, verbarg sich unter ihrem praktischen Äußeren ein tiefer Sinn für die Kommunikation mit der spirituellen Welt. Aus ihren Schriften, besonders aus dem Büchlein *The Trail*, das 1934 erschienen ist, wird klar, daß sie sich der Unterschiede zwischen der Welt der Illusion und jener, die ihr ihre Gaben zu erforschen erlaubten, der Welt der Offenbarung, wohl bewußt war. Bei ihren Besuchen an den zahlreichen Orten mit prähistorischen Bauwerken empfing Olive Pixley den unmißverständlichen Eindruck, daß der Zweck der Steinkreise, obwohl diese ohne Zweifel Zentren von Astronomie und Gottesdienst waren, nichts mit Aberglaube oder wirkungslosen Ritualen zu tun hatte, sondern mit der Ausübung von Natur-Magie. Sie schrieb über Stonehenge:

»Es scheint mir völlig jenseits der Fähigkeiten von Architekten oder Archäologen zu liegen, über diese Konstruktion Spekulationen anzustellen, bis wir wissen, warum es überhaupt notwendig war, sie zu errichten. Man errichtete in jenen Zeiten keine Bauwerke zum Schutz der Rasse gegen die Naturelemente ... Sie verehrten nicht nur das Licht, sie verstanden es auch, die Strahlen der Sonne in ihr Innerstes zu ziehen. Ihren Gottesdienst übten sie nicht nur mit ihrem Denken

und Fühlen aus. Ihr Ritual schloß das Wissen ein, wie man die schöpferische Energie der Sonnenkraft in seinen Körper hereinziehen kann.«

Wie sie anmerkt, ist etwas, das unserer heutigen Denkweise völlig paradox erscheint, eine der auffallendsten Eigenheiten des prähistorischen Lebens, nämlich die Tatsache, daß Menschen, die fähig waren, Strukturen zu bauen, die einen solch hohen Grad von technischem und wissenschaftlichem Wissen erfordern, keine Bauwerke jener Art gebaut haben, die wir heute als unentbehrlich für einen Zustand der Zivilisation betrachten: große Häuser aus Stein, Paläste, Häfen, Lagerhäuser, Gefängnisse und Festungen.

Auf Dartmoor wurde Miß Pixley eines einzigen vereinigenden Schemas gewahr, nach dem jeder Steinkreis im Rahmen eines Bezuges zu allen anderen gelegt worden war. Besonders einer von ihnen war, wie sie feststellen konnte, als Modell eines bestimmten Sterns errichtet worden, um zur Zeit, wenn dieser Stern in seinem Zenit stand, als Speicher von Sternenergien verwendet zu werden. Auf die gleiche Art repräsentierte jeder der anderen Kreise und Steingruppen einen Planeten, ein Sternbild oder gar einen Kometen. Olive Pixley war auch äußerst beeindruckt vom Gebrauch der Klänge in prähistorischer Zeit.

»Da war eine Koordination von Klang-Spiralen und Gottesdienst überall auf den Mooren und Ebenen. Ich konnte mich in eine Empfangsstation einschalten, aber es war ein kalter, feuchter Tag, und es schien so kompliziert zu sein, daß ich nicht ganz eintrat. Irgend etwas fehlte; aber der Klang schien in einer Spirale anzukommen und wie ein raketenförmiger Laut aufzuzischen. Ich denke, die Formen, die Klänge in der Luft bilden, waren in der Steinzeit bekannt und wurden damals benutzt.«

Diese Idee hat vor kurzem eine wissenschaftliche Bestätigung erfahren. In seinem jüngsten Buch *Earth Lights* (es ist im Herbst 1982 erschienen), berichtet Paul Devereux von Experimenten, bei denen in den letzten Jahren durch Messungen mit physikalischen Instrumenten das Vorkommen von Ultraschall-Schwingungen an bestimmten prähistorischen Stätten nachgewiesen wurde. Der Effekt war erstmals durch einen Zoologen entdeckt worden, als er bei einer Untersuchung über Fledermäuse an einem solchen Ort einen elektronischen Detektor zur Anwendung brachte. Im Steinkreis von Rollright in Oxfordshire, wo ein Team von Forschern, das durch Devereuxs Zeitschrift *The Ley Hunter* organisiert wurde, zur Zeit den Zusammenhang zwischen Menhiren und Energiemustern studiert, hat man die bislang ungeklärte Anwesenheit von Ultraschall besonders bei Sonnenaufgang und zu bestimmten Zeiten des Jahres feststellen können.

Viele prähistorische Bauwerke weisen Eigenschaften auf, für die keine der modernen Erklärungen hinreichen. Einige von ihnen waren einmal von einer ungeheuren Hitze erfüllt. In einem langen Ganggrab in der Nähe von Maughold auf der Isle of Man sind die Steine der innersten Zelle ineinandergeschmolzen wie die mysteriösen verglasten Türme Schottlands. Dieses Phänomen wurde der Aktivität des Drachenstromes zugeschrieben, wie eine Stelle in *Beowulf* (altenglisches Heldenepos aus dem 7. Jhdt. n. Chr.; Anm. d. Übers.) zeigt, wo der Drache, durch den Diebstahl des Schatzes aus seinem Nest in Wut versetzt, die Burg des Königs angriff und mit der Hitze seines Atems die Steine erglühen ließ, bis sie zu einem Klumpen verschmolzen waren.

Oberst Fawcett, der Südamerika-Forschungsreisende, hörte in verschiedenen Gegenden des Kontinents die Geschichte, daß bestimmte Türme und alte Ruinen nachts von einem Licht, das aus ihrem Inneren zu kommen schien, erleuchtet würden. Verschiedene Reisende haben auch die eigenartige Tatsache bemerkt, daß die inneren Kammern und Gänge der Großen Pyramide, obwohl sie sich vollständig und dauernd in Dunkelheit befinden, trotzdem an ihren Mauern keinerlei Spuren von dem Rauch aufwiesen, den man von den Fackeln früherer Zeit erwarten würde. Zu gewissen Jahreszeiten scheinen alte Steinbauten eine Art elektrischen Stromes anzuziehen, der Lichterscheinungen hervorruft und, wenn er unkontrolliert bleibt, die Form von intensiver Hitze annimmt, die fähig ist, Steine zum Schmelzen zu bringen. In diesem Zusammenhang finden wir bei John Williams eine Bemerkung über ein seltsames Phänomen, das sich manchmal auf seinen Fotografien von prähistorischen Menhiren bemerkbar macht. Viele von ihnen sind verdorben durch etwas, was auf den ersten Blick ein fotografischer Fehler zu sein scheint, ein nicht entwickelter Fleck über einem Teil des Bildes, wie wenn der Stein von einem leichten Dunst umgeben wäre. Die objektive Existenz dieses Phänomens fand ihre Bestätigung, als ein Freund, der mit seiner Kamera zur gleichen

Zeit eine Aufnahme machte wie John Williams, genau dieselbe Spur auf der entwickelten Platte vorfand, eine Art dunkles Band, das den unteren Teil des Steines bedeckte. Williams glaubte, dieser Effekt sei jahreszeitlich bedingt; falls das wirklich der Fall ist, so könnte man aus ihm und aus weiteren Informationen wie dem traditionellen Datum des örtlichen Jahrmarktes oder Festtages den Zeitpunkt voraussagen, zu dem gewisse prähistorische *alignments* ihre maximale Strömungsladungen erhalten.

Die Hohlräume im Inneren der künstlichen *mounds* konnten bestimmt zur Akkumulation von Energie gebraucht worden sein und sind wohl auch für diesen Zweck gebaut worden. Man hat sie wahrscheinlich in Verbindung mit Menhiren verwendet, denn die Auswahl des Steinmaterials ist in beiden Fällen eine ähnliche. Walisische Steinkreise enthalten oft einen einzelnen fremden Stein aus Quarz, dasselbe ist beim Kreis von Boscawen-un in Cornwall der Fall. Man kann sich schwerlich einen Grund dafür vorstellen, falls sie nicht, wie die fremden *bluestones* von Stonehenge, ausgewählt sind, um eine bestimmte Form von Energie anzuziehen.

Der berühmte verstorbene Radiästhet B. Tompkins zitiert in seinem Buch *Springs of Water* die Beschreibung eines Briefpartners von der Landschaft, wie sie uns erscheinen würde, wenn wir fähig wären, die Energiemuster zu sehen, auf die die Wünschelrute reagiert:

»... jeder Hügel und jedes Tal übersät mit elektrisch oszillierenden mounds, genau über jeder verborgenen Quelle, während elektrische Strömungen mit den meisten dieser magnetischen mounds verbunden sind, und auf der Erdoberfläche genau über dem Verlauf jedes unterirdischen Wasserlaufs hin und her schwingen.«

In seltenen, flüchtigen Momenten scheinen gewisse Menschen eine Vision dieser esoterischen Landschaft erhalten zu haben, doch war Alfred Watkins der erste, der begriff, daß das irisierende Muster von Linien und Zentren sich mit der Anordnung prähistorischer Stätten deckte. Wenn man zeigen kann, daß die Stätten des Altertums tatsächlich mit Zentren magnetischer Aktivität zusammenfallen und daß ihre *alignments* in einem Zusammenhang mit geologischen Verwerfungen stehen oder sonst auf irgendeine Art einem Muster in der Erdkruste entsprechen, dann kann man sich der Erkenntnis nicht mehr verschließen, daß der Mensch der Frühzeit ein Wissen über die magnetischen Strömungen besessen haben muß. Dann können viele der Rätsel prähistorischer Zeit erklärt werden, und wir werden dann einen Hinweis auf das Wesen eines Phänomens besitzen, das heute eine große Bestürzung verursacht, nämlich das Erscheinen von fliegenden Untertassen oder unidentifizierten fliegenden Objekten (UFOs).

Viele von denen, die diese mysteriösen leuchtenden Objekte über den Nachthimmel schießen oder sich schlängeln gesehen haben, haben bemerkt, daß diese sich irgendwie in ihrem natürlichen Element zu bewegen scheinen, eher wie Fische oder Leuchtkäfer als mechanische Flugobjekte. Aus ihrem äußeren Anblick wie auch aus den Legenden zu schließen, die zunehmend mit ihnen in Verbindung gebracht werden, scheinen sie geographisch eher zum Feenreich als zu Cape Canaveral zu gehören. Die Aussagen miteinander übereinstimmender und glaubwürdiger Zeugen machen es wahrscheinlich, daß tatsächlich physische Begegnungen mit außerirdischen Raumschiffen und ihren Insassen stattgefunden haben, und es fällt auf, in wie vielen dieser Fälle es heißt, das Raumschiff sehe genauso aus wie die fliegenden Untertassen, wie die frühen Fotografien von George Adamski und andere Aufnahmen jener Zeit sie zeigen, von denen einige vielleicht sogar Fälschungen sind. Diese Koinzidenz stützt die oben vorgebrachte Theorie, wonach die Bewohner anderer Elemente oder Dimensionen, bei den Gelegenheiten, an denen sie sich in unserer Welt manifestieren wollen, eine äußere Erscheinung wählen, die im großen und ganzen unseren Erwartungen entgegenkommt. Heute gibt es wohl nur noch wenige Menschen auf der Erde, die nicht mit der konventionellen Form einer fliegenden Untertasse vertraut sind. Dieses schweigende Einverständnis in bezug auf das außerirdischen Besuchern angemessene Erscheinungsbild könnte die Formen beeinflussen, in denen sie erscheinen.

Wenn man UfOs aber in ihrem eigenen Element sieht, erscheinen sie als Punkte konzentrierter Energie. Offensichtlich hat das Phänomen auf irgendeine Art einen Zusammenhang mit dem Magnetismus, denn verschiedene Mitarbeiter der »Flying Saucer Review« berichten von UFO-Aktivitäten an Schauplätzen von Erdbeben, Vulkanausbrüchen und magnetischen Stürmen. Das ist ein Merkmal, das sie mit Feuerkugeln und jenen anderen mysteriösen Lichtern gemeinsam haben, die von einsamen Reisenden in der Nacht so gefürchtet werden und in verschiedenen Gegenden als »Teufelslaternen«, »Will o' the Wisp« oder Leichenkerzen (bei uns als Irrlichter oder Irrwische) bekannt sind. Oft erscheinen diese Lichter, wie schon früher erwähnt, regelmäßig entlang bestimmten *tracks* und folgen, in der walisischen Sage, der Route einer Totenbahre, denn man sieht sie sich entlang alten Kirchwegen, durch Friedhöfe und zwischen Stellen, die traditionellerweise heilig sind, bewegen.

Es könnte sein, daß solche Geisterlichter Manifestationen elektro-magnetischer Energie sind; man begegnet ihnen am häufigsten in der Nachbarschaft geologischer Verwerfungen. Ein Artikel in der *Flying Saucer Review* vom August 1968 weist darauf hin, daß dasselbe auch auf UFOs zutrifft. Der Autor hat eine statistische Analyse der geographischen Verteilung von UFO-Aktivitäten durchgeführt und dabei festgestellt, daß der weitaus größte Teil der Sichtungen sich in Gebieten entlang von Verwerfungslinien abspielte. Diese Entdeckung ist besonders interessant im Licht einer Theorie, die vor einigen Jahren von einem anderen Franzosen, Aimé Michel, aufgestellt worden ist, der ebenfalls die Muster von UFO-Sichtungen untersucht hat. In seinem Buch *Flying Saucers and the Straight Line Mystery* gibt er mehrere Beispiele von geraden Linien über der Erdoberfläche, die eine Anziehungskraft auf UFO-Aktivitäten auszuüben scheinen, und führt Beweismaterial an, aus dem hervorgeht, daß UFOs eine Tendenz haben, entlang dieser Linien zu navigieren und auf bestimmten, genau definierten Routen die Landschaft überfliegen.

Am 12. Mai 1954 führte Wilhelm Reich ein bemerkenswertes Experiment mit zwei fliegenden Untertassen durch, die in dieser Nacht über sein Laboratorium in Rangeley, im Staat Maine, hinwegflogen. Er vermutete, daß das Licht, das von ihnen ausging, von einem umliegenden Feld dessen, was er »Orgon-Energie« nannte, erzeugt wird – der universellen Lebenskraft, die durch das Medium der magnetischen Strömung wirksam wird –, und richtete den Apparat, den er zur Liquidierung von Wolken entwickelt hatte, auf sie. Innerhalb kurzer Zeit begannen die Lichter schwächer zu werden und schließlich ganz zu verblassen. Reich kam zur Überzeugung, daß fliegende Untertassen intergalaktische Raumschiffe seien, und machte sich gegen Ende seines Lebens daran, die Mittel zu erforschen, durch die der universelle Energiefluß für die Raumfahrt von der Erde aus benützt werden könnte.

Es scheint also, daß UFOs auf verschiedene Arten mit der Magie der Druiden im Zusammenhang stehen. Zunächst frequentieren sie gewisse gerade Linien über der Erdoberfläche. Zweitens haben sie, wie die Linien selbst auch, einen Zusammenhang mit dem Magnetismus. Drittens scheint die Erscheinungsform von UFOs Zusammenhänge mit der Psychologie ihrer Beobachter zu haben. Damit soll selbstverständlich nicht gesagt sein, daß diese Erscheinungen keine physikalische Realität hätten oder daß diejenigen, die sie sehen, verrückt seien. Es ist jedoch eine Tatsache, daß Leute, die UFOs sehen, oft die Begleitempfindungen einer Vision erleben, wie wenn das, was sie sehen, nicht nur eine physikalische Form haben würde, sondern außerdem eine weitere Existenz als etwas, was bereits vertraut ist und dem man in Träumen begegnet.

Es war diese Welt des Unbewußten, in der die früheren Magier ihre Reisen unternahmen und in der sie das Wissen und die Kraft gefunden haben, die sie befähigten, Ereignisse in der irdischen Welt vorherzusagen und zu beeinflussen. Dieses Traumland besaß ebenfalls ein Muster von Linien und Zentren, die sowohl die Form, in der Visionen auftreten, wie auch die Figur, die das höchste aller kosmischen Schemata darstellt, den kabbalistischen Baum des Lebens, repräsentierten. So sehr waren sie im Bilde über die Geographie der unsichtbaren Welt und vertrauten auf die Weisheit und Inspiration ihrer Propheten und Philosophen, daß ein Plan von kaum vorstellbarer Frömmigkeit und Pracht entstand, nach dem die gesamte Welt entsprechend ihrem archetypischen Ideal umgestaltet wurde. Das Neue Jerusalem wurde nach den Mustern und Zahlen auf der Erde errichtet, die ihren Ursprung in göttlicher Offenbarung hatten, und die wir in der Großen Pyramide, in Stonehenge, in Glastonbury Abbey und überall in den großen Bauwerken der früheren Welt finden. Das menschliche Ideal von einem Leben in Sicherheit und Ordnung war auf der ganzen Welt verwirklicht und wurde mehr unter der Anleitung als unter dem Diktat derjenigen geführt, die sich der Interpretation des göttlichen Willens geweiht hatten.

Nur eine menschliche Gesellschaft, die nach kosmischen Prinzipien geordnet und reguliert wird, die für alle ersichtlich die Ordnung der Natur und des Himmels spiegeln, wird von allen akzeptiert werden können und dies auch verdienen. Selbstbestimmung ist allerdings ein integrierender Teil der menschlichen Natur und scheint eine Funktion zu sein, die der Übung bedarf. Das Universum schreitet fort durch die ständige Wechselwirkung zwischen Ordnung und Chaos, und auch die Erde ist dementsprechend angelegt. Die Städte, die nach einem kosmischen Muster errichtet sind, schlossen in sich ein geplantes Element des Chaos ein, sowohl in ihrer Architektur, wie auch in ihren Gesellschaften. So wie jeder Hof seinen Narren hatte, so sollte jede Stadt ein rohes, wildes Quartier enthalten, wie die Hintergassen von Dorchester, die in Thomas Hardys *Mayro of Casterbridge* so liebevoll beschrieben sind, außerhalb des Schoßes der zivilisierten Ordnung. Zwischen den Zentren der prähistorischen Besiedlung waren immer große Gebiete der Herrschaft des Chaos geweiht. Bis in die jüngste Zeit blieben die Einöden Großbritanniens der Tummelplatz der Gesetzlosen, Wanderer und derjenigen, die Einweihung oder Zuflucht vor den Regeln der Gesellschaft suchten. Bei der Teilung des Landes in Gebiete der Ordnung und solche der Anarchie nach ihrem astrologischen Charakter bekam jedes dieser Gebiete eine klare Zuordnung. Die Straßen waren heiliges Territorium, das über dem weltlichen Gesetz stand. Unter dem alten molmutinischen Gesetz Englands, das nie formell außer Kraft gesetzt wurde, waren die Überlandstraßen heiliger Bezirk, wo die Sicherheit von Reisenden garantiert war und selbst Gesetzlose nicht verhaftet werden durften. Wegen ihres sakralen Charakters wurde Straßenräuberei als ein Sakrileg betrachtet. Unter diesen Gesetzen, so behauptete man, konnte ein Fremder, selbst ohne ein Wort der Landessprache zu beherrschen, ungehindert durch das Land reisen und wurde gastfreundlich aufgenommen, wo immer er anhielt. In Irland hat der Brauch, Reisenden Gastfreundschaft zu gewähren, vielleicht länger als anderswo überlebt, denn in einem offiziellen Bericht über die Landstreicherei, der gegen Ende des letzten Jahrhunderts veröffentlicht wurde, beklagte sich der Autor, daß die hilflose Großzügigkeit der armen Leute, die mit jedem, der darum bat, teilten, was sie gerade hatten, das Umherwandern im Lande, das die offiziellen Autoritäten immer so verabscheut hatten, noch ermutigen würde.

Die alten *tracks*, die schnurgerade durch das Land führten, waren geheiligter Boden und verliehen demjenigen, der auf ihnen reiste, eine gewisse Aura, die ihn als Heiligen kennzeichnete. W. Tudor Pole hat in seiner Monographie über den heiligen Michael den alten Brauch der Gastfreundschaft festgehalten, der früher im Westen Somerset aufgrund einer lokalen Prophezeiung herrschte, wonach bei seiner zweiten Herabkunft der Erlöser unerkannt entlang der Linie zwischen St. Michael's Mount und Glastonbury

Tor vorbeikommen werde. Die Sage vom erdgebundenen Geist, der für immer auf den Straßen und in den Einöden der Welt umherirren muß, trägt den Stempel der Wahrheit, denn sie wird ihren poetischen Wert nie verlieren. Der wandernde Gott, der verkleidete König, der geheimnisvolle Fremde am Herd des Hauses an der Straße, der fahrende Poet, Kesselflicker und Hausierer; alle diese romantischen Gestalten, deren Kraft, unseren Sinn für das Ästhetische anzusprechen, direkt und universell ist, verkörpern einen wahren Archetyp, den Geist der Erde. Er war der Geist, der in der gesamten Alten Welt herrschte und den Juden bei ihrer Zerstreuung vom Heiligen Land nach Großbritannien folgte, wo, in Stukeleys Worten, »Gottes auserwähltes Volk in der besten Situation der Welt« ist. Sowohl Stukeley wie auch Blake haben von Großbritannien als dem Land gesprochen, auf welches der Geist als nächstes herabkommen würde. Je intensiver man Blakes Prophezeiungen liest, um so mehr wächst in einem die Überzeugung, daß er von einer so hohen Idee inspiriert worden ist, daß man sie sich kaum vorstellen kann: von nichts Geringerem als der Wiedererschaffung des alten Systems spiritueller Technologie, dessen Ruinen noch heute in allen Gegenden von Großbritannien zu sehen sind.

Von den Felsen, Bergen und Landzungen floß einst ein mysteriöser Strom durch Alleen von Menhiren, über *mounds* und Erdbauten hinunter zu irgendeinem zentralen Hügel, der dem Erdgeist Merkur geweiht war. Unter dem Hügel erzeugte ein Instrument den Sonnenfunken, durch den der Strom belebt wurde und in einer Welle von Fruchtbarkeit durch die verborgenen Adern des Landes zurückflutete, noch angetrieben von der Musik und dem Lärm der feiernden Menge. In der australischen Wüste folgen die Eingeborenen heute noch jedes Jahr ihrer Linie von Liedern, mit denen sie auf ihrer Reise entlang den *old straight tracks* zwischen den sensiblen Stellen der Erde den Geist aus dem Felsen hervorrufen; eine letzte verklingende Stimme in einem Chor, der einst auf der ganzen Welt ertönte. Heute laufen die Linien des Drachens unmarkiert über die Erde, sind ihre Wege vergessen, ist der Geist, den sie tragen, der Mißachtung verfallen. Und doch werden jedes Jahr mehr Leute veranlaßt, die alten Stätten, die Zentren eines unsichtbaren Musters, das in einer fernen Zeit über die ganze Erdoberfläche gewoben worden ist, zu besuchen. Die Kräfte der Erde machen sich wieder geltend, wie wenn sie fordern würden, daß wir von neuem die lebenswichtige Rolle anerkennen, die sie für unsere Existenz und unser Wohlergehen spielen. Wer auf diesen Appell anspricht und die Quellen und Adern der schlangenhaften Erdströme aufsucht, der wird entdecken, daß er Vorgänger aus frühesten Zeiten gehabt hat. Andere waren schon vor ihm da, und die Wünschelrute des modernen Radiästheten schlägt als Reaktion auf Emanation der Erde genau an jenen Orten aus, wo sie ihre Schreine und Bauwerke plaziert haben. Diese Leute waren die Weisen des Altertums, die die Erde als ein brüderliches Lebewesen anerkannten, das auf dieselben Harmonien und Reize reagiert, die auch unsere menschlichen Sinne erfreuen. Auf dieser Erkenntnis war ihr gesamter subtiler wissenschaftlicher Code aufgebaut, dessen Absicht es war, die höchsten Interessen der menschlichen Gesellschaft mit denjenigen der lebenden Erde in Übereinstimmung zu bringen. Da die Notwendigkeit einer neu gestalteten Beziehung zwischen uns und der Natur immer offensichtlicher wird, wird man die Prinzipien dieser Wissenschaft einmal mehr zu finden versuchen und sie auch wiederentdecken. Im Verlaufe dieses Prozesses entsteht ein anderes Bild der Erde: nicht das einer Startrampe für Abenteuer auf fremden Sternen, die benützt und weggeworfen werden kann, sondern dasjenige eines höchst kostbaren Erbes, unseres versprochenen, potentiellen Paradieses.

Anhang

Wichtigste Maße und Umrechnungen

englische Maße:

1 inch (Zoll)				25,4	mm
1 foot (ft.)	=	12 inches	=	0,3048	m
1 yard	=	3 ft.	=	0,9144	m
1 (statute) mile			=	1609,3	m
1 nautical mile (Seemeile)			=	1853	m
1 sq. ft. (Quadratfuß)			=	0,0929	m^2
1 acre (Morgen)	=	4840 sq. yds	=	4046,4	m^2
			=	0,40464	Hektar

Alte Maße:

	Tropische (kurze) Werte			nördliche (lange) Werte		
	Ft.	Miles	Meter	Ft.	Miles	Meter
Griechische						
Fingerbreit	0,063			0,06336		
Fuß	1,008	$1,9\overline{09} \times 10^{-4}$	0,30732	1,01376	$1,92 \times 10^{-4}$	0,30899
				1,216512		
Ellen (Kuben)	1,512			1,52064		
Stadien (500 ft.)	483,84			486,6048		
Stadien (600 ft.)	580,608	0,1145	184,34	608,256	0,1152	185,393
Achtelmeilen (625 ft.)	630	0,119318	192,02	633,6	0,12	193,02
Meilen (5000 ft.)	5040	0,9545	1536,16	5068,8	0,96	1544,938
Ägyptische						
Fuß	$1,1\overline{45}$	$2,1685 \times 10^{-4}$	0,34913	1,152	$2,18\overline{18} \times 10^{-4}$	0,35113
Ellen	1,718	$3,2538 \times 10^{-4}$	0,5237	1,728	$3,27\overline{27} \times 10^{-4}$	0,5267
Stadien (500 ft.	$572,\overline{72}$			576		
Stadien (600 ft.)	687,27			6912		
Achtelmeilen (625 ft.)	715,90	0,13559	218,213	720	$0,1\overline{36}$	219,460
Meilen (5000)	$5727,\overline{27}$	1,0847	1745,65	5760	1,0909	1755,65

	Tropische (kurze) Werte			nördliche (lange) Werte		
	Ft.	Miles	Meter	Ft.	Miles	Meter
Römische						
Fingerbreit	0,06048			0,0608256		
Fuß	0,96768	$1,833 \times 10^{-4}$	0,2949	0,9732096	$1,843 \times 10^{-4}$	0,2966
Ellen	1,45152			1,4598144		
Stadien (500 ft.)	483,84			486,6048		
Stadien (600 ft.)	580,608			583,92576		
Achtelmeilen (625 ft.)	604,8	$0,11\overline{45}$	184,34	608,256	0,1152	185,393
Meilen (5000 ft.)	4838,4	0,91636	1474,72	4866,048	0,9216	1483,147
Hebräische						
Fuß	1,3824	$2,6\overline{18} \times 10^{-4}$	0,42135	1,3902994	$2,6331 \times 10^{-4}$	0,42376
Ellen	2,0736	$3,9278 \times 10^{-4}$	0,63203	2,08544914	$3,9497 \times 10^{-4}$	0,63564
Schritt	3,456	$6,\overline{54} \times 10^{-4}$	1,0534	3,47575	$6,5828 \times 10^{-4}$	1,0594
Meilen	6912	1,309	2106,751	6951,497	1,31657	2118,80
Polare Einheiten						
Fuß	0,98742857	$1,87013 \times 10^{-4}$	0,30097	0,99307102	$1,8808 \times 10^{-4}$	0,3026857
Elle	1,48114286			1,4896065		
Stadien (500 ft.)	493,714286			496,53551		
Stadien (600 ft.)	592,45714	0,1122	180,58	595,84261	0,1128	181,611
Meilen	4937,14286	0,93506	1504,83	4965,3551	0,94041	1513,429
Meter	3,208453	$6,2137 \times 10^{-4}$				

LISTE DER ILLUSTRATIONEN

Die hier nicht erwähnten Zeichnungen stammen vom Autor. Referenzen, die sich auf ein in der Bibliographie aufgeführtes Werk beziehen, sind nur mit Autor und Jahr angegeben.

China. Ebd.

Abb. 23 Der »Cheesewring«, nahe bei Liskeard. Aus Blight (1872).

Abb. 24 Fenster in der Kirche von Trull in Somerset. Fotografie von Brian Larkman.

Abb. 25/26 Kirche des Heiligen Michael in Clifton Hampden in Oxfordshire; Kirche des Heiligen Michael in West Buckland in Somerset. Fotografien von Brian Larkman.

Abb. 27 Felsen und Einsiedelei von Roche. Aus Blight (1872).

Abb. 28 Irrlicht. Stich von Edmund Evans.

Abb. 29 William Pidgeon. Stich von Lossing-Barritt. Lineare Anordnungen von *mounds* und Erdbauten. Aus Pidgeon (1858).

Abb. 30 Badminton in der Grafschaft Gloucester. Gezeichnet von L. Knyff, gestochen von I. Kip.

Abb. 31 Steine in Land's End. Aus John Michell, *The Old Stones of Land's End,* London: Garnstone Press, 1974. Fotografie von Gabi Näsemann. Stein auf Boswen's Carn in West Penwith, Cornwall. Fotografie Roberta Watt.

Abb. 32 Fotografie Department of the Environment.
Bristol und sein Hochkreuz. Nach Roberta Ricarts »Mayor's Kalendar«, 1478. Aus Samuel Seyer, *Memoirs . . . of Bristol.* Bristol: Verlag des Autors, 1821.

Zu Abb. 33 Altes Marktkreuz in Axbridge, Somerset. Zeichnung von Charles Pooley, Lithographie von Hanhart.

Abb. 33 Wilcrick Hill in Monmouthshire. Fotografie Aerofilms Ltd.

Abb. 34 Stonehenge. Wie Abb. 2.

Abb. 35 Magische Quadrate.

Abb. 36/37/38 Stonehenge: Radius und Oberschwellen.

Abb. 39 Steinkiste. Aus Taylor (1859).

Abb. 40 Die Große Pyramide im Zentrum der Erdoberfläche. Aus Smyth (1864).

Abb. 41 Die Große Pyramide in zwei Hälften gespalten.

Abb. 42 Kubik-*inch* aus Gold.

Abb. 43 Stab mit Diamantspitze. Nach Tompkins (1971).

Abb. 44 Die Geometrie der Großen Pyramide.

Abb. 45 Kapelle der Hl. Maria. Aus Bond (1938).

Abb. 46 Die runde Kapelle von St. Josef und der verzweigte Weg in Glaston. Nach Bond (1938).

Abb. 47 Das Neue Jerusalem. Aus Michell (1972).

Abb. 48/49 Marienkapelle. Nach Bond (1938).

Abb. 50 Pfeiler im Kloster von Glastonbury, der dem Hl. David zugeschrieben wird. Aus *Proceedings of the Somersetshire Archaeology and Natural History Societe,* 1926. Taunton: The Society, 1927.

Abb. 51 Gare Hill. Fotografie von Brian Larman.

Abb. 52 *Alignments* in Glastonbury.

Abb. 53/54 Stonehenge. Grundrisse nach C. A. Newham, *The Astrological Significance of Stonehenge,* Leeds: John Blackburn, 1972, und

E. H. Stone, *The Stones of Stonehenge,* London: Robert Scott, 1924.
Abb. 55 Das alte Nola.
Abb. 56 Die neue Stadt Nola.
Abb. 57 Die Kathedrale von Lichfield, Westfront. Zeichnung von F. Mackenzie, Lithographie von H. Le Keux.
Abb. 58 Magisches Quadrat von Mars.

Das Gedicht auf den Seiten 127–129 ist nach W. H. Auden, *Collected Shorter Poems,* London und New York 1966, wiedergegeben, mit der freundlichen Genehmigung der Verlage Faber & Faber, London, und Random House, New York. Übersetzt von Marco Bischof.

BIBLIOGRAPHIE:

Aldersmith, H., und D. Davidson: The Great Pyramid, it's Divine Message. London: Nordgate & Williams, 1932.
Andrews, W.: The Church Treasury. London: W. Andrews & Co., 1898.
Andrews: W. S.: Magic Squares and Cubes. New York: Dover Publications, 1960.
Aubrey, J.: Monumenta Britannica. Milborne Port: Dorset Publishing Company, 1980-82.
Atkinson, R. J. C.: Stonehenge. London: Hamish Hamilton, 1956.

Baring-Gould, Rev. S.: Cliff Castles and Cave Dwellings of Europe. London: Seeley & Co., 1911.
Baring-Gould, Rev. S.: Strange Survivals. London: Methuen & Co., 1892.
Bayley, H.: Archaic England. London: Chapman & Hall, 1919.
Bayley, H.: The Lost Language of Symbolism. London: Williams & Norgate, 1951.
Bellamy, H. S.: Moons, Myths and Man. London: Faber & Faber, 1936.
Berriman, A. E.: Historical Metrology. London: J. M. Dent & Son, 1953.
Berry, B.: A Lost Roman Road. London: George Allen & Unwin, 1953.
Blake, W.: Jerusalem. London: George Allen & Unwin, 1964.
Blavatsky, H. P.: The Secret Doctrine. London: Theosophical Publishing House, 1888.
Blavatsky, H. P.: Die Geheimlehre. Schikowski (Magisches Handbuch 8).
Blavatsky, H. P.: Die Geheimlehre. London: »Adgar«. The Theosophical Publishing House.
Blight, J. T.: Ancient Crosses and Antiquities of Cornwall. Penzance: William Cornish, 1872.
Bond, F. G.: An Architectural Handbook of Glastonbury Abbey. Taunton: Everard, 1909.
Bond, F. G.: The Gate of Remembrance. Oxford: Basil Blackwell, 1918.
Bond, F. G.: The Company of Avalon. Oxford: Basil Blackwell, 1924.
Bond, F. G.: The Mystery of Glaston. London: Glastonbury Publications, 1938.
Bond, F. G.: und Dr. T. S. Lea: The Cabala. Oxford: Basil Blackwell, 1917.
Bond, F. G.: und Dr. T. S. Lea: Gematria. Oxford, Basil Blackwell, n. d.
Bonwick, J.: Pyramid Facts and Fancies. London: Kegan Paul, 1877.
Bord, J. und C.: Mysterious Britain. London: Garnstone, 1972.
Bord, J. und C.: The Secret Country. London: Paul Elek, 1976.
Borlase, W.: Antiquities of Cornwall. Oxford: W. Jackson, 1754.

Börschmann, E.: Picturesque China. London: T. Fisher Unwin, 1924.
Bragdon, C.: The Beautiful Necessity. London: G. Routledge & Sons, 1923.
Britton, J.: The History and Antiquities of Lichfield. London: Longman, 1820.
Browne, Rt. Rev. G. F.: On Some Antiquities in the Neighbourhood of Dunecht House, Aberdeenshire. Cambridge: University Press, 1921.
Brunton, P. A.: Search in Secret Egypt. London: Rider & Co., 1936.

Charpentier, L.: Die Geheimnisse der Kathedrale von Chartres. Gaia, Köln 1981.
Collinson, J.: History of Somerset. Bath: R. Cruttwell, 1791.
Cole, J. H.: Determination of the Exact Size and Orientation of the Great Pyramid of Giza. Cairo: Government Press, 1925.
Cotsworth, M. B.: The Rational Almanac, Tracing the Evolution of Modern Almanachs from Ancient Ideas of Time, and Suggesting Improvements. Acomb: the author, 1904.

Davidson, D. und H. Aldersmith: The Great Pyramid, Its Divine Message. London: Williams & Norgate, 1924.
Deacon, R.: John Dee. London: Muller, 1968.
Ditmas, E. M. R.: Traditions and Legendes of Glastonbury. Guernsey: Toucan Press, 1979.
Donnelly, I.: Atlantis: The Antediluvian World. New York: Harper & Brothers, 1882.
Drummond, Rt. Hon. Sir W.: The Oedipus Judaicus. London: A. J. Valpy, 1811.
Eitel, E. J.: Feng-Shui oder die Rudimente der Naturwissenschaften in China (Vorwort von John Michell). Dehringhausen 1982.
Endrös, Robert: Die Strahlung der Erde und ihre Wirkung auf das Leben. Remscheid 1980.
Elliot Smith, Sir G.: The Evolution of the Dragon. Manchester: University Press, 1919.
Evans-Wentz, J. D.: The Fairy Faith in Celtic Countries. London: Henry Frowde, 1911.
Evans-Wentz, J. D.: Das Tibetanische Totenbuch. Walter Verl., 1982.
Fix, W. R.: Pyramid Odyssey. New York: Mayflower Books, 1978.
Forbes, J. F.: The Castle and Place of Rothiemay. Glasgow: Aird & Coghill, 1948.
Forbes, J. F.: Giants of Britain. Birmingham: Thomas's Publications, 1945.
Forbes, J. F.: The Unchronicled Past. London: Simpkin Marshall, 1938.

Gallant, R.: Bombarded Earth. London: John Baker, 1964.
Geoffrey of Monmouth: Histories of the Kings of Britain. London: M. M. Dent, 1934.
Graves, T.: Needles of Stone. London: Turnstone Books, 1978.
Graves, T.: Siehe unter Lethbridge.
Graves Tom: Radiästhesie, Pendel und Wünschelrute: Theorie und praktische Anwendung. Freiburg 1978.
Greaves, Dr. J.: Miscellaneous Works. London: T. Birch, 1737.
Greed, J. A.: Glastonburgy Tales. Bristol: St. Trillo Publications, 1975.
Green, C.: Out-of-the-Body-Experiences. Oxford: Institute of Psychophysical Research, 1968.
Grinsell, L. V.: The Ancient Burial Mounds of England. London: Methuen, 1936.

Harris, Dr. J. R.: Isis and Nephthys in Wiltshire ad Elsewhere. Bristol: St. Stephen's Bristol Press, 1938.

Haward, Dr. W. I.: Hide or Hang. Clapham, Yorks: Dalesman Publishing, 1966.
Hawkins, G. S.: Stonehenge Decoded. London: Souvenir Press, 1966.
Hawkins, Gerald S.: Merlin, Märchen und Computer. Das Rätsel Stonehenge gelöst? Zerling Verl., 1983.
Hayes, L. N.: The Chinese Dragon. Shanghai: Commercial Press, 1923.
Heinsch; Mitchell; Pennick; Wilcock: Geomantie oder die alte Kunst, Energiezentren auf der Erdoberfläche auszumachen ... Löhrbach 1979.
Henderson, W.: Folklore of the Northern Counties. London: Folk Lore Record, 1878.
Herbert, J.: Shinto. London: Allen & Unwin, 1967.
Hippisley Cox, R.: The Green Roads of England, London: Methuen & Co., 1914.
Hitching, F.: Earth Magic. London: Cassell, 1976.
Hitchings, Francis: Die letzten Rätsel unserer Welt. Das große Buch der Phänomene. Umschau/KNO 1982.
Hunt, R.: Popular Romances in the West of England. London: Chatto & Windus, 1930.

Ivimy, J.: The Sphinx and the Megaliths. London: Turnstone Books, 1974.

Johnson, W.: Byways in British Archaeology. Cambridge: University Press, 1912.
Jung, Dr. C. G.: Flying Saucers: a Myth of Things Seen in the Skies. London: Routledge & Kegan Paul, 1959.
Jung, C. G.: Gesammelte Werke, Walter Verl.

Kendrick, Sir T. D.: The Druids. London: Methuen & Co., 1927.
Kirk, Rev. R.: The Secret Commonwealth. Stirling: Eneas Mackay, 1933.
Krupp, Edwin C. (Hrsg.): Astronomen, Priester, Pyramiden – das Abenteuer der Archäoastronomie (mit einem Beitrag von Alexander Thom). München 1980.

Laing, S.: Human Origins. London: Champman & Hall, 1892.
Laufer, B.: The Prehistory of Aviation. Chicago: Field Columbian Museum, 1928.
Lemesurier, P.: Geheimcode Cheops. Bauer Verl., Freiburg 1982.
Lethbridge, T. C.: Gogmagog: the Buried Gods. London: Routledge & Kegan Paul, 1957.
Lethbridge, T. C.: Ghost and Divining Rod. London: Routledge & Kegan Paul, 1963.
Lethbridge, T. C.: The Legend of the Sons of God. London: Routledge & Kegan Paul, 1972.
Lethbridge, T. C.: The Power of the Pendulum. London: Routledge & Kegan Paul, 1976.
Lethbridge, T. C.: The Essential T. C. Lethbridge, ed. T. Graves und J. Hoult. London: Routledge & Kegan Paul, 1980.
Levi, E.: Transzendentale Magie. 2 Bde. Sphinx Verl., Basel 1981.
Levi, E.: Geschichte der Magie. Sphinx Verl., Basel 1978.
Levi, E.: Der Schlüssel zu den großen Mysterien. Ansata Verl., Interlaken 1981.
Levis, H. C.: The British King who Tried to Fly. London: privately printed, 1919. Reprinted Bath, 1973, as Bladud of Bath.
Lewis, Rev. L. S.: St. Joseph of Arimathea at Glastonbury. Oxford: A. R. Mowbray, 1922.
Lockyer, Sir J. N.: Stonehenge and Other British Stone Monuments Astronomically Considered. London: Macmillan, 2. Aufl. 1909.
Mabinogion, ed. Lady C. Guest. London 1849.

McClain, Dr. E.: The Myth of Invariance. New York: Nicholas Hays, 1977.
McClain, Dr. E.: The Pythagorean Plato. New York: Nicholas Hays, 1978.
Maltwood, K. E.: A Guide to Glastonbury's Temple of the Stars, London: James Clarke & Co., 1929.
Mesmer, F. A.: Mesmerism, London: Macdonald, 1948.
Michel, A.: Flying Saucers and the Straight Line Mystery. New York: Criterion Books, 1958.
Michell, J.: The Flying Saucer Vision. Sidgwick & Jackson, 1967.
Michell, J.: City of Revelation. London: Garnstone, 1972.
Michell, J.: Die vergessene Kraft der Erde. Waltraud Wagner Verl., 1981.
Michell, J.: Die Alten Maße. Der Grüne Zweig '79, 1982.
Miller, Konrad: Die Erdmessung im Altertum und ihr Schicksal. Stuttgart 1919.
Morton, Henry: Wanderungen in England. Frankfurt 1969.
Monmouth: Siehe unter Geoffrey of Monmouth.
Morrison, T.: Pathways to the Giods. Salisbury, Wilts: Michael Russell, 1978.
Mountford, C. P.: Winbaraku and the Myth of Jarapiri. Adelaide: Rigby, 1968.
Müller, Rolf: Der Himmel über dem Menschen der Steinzeit – Astronomie und Mathematik in den Bauten der Megalithkulturen. Berlin-Heidelberg 1970.

Nicholson, M. H.: Voyages to the Moon. New York: The Macmillan Co., 1960.
Niel, Fernand: Auf den Spuren der Großen Steine – Stonehenge, Carnac und die Megalithen. München 1977.
Patai, Dr. R.: Man and Temple. Edinburgh: Nelson, 1947.
Pennich, N.: Die alte Wissenschaft der Geomantie. Dianus-Trikont Verl., München 1982.
Perpere, Jean-Claude: Redende Steine – Die geheimnisvollen Monumente der Megalithkulturen, München 1981.
Perry, W. J.: The Children of the Sun. London: Methuen, 1923.
Pidgeon, W.: Traditions of De-Coo-Dah. New York: Horace Thayer, 1858.
Piggott, S.: William Stukeley. Oxford: University Press, 1950.
Pixley, O. C. B.: The Trail, London: G. W. Daniel, 1934.
Prokop, Otto und Wirmer, Wolf: Wünschelrute, Erdstrahlen, Radiästhesie. Stuttgart 1977.
Purner, Jörg: Radiästhetische Untersuchungen an Kirchen und Kultstätten. In: »Grenzgebiete der Wissenschaften« Nr. 3, Innsbruck 1979.

Reden, Sybille von: Die Megalith-Kulturen – Zeugnisse einer verschollenen Kultur. Köln 1978.
Regardie, Dr. I.: The Tree of Life. London: Rider & Co., 1932.
Reich, W.: Die Entdeckung des Orgons, Kiepenheuer & Witsch, Köln 1969.
Reich, W.: Die Entdeckung des Orgons II, Kiepenheuer & Witsch, Köln 1974.
Reich, W.: Ausgewählte Schriften. Kiepenheuer & Witsch, Köln 1974.
Reichenbach, Baron C. von: Letters on Od and Magnetism. London: Hutchinson & Co., 1926.
Roberts, A.: Atlantean Traditions in Britain. London: Zodiac House, 1970-71.
Roberts, A.: Sowers of Thunder. London: Rider, 1978.
Rutherford, Dr. A.: Pyramidology. Dunstable, Beds.: Institute of Pyramidology, 1961.

Schwenk, T.: Das sensible Chaos. In: »Freies Geistesleben«/KNO, 1980.
Screton, P.: Quicksilver Heritage. Wellinborough: Thorsons, 1974.

Service, A., und J. Bradbery: Megaliths and their Mysteries. London: Weidenfeld & Nicholson, 1979.
Sharpe, Sir M.: Middlesex in British, Roman and Saxon Times. London: Methuen & Co., 2. Aufl. 1932.
Smyth, C. P.: Life and Work at the Great Pyramid. Edinburgh: Edmonton & Couglas, 1867.
Smyth, C. P.: Our Inheritance in the Great Pyramid. London: A. Straham & Co., 1864.
Spence, L.: The Magic Arts in Celtic Britain. London: Rider & Co., 1945.
Spence, L.: Mysteries of Britain. London: Rider & Co., 1928.
Spence, L.: The Occult Sciences in Atlantis. London: Rider & Co., 1943.
Stewart, B.: History and Signifance of the Great Pyramid. London: Staple & Staple, 1935.
Stirling, W.: The Canon, London: Elkin Matthews, 1897.
Stukeley, Rev. Dr. W.: Stonehenge, a Temple Restored to the British Druids. London, 1740.
Stukeley, Rev. Dr. W.: Abury, a Temple of the British Druids, London, 1743.

Taylor, J.: The Great Pyramid. London: Longman, Green, Longman & Roberts, 1859.
Thom, A.: Megalithic Sites in Britain. Oxford: University Press, 1967.
Thompson, Sir D. W.: On Growth and Form. Cambridge: University Press, 1917.
Thompson d Arcy, Wentworth: Über Wachstum und Form. Stuttgart 1973.
Tompkins, P.: Cheops. Die Geheimnisse der Großen Pyramide. Droemer Knaur, München 1979.
Tompkins, P.: Die Wiege der Sonne. Die Geheimnisse der mexikanischen Pyramiden. Knaur, München 1979.
Tongue, R. M. und K. M. Briggs: Somerset Folklore. County Folklore, VIII. London: The Folklore Society, 1965.
Tyler, F. C.: The Geometrical Arrangement of Ancient Sites. London: Simpkin Marshall, 1939.

Underwood, G.: The Pattern of the Past. London: Museum Press, 1969.

Velikovsky, I.: Worlds in Collision. London: Victor Gollancz, 1950.

Wagner, Waltraud: Reizende Erde. Löhrbach 1979.
Wagner, Waltraud: Naturwissenschaftliche Grundlagen harmonikalen Bauens und heiliger Geometrie. Als Manuskript. Vechelde 1982.
Watkins, Alfred: Early British Trackways. London: Simpkin Marshall, 1922.
Watkins, Alfred: The Old Straight Track. London: Methuen & Co., 1925. Wiederauflage London: Garnstone, 1970.
Watkins, Alfred: Archaic Tracks Around Cambridge. London: Simpkin Marshall, 1932.
Watkins, Allen: Alfred Watkins of Hereford. London: Garnstone, 1972.
Wittkower, R.: Architectural Principles in the Age of Humanism. London: Alec Tiranti, 1952.

Bibliographie zum Vorwort von Marco Bischof

Wilhelm Teudt: *Germanische Heiligtümer,* (Jena 1936; Nachdruck 1982 beim Faksimile-Verlag, Bremen)
Otto Sigfried Reuter: *Germanische Himmelskunde* (München 1934; Nachdruck 1982, Faksimile-Verlag, Bremen)
Dr. Josef Heinsch: *Grundsätze vorzeitlicher Kultgeographie* (1938; Nachdruck in: Geomantie, Grüne Kraft, Löhrbach)
Dr. Josef Heinsch: *Vorzeitliche Ordnung in kultgeometrischer Sinndeutung* (Allg. Vermessungs-Nachrichten, Berlin 1937, Nr. 22)